北京市社会科学基金重点项目"北京制造业与科技服务业融合发展路径研究"（项目编号：16JDYJA020）

中共北京市委党校（北京行政学院）学术文库系列丛书

北京制造业与科技服务业融合发展路径研究

Research on the Integrative Development Path of Beijing Manufacturing Industry and Science and Technology Service Industry

李 中 ◎著

中国社会科学出版社

图书在版编目（CIP）数据

北京制造业与科技服务业融合发展路径研究/李中著.—北京：中国社会科学出版社，2022.3

（中共北京市委党校（北京行政学院）学术文库系列丛书）

ISBN 978-7-5203-9871-8

Ⅰ.①北… Ⅱ.①李… Ⅲ.①制造工业—科技服务—产业融合—产业发展—研究—北京 Ⅳ.①F426.4②G322.71

中国版本图书馆 CIP 数据核字（2022）第 042994 号

出 版 人	赵剑英
责任编辑	刘晓红
责任校对	周晓东
责任印制	戴　宽

出　　版	中国社会科学出版社
社　　址	北京鼓楼西大街甲 158 号
邮　　编	100720
网　　址	http://www.csspw.cn
发 行 部	010-84083685
门 市 部	010-84029450
经　　销	新华书店及其他书店

印刷装订	北京君升印刷有限公司
版　　次	2022 年 3 月第 1 版
印　　次	2022 年 3 月第 1 次印刷

开　　本	710×1000　1/16
印　　张	14
插　　页	2
字　　数	210 千字
定　　价	79.00 元

凡购买中国社会科学出版社图书，如有质量问题请与本社营销中心联系调换
电话：010-84083683
版权所有　侵权必究

目 录

第一章 绪论 ··· 1

 第一节 选题背景与研究意义 ································· 1
 第二节 文献综述 ·· 4
 第三节 结构安排与研究方法 ································· 9
 第四节 创新之处 ·· 12

第二章 科技服务业、制造业及产业融合概念辨析 ············ 13

 第一节 科技服务业概念辨析 ······························· 13
 第二节 制造业相关概念辨析 ······························· 23
 第三节 产业融合发展概念辨析 ··························· 26
 第四节 本章小结 ·· 31

第三章 北京市制造业与科技服务业发展现状 ················· 34

 第一节 北京市制造业发展现状 ··························· 34
 第二节 北京市科技服务业发展现状 ··················· 37
 第三节 北京市科技服务业重点领域发展状况 ··· 46
 第四节 本章小结 ·· 57

第四章 北京市制造业与科技服务业融合发展状况分析 ········ 60

 第一节 北京市制造业与科技服务业融合发展评价 ········ 61
 第二节 北京市制造业与科技服务业融合发展的
    制约因素 ·· 70

第三节　北京市制造业与科技服务业融合发展的
　　　　　　深层障碍 …………………………………… 89
　　第四节　本章小结 ……………………………………… 96

第五章　京津冀协同发展背景下的北京制造业发展趋向 ………… 100
　　第一节　科学认识北京制造业发展面临的新形势 …… 100
　　第二节　新时期北京市制造业发展面临的主要挑战 … 109
　　第三节　京津冀协同发展背景下北京市制造业发展
　　　　　　战略抉择 …………………………………… 113
　　第四节　本章小结 ……………………………………… 124

第六章　京津冀制造业与科技服务业融合发展现状分析 ………… 127
　　第一节　京津冀制造业与科技服务业融合发展现状 … 128
　　第二节　产业融合发展存在的不足及原因分析 ……… 140
　　第三节　本章小结 ……………………………………… 156

第七章　发达国家或地区科技服务业发展模式比较与借鉴 ……… 159
　　第一节　美国科技服务业的发展模式与特征 ………… 159
　　第二节　日本科技服务业的发展模式与特征 ………… 167
　　第三节　德国科技服务业的发展模式与特征 ………… 172
　　第四节　韩国科技服务业的发展模式与特征 ………… 179
　　第五节　中国台湾地区科技服务业的发展模式与特征 … 182
　　第六节　本章小结 ……………………………………… 185

第八章　结论与政策建议 …………………………………………… 189
　　第一节　结论 …………………………………………… 189
　　第二节　政策建议 ……………………………………… 192

参考文献 ……………………………………………………………… 211

第一章

绪 论

第一节 选题背景与研究意义

一 选题背景

当今世界，科学技术发展越来越快，重大创新成果层出不穷，从整个创新发展过程看，科技服务业始终扮演着重要角色，贯穿企业初创、投融资、研发服务、小试中试、技术转移等多个环节，发挥着举足轻重的作用。2008年，国际金融危机爆发，欧美发达国家提出"再工业化"、重振制造业，其实并不是要开历史倒车，而是要充分发挥科技服务业优势，实现与制造业的深度融合发展，继续占据国际产业链高端，保持对全球经济的影响力和控制力。

纵观西方近代工业发展历史，沧海横流，历经几多变迁，然而制造业始终都是一国经济发展的根基，无论何时何地，强化制造业基础性地位都是世界强国经济社会发展的基本遵循。鉴于此，2015年5月国务院正式发布《中国制造2025》，提出"坚持创新驱动、智能转型、绿色发展，加快从制造大国转向制造强国"，指出要重点发展以研发设计、工业设计、知识产权、检验检测为主要内容的科技服务业，筑牢产学研协同创新发展根基，推动产业链与创新链精准对接、深度融合，加快我国制造业转型升级步伐。

北京，作为我国首都，其核心功能之一就是建设全国科技创新中心，探索实现创新驱动发展新道路、新模式，为全国创新发展战略推进实施提供可推广、可复制的成功经验，这也是新时期党中央、国务院赋予北京的重要历史使命。在这一过程中，制造业作为重要的技术创新载体，创新发展必然要提到重要议事日程，放到更加突出的位置。

二　问题提出

《京津冀协同发展规划纲要》《"十三五"时期京津冀国民经济和社会发展规划》要求统筹京津冀三地经济社会发展，努力形成目标同向、措施一体、优势互补、互利共赢的发展新格局，并重新调整了三地功能定位，其中"全国先进制造业基地"落地天津，北京则定位于"全国科技创新中心"，加快科技服务业等高端服务业发展，促进高端服务业与其他产业融合，向专业化和价值链高端延伸。显然，强化北京全国科技创新中心的地位，需要加快北京科技服务业发展，要做"加法"。与此同时，北京也要做"减法"，即疏解北京非首都功能及相关产业，促进京津冀协同发展。于是，便产生了一个新的问题，北京的制造业该怎么办，到底该何去何从，今后还要不要发展制造业？该如何发展？

有人认为，北京应借机彻底"去工业化"，制造业实现100%向外埠疏解；也有人认为，北京还有必要保留制造业，不能只发展服务业，可以发展"2.5产业"①和高端制造业，疏解一般加工业，促使制造业向研发型、营销型和"楼宇"型方向演进。对于前者，需要有"三力"支撑，即企业自觉疏解的动力、转出地政府疏解的推力、转入地政府引入的拉力，只有"三力"叠加，形成合力，疏解才有成效。然而，现实中"三力"融合明显不足，在一定程度上延缓了北京制造业疏解、重组与优化的进程；对于走高端制造业发展路径而言，

---

① 指介于第二产业和第三产业之间的中间产业，既有服务、贸易、结算等第三产业管理中心的职能，又兼备独特的研发中心、核心技术产品的生产中心和现代物流运行服务等第二产业运营的职能。

目前北京科技服务业与制造业发展"两张皮"问题依然突出，彼此发展呈并行关系，缺乏有机融合与互动。一方面，北京科技服务企业受政府规制和自身固化利益制约，不愿主动与制造企业形成科研对接，科研成果就地转化少，无法对制造业创新发展提供有效支撑；另一方面，制造企业欲寻求差异化发展，却又不愿主动承担研发投入大、周期长、不确定性高等风险，以至于多数制造企业科技创新投入严重不足，至今仍更多停留在低成本、规模扩张发展阶段，对科技服务业的反哺和发展促进并不显著。

三 研究意义

北京作为全国科技创新中心，集聚了全国众多顶尖科技人才、知名高校与科研院所，创新资源质量好、集聚度高、创新链条较为齐整、创新能力和优势较为突出，而且在先行先试体制机制改革方面也走在全国前列。因此，北京在服务国家创新驱动发展战略过程中，掌握关键核心技术、发展现代制造业、培育新兴战略行业、引领京津冀乃至全国经济发展，显然应该肩负更多的责任与担当。

在京津冀协同发展的大背景下，北京市制造业如何在疏解的同时，有效解决制造企业研发缺位、不到位难题，切实增强北京制造企业的造血机能；如何加速北京市科技服务业发展，助力北京制造业高端化发展，实现从"橄榄形"（加工为主）到"哑铃形"（研发和营销为主）再到"蘑菇形"（研发和制定标准为主）的根本转变；如何找到相关利益主体的最大公约数，有序推进北京低端制造业疏解，促进京津冀三地产业协同发展等。这些难题的破解，具有重大现实意义。

一是有助于北京制造业实现高端化发展。党的十九大报告指出，京津冀要"向改革创新要动力，发挥引领高质量发展的重要动力源作用"，要高度重视世界级先进制造业集群建设。强化高端制造在北京产业发展中的定位，有利于北京在京津冀协同发展过程中发挥创新引领和辐射带动作用，调整优化区域经济结构，转变区域经济发展方式，促进区域产业发展提质增效转型升级。

二是可以为我国制造强国建设提供关键支撑与示范价值。北京创新资源密集、科技创新活动集中、科技创新实力雄厚，有基础、有条件、有责任瞄准世界科技前沿，强化基础研究、应用研究，以产学研共同体承接国家"补短板"的重大战略任务，实施关键核心技术攻关工程，破解各类"卡脖子"难题，为我国制造强国建设提供关键支撑。

三是可以为京津冀乃至全国经济社会发展提供强大动力。强化企业技术创新主体地位，通过自主创新能力提升，有助于加速首都科技创新资源向现实生产力转化、向发展优势转化，加快北京制造业高端化发展步伐，打造引领和支撑经济社会发展的新引擎，为北京市、京津冀乃至全国经济社会高质量发展提供强大推动力量。

从北京资源禀赋、经济基础、发展条件看，坚持创新驱动，制造业发展高端化、智能化、绿色化，是北京制造业未来发展的主攻方向。在推进路径方面，《"十四五"北京国际科技创新中心建设战略行动计划》指出，要强化国家战略科技力量，加快基础研究与产业发展融合畅通，促进科技成果转化，加快培育未来产业和万亿级产业集群。

显然，加快科技服务业发展，畅通科技成果转化通道，促进产业链和创新链精准对接，将科技成果转变为现实生产力，将优势创新资源转变为发展优势，实现内涵式增长，是北京制造业创新发展的必然选择，也是今后北京转换经济发展动力、实现高质量发展的必由之路。

第二节 文献综述

一 国外研究情况

发达国家的科技服务业起步于19世纪，至今已有200余年历史，科技服务业作为知识密集、高增值、低消耗的新型高端服务业态，其发展受到高度重视，现已成为欧美发达国家的支柱产业和重要经济增长点。从20世纪90年代以来，全球经济的"软化"趋势越来越明显，第一、第二、第三产业跨界融合发展，研发外包、检测认证、知识产权、技术转移等各种服务业态异常活跃，已成为世界各国创新发展的重要推动力量。

在国外，科技服务业与制造业的融合发展，其研究大多始于生产性服务业，不少学者观察到，例如信息技术、管理咨询、仓储、物流、运输等服务业对制造业效率、竞争力提升具有重要促进作用，在1945年以后的全球化过程中，欧美发达国家的生产性服务业得以快速发展。背后的理论逻辑，可以追溯到亚当·斯密的分工理论：分工有助于生产效率的提升、财富的增进。其实，这些生产性服务业原本就是制造企业内部的一个环节，由于产业分工的深化，不少部门独立出来，向社会提供专业化服务。专业化分工、社会化服务，提高了制造业的生产运营效率。①

关于不同类型服务业的贡献，不少学者注意到知识密集型服务业，对制造业的创新发展、效率提升，贡献度要高于其他类型的服务业，是提升制造业发展水平、市场竞争力的基础和源泉。科技服务业作为思想的创造者、知识的传播者，对制造业创新发展的积极影响，在理论层面得到了充分的论证。② 在企业层面，制造业创新发展与知识密集型服务业投入高度相关；在国家层面，科技服务业在国家创新体系中也具有重要战略地位，其创新发展的桥梁和载体作用，非一般生产性服务业态可替代，科技服务业发展质量在很大程度上决定了一国制造业发展水平。③

二 国内研究情况

从国内研究看，科技服务业研究起步相对较晚，更多从"科技中介"角度展开了研究，并刻画了其五大特征：一是政府职能转变的产

---

① Markusen, J. R., "Trade in Producer Services and in Other Specialized Intermediate Inputs", *The American Economic Review*, No. 79, 1989.
② Muller, E. Doloreux, D., "What We should Know about Knowledge – Intensive Business Services", *Technology in Society*, No. 31, 2009.
③ Drucker, P. F., Wartzvian, R., *The Drucker Lecturers: Essential Lessons on Management, Socicty, and Economy*, New York, McGraw – Hill, 2010.

物，带有较强行政色彩，行业壁垒明显[1]；二是尚未形成成熟的市场运行环境，市场化运行较为困难[2]；三是人们习惯于"免费"的信息和技术服务，观念偏差使科技中介价值难以体现[3]；四是市场法律体系不健全，科技中介所关联的供需方的行为均难以规范；五是科技中介自身服务水平不高，缺乏高端产品，难以满足市场需求。[4]

在制造业和科技服务业融合发展方面，多以长三角、珠三角为研究对象，探讨重点产业与科技服务业发展之间的耦合关系，分析科技服务业运行机制及其发展路径[5]，阐述产业政策对科技服务业生态演化的影响[6]；还有学者运用专利系数法测算出中国科技服务业与制造业的技术融合度，再以灰色关联的视角探讨其与产业结构升级的关系，结果表明中国科技服务业与制造业的技术融合处于中等程度，二者的技术融合显著促进制造业结构升级[7]，但研究与试验发展业对制造业的拉动作用有待提高，未来应以推动科技服务业和制造业融合为中心，打造协同创新平台[8]，加快科技服务业和制造业的双向延伸和渗透。[9]

关于北京的制造业与科技服务业融合发展，大多研究从生产性服

---

[1] 杜振华：《科技服务业发展的制度约束与政策建议》，《宏观经济管理》2008年第12期。
[2] 张清正、李国平：《中国科技服务业集聚发展及影响因素研究》，《中国软科学》2015年第10期。
[3] 关峻、韩鲁南：《北京市科技服务业发展环境分析及对策研究》，《科技进步与对策》2013年第3期。
[4] 王晶：《科技服务系统功能分析》，《科学学与科学技术管理》2006年第6期。
[5] 沈小平等：《适应广东省重点产业需求的科技服务业发展运行路径选择探讨》，《广东科技》2011年第8期。
[6] 陈和等：《科技服务业发展与产业升级研究》，《经济研究导刊》2012年第5期。
[7] 沈蕾：《我国科技服务业与制造业技术融合对产业结构升级的影响》，《科技进步与对策》2015年第4期。
[8] 曹允春：《我国科技服务业与制造业的协同创新评价》，《科技管理研究》2018年第3期。
[9] 张媛媛：《我国科技服务业与制造业的产业关联分析》，《统计与决策》2018年第3期。

务业维度切入，看好北京生产性服务业的发展前景[1]，对北京的金融服务业、信息技术服务业、咨询服务业的集聚特性、空间分布、结构演化、区域协调等问题进行了细化[2]，指出北京市科技服务业和制造业存在一定的协同发展关系，但由于科技服务业专业化程度不高，不能形成产业集群，对制造业的促进作用还是相对较弱，远小于制造业对科技服务业的推动作用。[3] 在发展辐射方面，不少学者指出，无论是北京的制造业还是科技服务业，对周边的辐射带动能力还有待提高，研究与试验发展服务业、专业技术服务业对天津市与河北省经济的推动作用还较弱，尚未充分发挥出北京科技创新中心的辐射带动作用，相关科技成果转化多在长三角及珠三角地区落地。[4]

关于北京制造业的发展布局，不少学者认为随着产业分工日益细化，培育世界级先进制造业集群是增强区域经济竞争力的必然选择[5]，北京建设国家科技创新中心、构建"高精尖"产业结构，不只是北京市自己的任务，也是国家的发展战略，是京津冀地区一体化发展的总体要求[6]，产业发展要跳出北京，打破行政地域空间的限制，放到一个更大的空间视野进行资源整合和统筹协调[7]，区域内各级城市必须构建基于产业链分工的价值网络，相互之间进行合理分工和布局，合力打造世界级先进制造业产业集群。[8]

关于北京制造业的转型升级，很多学者提出要在构建京津冀协同

---

[1] 申玉铭：《北京生产性服务业发展与城市经济功能提升》，《地理科学进展》2013年第12期。
[2] 冯中越：《北京生产性服务业集聚与京津冀区域协同发展》，《经济与管理研究》2016年第1期。
[3] 周慧妮：《科技服务业与制造业之协同发展探析——以北京市为例》，《财会月刊》2015年第9期。
[4] 叶堂林、祝尔娟：《京津冀科技协同创新的基本态势》，《人民论坛》2019年第4期。
[5] 肖金成：《京津冀城市群的功能定位与合作》，《经济研究参考》2015年第1期。
[6] 李峰：《"中国制造2025"与京津冀制造产业协同发展》，《当代经济管理》2016年第6期。
[7] 马俊炯：《京津冀：产业协同走向一体化》，《中国信息报》2015年1月28日第4版。
[8] 杜宇玮：《培育世界级先进制造业集群的中国方案》，《国家治理》2018年第7期。

创新体系的前提下，大力发展现代服务业；加大科技创新投入，加快公共创新平台建设，构建中国制造企业的价值链[①]；对于如何增强制造企业自主创新能力、提高科技创新资源配置效率、最大限度满足科技服务业对制造业高端化发展的需要，也给出了原则性建议和路径导向。培育科技产业集群是建设区域创新体系的重要切入点，并总结了美国、德国、日本与韩国等发达国家在科技服务业产业集群方面的成功运作经验，为构建京津冀先进制造业集群提供了经验借鉴。[②]

国内外对制造业、科技服务业及其互动发展的研究较为全面，众多学者从多个视角、构建不同的模型对两者的融合发展进行了实证分析，为本书研究提供了较好的基础。但客观讲，目前关于产业融合的研究，理论探讨还不够深入，对产业融合的深层制约，解释还不够充分，在理论创新上还有较大提升空间；在宏观层面，在京津冀协同发展背景下，北京制造业如何进行结构调整、布局优化、向高端演进，相关研究的全面性、系统性也略显不足；而且，在这一过程中，如何更好发挥科技服务业对制造业创新发展的促进作用、如何增强北京科技服务业在京津冀范围内的辐射能力，从区域层面去考察北京制造业与科技服务业的融合发展，相关研究还比较分散，数量较少。这些研究中存在的不足，构成了本书研究的逻辑起点。

本书的研究重点与边际贡献。在当前国内外开放的经济发展环境下，分工与合作是产业发展的主旋律，北京的制造业发展也不例外。在制造业与科技服务业融合发展问题上，显然不能就北京谈北京，毕竟点、区域、全国乃至国际层面因素都会影响到两者的融合发展，然而受时间、精力所限，本书未能从这四个层面全面展开研究，而是结合京津冀协同发展、北京制造业疏解转型的时代背景，重点从点、区域的角度来展开研究，即以北京为起点、立足京津冀产业协同发展来研究北京制造业的布局优化、转型提升，以及在这一过程中科技服务

---

① 李国平：《京津冀地区科技创新一体化发展政策研究》，《经济与管理》2014年第11期。
② 邓丽姝：《新常态下北京科技服务业发展战略研究》，《中国经济导刊》2016年第12期。

业该如何跟进，如何更好地与制造业实现融合发展等问题。

京津冀一体化虽然提出了多年，但以往发展过程中，三地产业布局更多局限于自身，并没有彻底打破"一亩三分地"思维。若通过本书研究，能准确识别以往制约协同发展的关键因素，并提供有效对策建议，对北京制造业的发展空间拓展、质量提升乃至区域性的产业融合、协同发展有所促进，也是一项非常有意义的工作。本书将努力在这一方向进行重点探索，力争有所创新，有所突破。

第三节 结构安排与研究方法

一 结构安排

第一章主要阐述本书的研究背景、选题意义、结构安排与创新之处。

第二章阐述本书研究的理论基础，包括科技服务业内涵与外延界定、特征和功能分析；制造业概念辨析，包括先进制造业、现代制造业、高技术制造业等；产业融合理论梳理，从基本概念入手，厘清其融合方式与动因。

第三章分析北京市制造业与科技服务业发展现状。一方面，重点梳理北京制造业发展规模、质量、势头等内容；另一方面，对北京市科技服务业发展的政策演进、重要举措、发展成效进行分析归纳，并对科技服务业的重点领域，如研究与试验发展服务、技术转移服务、创业孵化服务等板块的发展情况进行整理，为后续研究做好基础工作。

第四章是北京市制造业与科技服务业融合发展评价及影响因素分析。基于投入产出法，重点研究近年来北京市制造业对科技服务业中间需求变化情况，并对重点制造领域，如汽车制造业、计算机通信设备制造业做进一步的融合发展评价。在此基础上，从制造业的需求、科技服务的供给两个角度，阐释分析制约两者融合发展的主要因素，并从政策环境、市场环境和社会文化三个层面，进一步剖析制约北京制造业与科技服务业融合发展的深层次根源。

第五章是京津冀协同发展背景下的北京制造业发展的战略抉择。梯度转移、雁阵模式、城市群等区域经济发展理论表明，北京制造业发展不能故步自封，应打破行政区划限制，放到一个更大的空间视野进行资源整合、发展布局。本章系统梳理了北京制造业发展的自身优势以及当前所面临的国内外形势和主要挑战，结合京津冀协同发展的时代背景，提出北京制造业发展应以疏解、转型、提质为抓手，重点依托区域资源与产业优势，实现京津冀区域层面的制造业协同发展。

第六章是京津冀层面的制造业与科技服务业融合发展分析。制造业创新发展离不开科技服务业的支撑，因此制造业的协同发展也要以科技服务业的协同发展为前提。该部分归纳整理了五年来京津冀在产业布局调整、结构优化、创新发展等方面的成绩，接着在京津冀区域层面，对制造业、科技服务业融合发展中存在的资源配置失衡、产业间缺乏互动、创新辐射能力不足等问题，从政策衔接、协同机制、市场机制等角度进行了全方位的原因分析。

第七章是发达国家或地区科技服务业发展模式比较与借鉴。对美国、日本、德国、韩国等发达国家科技服务业的发展模式及演化过程进行归纳总结，寻找在制度构建、创新发展、服务供给方面的一些有代表性的做法和经验，以为本书研究提供相关经验借鉴。

第八章是京津冀协同发展背景下北京制造业与科技服务业融合发展路径。在前文分析基础上，针对北京制造业与科技服务业融合发展中存在的问题，借鉴国外发达国家或地区发展经验和做法，围绕顶层设计、提升制造业创新水平、提高科技服务业效能、优化科技服务资源区域布局四个方面，给出了北京市制造业与科技服务业融合发展的实现路径，研究技术路线如图1-1所示。

二 研究方法

研究科技服务业、制造业以及两者的融合发展问题，涉及产业经济学、制度经济学、计量经济学等多个学科，内容涵盖经济、社会、制度、政策等方面，是一个涉及面较广、系统性较强的问题，为保证研究的科学性与严谨性，拟采用以下方法进行研究。

第一章 绪 论

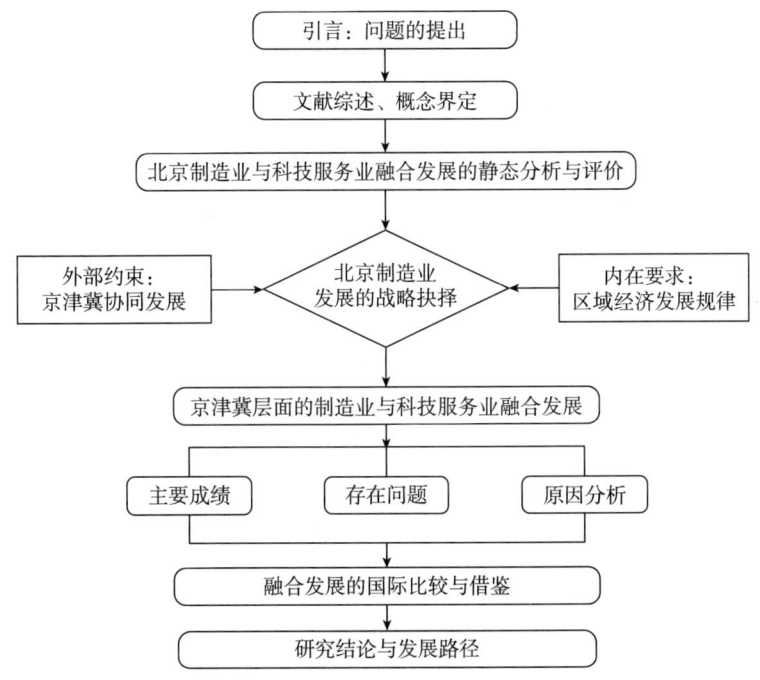

图 1-1 本书研究的技术路线

一是定性分析。课题组在总结国内外相关研究成果的基础上，基于产业演化发展的逻辑，运用价值链理论、分工理论、创新理论等工具，深入剖析影响科技服务业发展的主要因素，探索科技服务业与制造业融合发展的内在机理和实现路径。

二是定量分析。课题组通过查阅资料、专家座谈、企业调研等方式，在对北京制造业与科技服务业融合发展进行定性分析、厘清两者融合发展的现状基础上，运用投入产出表以及其他指标数据，对两者的融合发展水平进行定量测度。

三是比较研究。课题组通过对比国内外学者的研究，合理界定相关概念的内涵与外延；同时通过对比不同国家或地区科技服务业发展模式和特征、发达国家的制造业创新发展规划、京津冀产业融合的发展变化，总结出值得参考借鉴的经验和做法，为进一步提出合理的政策建议提供基础。

第四节 创新之处

一是研究视角创新。关于产业融合,当前研究更多的是"两业融合",即制造业与现代服务业深度融合,而直接聚焦制造业与科技服务业,研究还相对较少。制造业创新发展,离不开科技服务业的有力支撑,两者的融合发展对制造业转型升级意义重大。因此,本书研究直接从"两业融合"的重点——制造业与科技服务业的融合切入,研究更为聚焦,对策建议也更具针对性。

二是突出理论研究。以往的制造业与科技服务业融合发展研究具有"三多、三少"特征,即定量多、定性少;长三角、珠三角多,京津冀少;研究一个省或市的多,立足区域的少。鉴于此,本书的制造业与科技服务业融合发展路径更多从宏观层面出发,以北京为起点,立足京津冀,突出理论归纳与探讨,在一定程度上,是对以往研究的一种有益补充。

三是理论联系实际。现有的北京市制造业与科技服务业融合发展研究,对产业融合的时代背景和约束条件,如京津冀协同发展、北京制造业疏解转型、京津冀产业一体化发展等内容考虑略显不足。如果就融合谈融合、就北京谈北京制造业发展,而脱离了这一特定的背景条件,那么研究结论的成色势必将大打折扣。理论联系实际,重点突出特定时代背景下的"两业融合",是本书研究的又一个亮点。

第二章

科技服务业、制造业及产业融合概念辨析

第一节 科技服务业概念辨析

一 科技服务业的内涵与外延

（一）科技服务业的内涵

对科技创新、成果转化，国外学界研究起步较早，早在20世纪60年代就有不少学者对上述问题展开了深入研究。但在早期研究过程中，并没有明确提出"科技服务业"概念，最为接近的概念是"知识密集型服务业"。1974年，Daniel Bell 在其著作《即将到来的后工业社会》一书中提出，使社会重心日益转向知识领域的行业即"知识服务业"，是运用现代科技知识、现代技术和分析研究方法向社会提供智力服务的新兴行业。然而受世界各国科技发展水平影响，目前国际上对科技服务业的定义，尚未达成共识。联合国教科文组织的概念界定相对比较权威，它认为科技服务业是任何与科学研究和试验发展有关的，且有利于科技知识的产生、传播和应用的活动。[1]

1992年，在我国原国家科学技术委员会下发的《关于加快发展

---

[1] 刘开云：《科技服务业研究述评与展望》，《科技进步与对策》2014年第6期。

科技咨询、科技信息和技术服务业的意见》中，首次出现了"科技服务业"概念，但没有明确其具体内涵；"十二五"时期，随着经济社会的快速发展，社会对科技服务的需求迅速增长，科技服务业的内涵也随之拓展和延伸，国家科学技术部认为科技服务业是为科技创新全链条提供市场化服务的新兴产业，主要服务于科研互动、技术创新和成果转化。

随着专业技术知识中心地位的日益突出，学界对科技服务业的关注也与日俱增，不少学者认为科技服务业是在一个区域内，为促进科技进步和提升科技管理水平提供各种服务的所有组织或机构的总和。[1]首先，科技服务机构是科技创新体系的一个子系统。它既是创新主体的构成之一，也是官、产、学、研、企等创新主体之间的黏结者或网络结点。其次，科技创新的主体是企业，科技服务机构的主要服务对象是企业，而且以中小型企业为主要服务对象。再次，科技服务内容不仅限于提供科技服务，还包括提供科技进步所需要的全过程配套服务。最后，科技服务业是第三产业的重要组成，是第三产业（服务业）的一个重要分支。[2]

可见，科技服务业是指拥有一定场所、设施、工具和专业人才，进行科学研究，并为科技创新提供社会化、专业化服务和管理的国民经济部门，是以深化科技与经济的互动联系为目标，以专业知识和专业技能为基础，为整个科技创新活动提供社会化和专业化的各种支撑性服务的行业。

（二）科技服务业的外延

在界定科技服务业内涵时发现，社会上以及学界对科技服务业的划分和定位存在多种表述，相关概念包括"新兴产业""现代服务业""服务机构"和"科技活动"等，这些关联概念可视为科技服务业的外延。纷繁复杂的表述，揭示了科技服务业作为"新兴"产业，

---

[1] 程梅青等：《天津市科技服务业的现状及发展对策》，《中国科技论坛》2003年第6期。

[2] 王晶、谭清美：《科技服务业系统功能分析》，《科学学与科学技术管理》2006年第6期。

第二章 科技服务业、制造业及产业融合概念辨析

存在业态多样性的事实。因此,有必要对相关概念进行辨析,厘清各自边界。

1. 科技服务业与科技活动

科技服务业是一种具体的产业业态,显然属于产业范畴,它隶属于服务业,主要围绕科技创新、成果转化,提供专业的服务支持活动,知识是重要的服务投入内容。其产品与服务业产品相似,都具有非实物性、难以存储、实时交割等特性。科技活动是各种活动的集合,涉及学科广泛,包括农业、工程与技术科学、人文与社会科学等,其特点是都与知识创造、传播、应用相关。是否以盈利为目的,是否要独立核算,是两者的重要区别,产业是要盈利的,而科技活动则没有盈利要求,很多都是公益性的。此外,科技活动能否被定位为科技服务业,必须考虑认定对象的独立性,只有开展科技活动的实体性机构,即独立从事科技服务业的企业、事业单位及其他组织,才能列入科技服务业。反之,则不属于科技服务业范畴。

2. 科技服务业与现代服务业

现代服务业是指随着信息技术和知识经济的发展而产生的,用具有现代化特征的新技术、新业态或新服务方式改造传统服务业,同时创造新的需求,引导消费,向社会提供高附加值、高层次、知识型的生产或生活服务的行业。现代服务业之所以现代,是因为其服务的生产、销售、管理、创新的基石是信息技术,高度依赖计算机、网络、通信技术和一些现代化信息技术手段,服务具有集成化、定制化和精准化特征。[1]

科技服务业主要是为了促进科技创新、技术进步,提升企业竞争力、提高国家科技创新能力,其服务对象主要是开展科技创新、成果转化的科研单位或制造企业;服务手段主要以知识的传播、扩散为主,是人力资本密集、知识资本密集的产业,具有明显的科技、现代特征。因此,科技服务业也属于现代服务业范畴,是其重要组成

---

[1] 安筱鹏:《"全球产业技术革命视野下的工业化与信息化融合"之四——工业化与信息化融合的4个层次》,《中国信息界》2008年第5期。

部分。

3. 科技服务业与生产性服务业

生产性服务业依附于制造企业而存在，是从制造业中转移出来、面向各社会组织，提供专业化的中间投入服务的产业，中间投入是其典型特征。从产业分布看，它贯穿于企业生产的上游、中游和下游各环节，提供全链条式服务。

从定义上看，生产性服务业是与制造业直接相关的配套服务业，是从制造业内部的生产服务部门演化而来的；而科技服务业多数业态并非诞生于制造企业内部，只是为企业提供服务而已。

从服务对象看，生产性服务业并不向消费者提供直接的、独立的服务，它强调的服务对象是企业；科技服务业强调的是知识含量，充分体现"高知识、高技术、高互动、高创新"，服务对象既包括企业又包括个人，如科普、知识产权等服务领域。

从服务内容看，在我国服务业发展的"十二五"规划中，提出重点发展生产性服务业，涉及12个行业，包括金融、交通运输、现代物流、高技术服务业、设计咨询、科技服务业、商务服务业、电子商务、工程咨询服务业、人力资源服务业、节能环保服务业、新型业态和新兴产业。科技服务业主要包括研究开发、技术转移、检验检测认证、创业孵化、知识产权、科技咨询、科技金融、科学技术普及等领域。综上所述，不难看出生产性服务业涵盖部分科技服务业，二者在研究与开发、信息服务和金融服务等领域有重叠的部分。

二　科技服务业的特征和功能

（一）主要特征

一是服务提供主体多样性。科技服务提供主体包括：科技系统的事业单位，如生产力促进中心、科技情报研究所等；国家资助的科技服务机构，如国家级工程（技术）研究中心、国家工程实验室等；高校和科研机构建立的科技服务机构，如技术转移服务中心、科技型企业孵化器等；商业化的科技中介机构，如科技金融、科技咨询、审计类的机构，可以为制造企业提供全方位、专业化服务。

二是知识智力密集性特征。科技服务业属于典型的知识型服务业，它主要靠从业人员的智力获取收益。因此，科技服务业发展的第一要素是知识要素。科技创新可以创造新的知识，科技服务可以加快知识流动，科技服务业的发展目标是引入外部资源弥补短板，形成科研与产业间的强强联合。

三是效益的高外部性特征。科技服务业作为现代服务业的一种新兴业态，具有独立的产业特性，能为社会创造经济财富，一般发达国家科技服务业的经济贡献量约占其GDP的5%—10%或更高，是典型的外部性较高的产业。一般认为，科技服务每创造1个单位的收益，能为服务对象带来5个单位以上的收益。[①]

（二）主要功能

科技服务业既是各类资源与科技企业之间的市场中介，同时也是政府、市场与社会的"桥梁"，在整个科技创新产业链中发挥着重要的"纽带"和"催化"作用。

第一，弥补创新生态系统的功能缺失。随着世界各国产业的全球化发展，创新生态系统中的创新元素变得更为复杂、更为活跃，不断出现的新元素、新主体、新机制，使系统中各元素、主体间的互动机制变得更为复杂，原有的产业创新网络形态面临巨大变革和新的挑战。科技服务业提供全链条的服务体系，重点涵盖了基础研究的专业化开发、关键技术的工程化集成、创新成果的产业化推广，可以有效降低创新网络复杂性加深带来的不确定性风险。

第二，加速技术信息传递。在创新过程中，技术供求双方会出现信息不对称，客观上需要第三方的介入。科技服务机构在获得技术信息方面的优势，是从其他途径和方式没有办法得到的，因此成为技术供求双方信息传递以及信息反馈的一种重要载体。科技服务机构的介入，既可以避免各种媒体对新技术信息传播扩散失真，也可以降低技术信息扩散中人际交往随意性。此外，在创新系统内部的各类行为主体之间的交流合作，或是同外部环境进行信息交流的过程中，也同样

---

① 程梅青等：《天津市科技服务业的现状及发展对策》，《中国科技论坛》2003年第6期。

离不开科技服务机构的参与和协助。

第三，激活有效的市场需求，促进科技成果转化。大多数从事创新活动的机构和个人，在发展初期由于自身实力有限，生存压力大，它们需要通过外力支撑，实现科技成果转化。科技服务业涵盖了多领域的科技创新活动和丰富的创新组织机构，它可以较好地把高校、科研院所与企业紧密地联系起来，促进技术转移平台、公共服务平台、中试服务机构和工程技术中心等有机衔接，实现科技与经济、文化、金融的高度结合，使隐性知识和技术转化为显性知识和技术，使知识和技术蕴含的经济价值得以实现，最终转变为现实的生产力。①

三 科技服务业的分类和构成

（一）科技服务业的分类

在科技服务业行业分类方面，国家统计局、国家发展与改革委员会（以下简称国家发改委）、国家科学技术部（以下简称科技部）等政府部门依据科技服务机构所从事的科技服务活动的性质，围绕科技服务的内容，对科技服务业进行了多次分类、补充、调整。

2005年，国家统计局最初设立了科技服务业统计分类，主要是指研究与试验发展、专业技术服务、科技交流和推广服务、地质勘查四大类。2007年，新增了技术开发和运用、公共服务平台建设、科研条件共享服务、质量认证和检测服务、知识产权等六大类。

2017年，国家科技部发布《"十三五"现代服务业科技创新专项规划》（国科发高〔2017〕91号），以满足科技创新需求和提升产业创新能力为导向，提出要重点发展研究开发、技术转移、检验检测认证、创业孵化、知识产权、科技咨询、科技金融等专业科技服务业和综合科技服务业。

2018年，国家统计局以GB/T 4754—2017《国民经济行业分类》为基础，对《国家科技服务业统计分类》进行修订，确定了7个大

---

① 邱荣华:《新科技革命背景下科技服务业发展的创新研究——基于复杂系统理论的视角》，硕士学位论文，华南理工大学，2015年。

第二章 科技服务业、制造业及产业融合概念辨析

类、24个中类、88个小类,具体如下。

(1) 研究与试验发展及支撑服务:包括涉及自然科学、农业科学、医药科学、工程与技术科学、人文与社会科学的基础研究、应用研究和试验发展等内容。

(2) 专业技术服务主要分为四类:一是标准、计量、检验检测和认证认可服务;二是涉及工程管理、勘察设计、规划管理的工程技术服务;三是动漫设计、影视设计、网游设计、工业设计等设计服务;四是环境保护与监测服务。

(3) 技术转移与科技中介服务主要分为四类:技术转移、创业孵化、知识产权服务和科技法律服务。

(4) 科技咨询与信息服务主要包括科技咨询与市场调查服务。

(5) 科技金融服务主要包括风险投资、银行贷款、保险等服务。

(6) 科技普及培训服务。

(7) 科技管理与评估服务。

最新的统计分类标准出台,明确了科技服务业所涵盖的范围,界定清楚了各细分行业,产业链全景如图2-1所示。

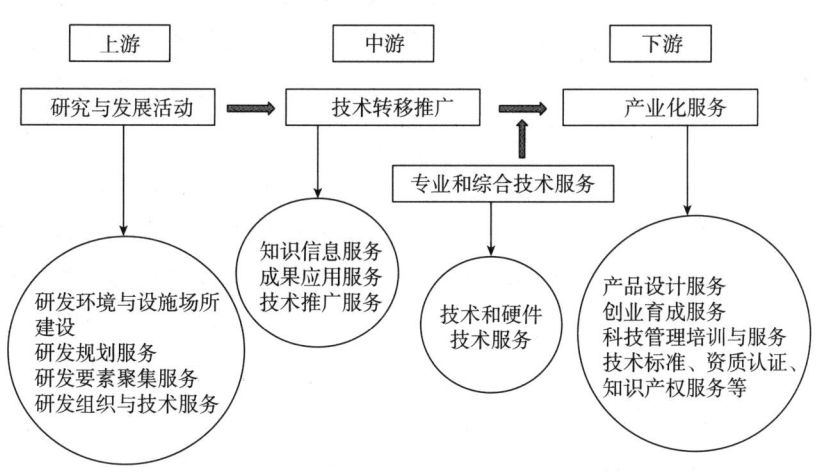

图2-1 科技服务业产业链

(二) 科技服务业的主要构成

1. 研究与试验发展服务

研究与试验发展服务（以下简称研发服务）是科技创新的基础，是企业创新网络中外部知识的主要来源，研发服务涉及科技、管理、法律等专业领域，其价值在于能为制造企业提供有益知识和信息，将基础科学知识转化为商业化知识。

研发服务的分类构成。按照服务提供方不同，研发服务可大致分为7类：一是高校面向应用的工程中心和实验室；二是工业技术研究院和各类应用研究院；三是独立的研发服务组织，包括专业化、社会化的研发企业、工业设计企业；四是转制院所成立的创新服务中心；五是企业的研发组织承担外部委托研发或剥离出来有独立能力的研发服务组织；六是海外在华研发机构；七是为研发提供服务的企业。

研发服务的主要特征。研发服务是技术创新和新知识创造的过程，提供的服务具有极强的异质性、高风险和不确定性。

2. 技术转移服务

技术转移是指技术在国家、地区、行业内部或行业之间输入与输出的活动过程，主要包括技术评估、转让、交易、代理及集成等。技术转移服务是科技服务业的核心内容，大部分科技服务机构的服务内核都支撑技术转移。从某种程度上看，一个国家的技术转移服务能力是这个国家科技服务业发展水平的缩影。

技术转移服务过程可分为搜寻、匹配、协商、转移、实施、商业回报六个阶段。第三方中介帮助技术需求方在技术市场中搜寻符合自身需求的技术商品，同时帮助技术供应方在需求市场寻找具有吸收转化需求的企业，经过不断筛选、匹配，然后进行对接，在此过程中要为需求方进行技术成果评定，为供给方提供市场调研报告。当双方进入谈判协商时，帮助双方确定具体的合作方式，并按照合同实施技术转移，同时提供必要的法律和商务支撑。国外著名的技术转移服务模式及范例，如美国的技术转移办公室、德国的史太白技术转移体系、英国的BTG、日本的JST、韩国的KIST和KTTC等。

3. 创业孵化服务

创业孵化服务是指孵化器等服务主体为初创企业提供共享服务空间、经营场地、政策指导、项目推介及咨询、资金申请、管理策划、交流辅导、人才引进及培训、市场推广、融资服务等多类创业服务，创造有利于初创企业成长的环境，帮助企业降低创业风险和成本，提高企业的成活率和成功率。如果把企业的发展阶段划分为种子期、初创期、成长期、扩张期和成熟期，那么创业孵化服务一般是指帮助企业从种子期培育至成长期。

创业孵化服务的分类构成。按服务主体划分，创业孵化服务主要包括托管型孵化器和策划型孵化器。托管型孵化器面向初次创业者、高科技及互联网创业者等，典型的服务包括免费或付费的办公场地、定期的创业培训、项目毕业的路演培训、投资人对接等。例如，目前众多大学生创业园就以极低的价格，将办公场地租给有想法的年轻人，使其借助平台的资源快速度过婴儿期，获取发展壮大的机会。策划型孵化器一般依托于大型的咨询策划公司，面向有一定经济基础的多次创业者或传统中小微企业家。入住策划型孵化器的企业包括初创阶段找不到合适商业模式而需要进行资源对接的企业，以及由于社会、经济环境的变化而遇到"瓶颈"需要转型的企业。策划型孵化器的管理团队业务素质要求高、平台资源整合能力强，因而孵化项目质量往往也很高，投资价值大。

创业孵化服务的服务内容。主要包括八方面内容：一是创业辅导服务，包括创业咨询、注册登记和政策落实等；二是基础设施服务，包括提供办公、生产、会务及商务场地；三是人才引进服务，体现在校企合作、猎头服务、招聘服务等；四是市场推广服务，包括产品推介、展会展览、产品对接等；五是技术服务，如技术孵化、科研创新、技术平台和专业论坛等；六是项目支持服务，包括辅助申报项目、项目推介等；七是交流培训服务，包括业务培训、创业论坛、技术交流等；八是融资服务，包括提供孵化资金、融资策划、银企对接、招商引资等。

4. 科技金融服务

科技金融指促进科技开发、成果转化和高新技术产业发展的一系列金融工具、制度、政策与服务的系统性、创新性安排，是科技产业与金融产业的融合。

科技金融服务业的服务对象。主要是科技型企业，尤其是高科技的中小型企业，它们是我国科技创新的主体，却由于规模小、实力弱、可供抵押的有形资产不足，技术成果商业化风险大、市场前景难以预判及融资信息不对称等问题，缺乏有效的、来自传统金融服务体系的资金支持，因此延误了技术研发成果进入市场的时机。科技金融就是要利用金融资源推动科技创新发展，为科技型中小企业的生存和发展再上一道保险。服务渠道主要分为两种，一种是由政府资金建立种子基金、孵化基金、成果转化基金等，引导民间资本进入科技企业；另一种是科技企业多样化的股权融资渠道，包括科技贷款、科技担保、多层次资本市场、股权投资、科技保险、科技租赁等。

5. 其他业务板块简介

（1）知识产权服务业。是一种包含了法律服务和专业技术服务的特殊服务业，是促进智力成果权利化、商用化、产业化的新型服务业，是科技服务业的重要组成，可细分为知识产权信息服务、代理服务、法律服务、培训服务等。

（2）工程技术服务业。是运用多学科知识和经验、现代科学技术和管理方法，为工程项目决策与实践提供支撑的服务业总称，主要包括工程策划咨询、设计勘查、运营管理、关键技术和成套设备攻关、标准规范制定、工程集成化系统解决方案等与工程技术密切相关的服务内容。

（3）检测认证服务业。是指专业机构接受产品生产商或产品用户的委托，综合运用科学方法及专业技术对某种产品的质量、安全、性能、环保等方面进行检测，出具检测报告，而评定该种产品是否达到政府、行业和用户要求的质量、安全、性能及法规等方面标准的服务。

（4）设计服务业。主要包括创意设计、视觉传达设计、工业设计、工程勘察设计、建筑与环境设计等服务。

第二节 制造业相关概念辨析

一 制造业

关于制造业的概念界定,一般没有什么分歧,制造业是指机械工业时代对制造资源(物料、能源、设备、工具、资金、技术、信息和人力等),按照市场要求,通过制造过程,转化为可供人们使用和利用的大型工具、工业品与生活消费产品的行业。[①] 根据在生产中使用的物质形态,制造业可划分为离散制造业和流程制造业。

依据国民经济行业分类(GB/T 4754—2017),制造业主要包括农副食品加工业,食品制造业,酒、饮料和精制茶制造业,烟草制品业,纺织业,纺织服装、服饰业,皮革、毛皮、羽毛及其制品和制鞋业,木材加工和木、竹、藤、棕、草制品业,家具制造业,造纸和纸制品业,化学原料和化学制品制造业,医药制造业,化学纤维制造业,金属制品业,通用设备制造业,专用设备制造业,铁路、船舶、航空航天和其他交通运输设备制造业,计算机、通信和其他电子设备制造业,仪器仪表制造业等31个类别。

二 先进制造业

先进制造业是一个与制造业相关的重要概念,无论是在政府的工作报告还是在学术研究中,出现频率很高。概念界定上,意见多是一致的,只是角度和侧重点有所差异。林汉川、郭巍对先进制造业的概念有过归纳总结,发现对先进制造业的内涵有多种解读,其中为多数人所接受的观点是先进制造业由多个要素决定,包括制造技术、生产模式、产品研发、自动化和智能化生产过程等。[②] 赵云峰认为,先进

[①] 百度词条:制造业,https://baike.so.com/doc/2598672-2744002.html。
[②] 林汉川、郭巍:《国内外先进制造业界定研究与评述》,《第六届(2011)中国管理学年会——技术与创新管理分会场论文集》,2011年9月24日。

制造业是相对于传统制造业而言，指制造业不断吸收电子信息、计算机、机械、材料以及现代管理技术等多方面的高新技术成果，并将这些先进制造技术综合应用于制造产品的研发设计、生产制造、在线检测、营销服务和管理全过程，实现信息化、自动化、智能化、柔性化、生态化生产，取得很好的经济效益的制造业总称，通常具有产业先进、技术先进和管理先进等特征。[①] 满岩认为，先进制造业从产业角度看，附加值和技术含量更高，也更加注重社会责任和绿色环保；从技术角度看，先进制造业具有不断进行创新的技术体系，并将信息技术、机械、材料和现代管理等方面的先进技术运用到企业研发、生产和管理等各方面，所生产的产品具有优质、高效、低耗、绿色等特点；从管理角度看，先进制造业使用的管理模式和营销手段更加先进，处于产业价值链的顶端。[②]

三　高技术制造业、高端制造业

高新技术在国外一般被称为高技术，两者之间并无太大区别。高新技术是对先进技术、尖端科技的总称，但同时高新技术也是一个相对动态的概念，在人类社会经济发展不同时期包含的内容有所不同，多以研发投入强度来确定哪些产业属于高新技术产业（制造业）。

高技术制造业的主要特点。一是知识和技术密集，科技人员的比重大，职工文化、技术水平高；二是资源、能量消耗少，产品多样化、软件化，批量小，更新换代快，附加值高；三是研究开发的投入大；四是工业增长率高。

我国国家统计局依据《中华人民共和国统计法》，参照国际相关分类标准并以《国民经济行业分类》（GB/T 4754—2017）为基础，把国民经济各制造业中 R&D 投入强度相对高的行业界定为高技术产业（制造业），主要包括：医药制造，航空、航天器及设备制造，电子及通信设备制造，计算机及办公设备制造，医疗仪器设备及仪器仪

---

① 赵云峰：《我国发达地区先进制造业发展现状研究》，《中国商论》2015年第11期。
② 满岩：《中美贸易关系新形势下中国先进制造业升级路径研究》，《价格月刊》2020年第2期。

表制造,信息化学品制造六大类。

高端制造业与高技术制造业一样,都属于知识密集型、技术密集型产业,然而两者并不能完全等同,主要区别在于附加值和效益水平。高端制造业更加强调高附加值、高效益水平。例如,尽管近年来我国高技术制造业发展水平稳步提升,占国民经济比重不断提高,然而从全球价值链看,我国很多高技术产业仍处于全球价值链中低端环节,产业附加值水平和经济效益,与产业链上游企业相比仍有较大差距。显然,这种类型的制造业不能称其为高端制造业。相反,一些传统行业,如炼钢炼铁、纺织服装,如果它们能在全球价值链中居于主导地位,位于产业链中上游,也属于高端制造范畴。可见高端制造,强调的高附加值、高效益,与行业属性关系不是十分紧密。在高端制造业概念界定方面,德国"工业4.0"、美国布鲁金斯学会都给出了相应的界定标准,以美国为例,认为凡是符合以下两个条件的制造业,可以称为高端制造业:人均研发投入位列美国前20%,而且科学、技术、工程和数学从业人员高于全国平均水平。[①] 依照此标准,美国的汽车制造、航空航天都属于高端制造业。

四 现代制造业

从制造业发展历史看,制造业主要分为两类:一类是加工制造业,另一类是装备制造业。由于微电子技术的飞速发展,制造业不断吸收相关技术成果,大幅提高了制造过程的自动化、信息化、智能化、柔性化水平,相比传统制造业,现代化水平更高,所以被称为现代制造业。与传统的制造业相比,现代制造业更加强调创新驱动,依靠新知识、新技术的扩散和使用来提升产业发展水平。

综上所述,先进制造业、现代制造业、高技术制造业都是相对比较接近的概念,有很多共通之处,也各自有不同的侧重点。先进制造业,主要突出制造业的先进性,在技术、管理方面都有较高的水平,是广泛采用先进技术和设备、现代管理手段和制造模式,科技含量较

---

① 首都科技发展战略研究院:《首都科技创新发展报告(2018)》,科学出版社2019年版,第135页。

高的制造业形态；现代制造业，发展高度依托于知识和技术，更多强调通过现代科学技术的支撑，如现代通信技术、互联网技术、人工智能技术等，不断提高制造业的信息化程度，继而大幅提高生产效率，就像物流行业，传统物流和现代物流的主要区别就是信息化水平、智能化程度差异而导致的生产力水平差异；高技术制造业更强调制造业的研发投入、知识密集度特性，高附加值是其主要特征，产业范围更为聚焦、明确，是现代制造业的一个子集。

对于北京而言，受人口、资源、环境制约，制造业发展不可能大而全，面面俱到，而且新首都城市功能定位对北京未来发展提出了明确的要求，要构建"高精尖"经济结构。因此，制造业发展只能走高端路线，发展具有先进制造业、现代制造业、高技术制造业特征的制造业，要突出产品质量优、生产效率高、生产过程清洁、经济效益和市场效益好、位于价值链高端等特性，并且要与自身资源禀赋相匹配。

第三节　产业融合发展概念辨析

一　产业融合的概念

国外的产业融合概念源于技术融合，罗森博格在研究美国机械设备演化过程中，将技术融合定义为在产品功能和性质完全无关的产业采用同一技术而出现的技术扩散。麻省理工学院媒体实验室在1987年通过观察技术发展趋势，分别用圆圈表示计算机、广播业和印刷业，圆圈的重叠部分表示这三个产业间的相互技术融合，而创新最多和成长最快的领域为这三个产业的交会处，该实验室第一次将不同产业间的技术融合形象地展示了出来。拉古拉姆认为，产业融合本质是在数字技术作用下，传统与新颖的通信服务在不同的网络间共同传输的过程。2000年以后，部分学者开始从产业的视角定义产业融合。植草益通过研究通信产业的产业融合案例，将产业技术创新和降低产业

第二章 科技服务业、制造业及产业融合概念辨析

间的进入壁垒，从而提高产业间的竞争合作程度定义为产业融合。①部分学者从产业演化的角度界定了产业融合，认为产业融合是"两个或多个以前各自独立的产业，当它们的企业成为直接竞争者时，即发生了融合"。

相对于国外，国内的产业融合研究起步较晚，基本沿着国外学者的研究思路，从不同的角度展开了研究。马健对2000年以前有关产业融合的概念、含义和特征，产业融合的动因，产业融合对经济的影响等理论研究进行了综述。②厉无畏认为，产业融合是这样一个过程，即同一产业内的不同行业或者不同产业在高新技术的作用下，相互发生交叉和渗透，最后融为一体，从而产生"1+1>2"的经济效应和生产效应，最终产生一个新产业的动态变化过程。③李美云也从产业融合的概念、产业融合与产业演化的关系、产业融合对企业战略管理的影响、产业融合与政府管制政策等方面系统地介绍和阐述了国外产业融合研究的进展及其焦点问题。④周振华认为，产业是指从事相同性质经济活动的所有企业的集合，产业边界是诸多子系统构成的与外部环境相联系的界面。在电信、广播电视和出版业发展早期，尽管三者提供的信息服务内容有所交叉，但由于存在资产、技术、设备、网络、组织的专用性问题，彼此并未形成纵向一体化的市场结构。然而，随着信息技术发展和管制的放松，三大产业不同形式的产品，如语音、数据和视像，统一变为数字产品形式，采用统一的中端设备接收，产业界限不再清晰，出现了产业融合，而且使原来在各自分割市场领地活动的企业面临直接的竞争。从技术角度看，产业融合过程首先是新技术对传统产业技术的更新替代，或是原有产业技术的彼此叠加与渗透，在供给层面实现了技术融合。⑤

综上所述，国内外学者关于产业融合，尽管并没有形成相对统一

---

① 植草益：《信息通讯业的产业融合》，《中国工业经济》2001年第2期。
② 马健：《产业融合理论研究评述》，《经济学动态》2002年第5期。
③ 厉无畏：《产业融合与产业创新》，《上海管理科学》2002年第8期。
④ 李美云：《国外产业融合研究新进展》，《外国经济与管理》2005年第12期。
⑤ 周振华：《服务经济的内涵、特征及其发展趋势》，《科学发展》2010年第7期。

的概念，但对产业融合的特征具有高度的共识，即边界消融、产业间的界限不再清晰、原本无关的产业由于融合发展而产生了直接的竞争效应。

二 制造业与科技服务业的产业融合

（一）概念界定

关于产业融合，当前谈论更多的还有"两业融合"，即先进制造业和现代服务业的融合。然而，科技服务业作为现代服务业的重要组成部分，在"两业融合"中发挥着重要的作用，它能够为制造业创新发展全链条赋能，是制造业创新发展的引擎。因此，科技服务业与制造业的融合是"两业融合"的重要组成。

沿着国内外学者关于产业融合的研究思路，具体到科技服务业与制造业的产业融合，也应该是两者的关系越来越密切，传统产业边界逐渐模糊化或消失，出现兼具制造业和服务业特征的新型产业业态的过程。然而，国内的科技服务业与制造业融合发展研究，并没有完全拘泥于技术融合视角，而更多从产业间的延伸融合出发，从产业共生[1]、关联互动[2]、互动耦合[3]、协同发展[4]等角度来考察产业融合的变化与发展趋势，把产业关联、产业互动、产业协同发展等都归为产业融合概念范畴。因此，本书的产业融合研究，也采用后一研究范式。

（二）融合发展模式与路径

关于制造业与科技服务业的融合发展模式，大致有两种：一种是制造业向服务业渗透，制造业的服务功能越来越突出，进而出现"制造业的服务化"现象；另一种是服务业向制造业渗透，使服务业在生产方式、市场推广和服务产品的标准化等方面越来越像制造业，从而

---

[1] 田小平：《高技术服务业与制造业的共生关系研究》，《企业经济》2016年第2期。
[2] 马一珂：《科技服务业与制造业融合发展研究》，《合作经济与科技》2017年第4期。
[3] 孟庆敏：《科技服务业与制造企业互动创新的机理研究及对策研究》，《中国科技论坛》2011年第5期。
[4] 汪少琴：《科技服务业和制造业的融合发展研究》，《江苏科技信息》2019年第12期。

出现"服务业的制造化"。①

产业融合的典型路径。对于前者，可以鼓励和支持企业设立研发、设计、销售中心等，向社会开放产品开发、制造、物流配送等资源，提供相关专业化、市场化服务，实现资源高效利用和价值共享。目前国内比较典型的案例有青岛海尔工业智能研究院、北京的中航爱创客等；对于后者，可以引导有条件的科研院所以自身核心技术为依托，从制造业"微笑曲线"两端向中间拓展，延伸产业链，典型案例如吉林长光卫星技术有限公司，作为一科研院所，却依托"星载一体化""机载一体化"等核心关键技术，建立了从卫星、无人机研发与生产到提供遥感信息服务的完整产业链，实现了科技服务业与制造业的融合发展。

专栏 2-1　青岛海尔工业智能研究院

青岛海尔工业智能研究院围绕"立足家电业、面向消费品、辐射制造业"发展使命，秉承开放、创新、合作发展理念，与国内外知名高校、科研院所和科技服务机构联手，整合优势资源，致力于共同打造全球工业智能领域一流资源共创共赢的生态系统，引领制造业的转型升级。业务范围主要包括工业智能技术的研发、设计、检测、咨询、培训等专业化服务。

在青岛海尔工业智能研究院，制造业与科技服务业实现了较好的融合，对海尔公司制造业竞争力提升发挥了积极的促进作用。

专栏 2-2　长光卫星技术有限公司

长光卫星技术有限公司成立于 2014 年 12 月 1 日，是我国第一家具有科研院所背景（长春光学精密机械与物理研究所）的商业遥

---

① 李美云：《论服务业的跨产业渗透与融合》，《外国经济与管理》2006 年第 10 期。

> 感卫星公司。公司依托"星载一体化""机载一体化"等核心关键技术，建立了从卫星、无人机研发与生产到提供遥感信息服务的完整产业链。
>
> 目前，公司具备年产30颗卫星和200架无人机的能力，已初步形成以卫星研发与生产为核心的全产业链集群。主要业务范围包括：卫星与无人机系统及其部组件的研发、载荷系统的研发；卫星检测系统、设备的研发；卫星地面系统开发建设，卫星跟踪、控制、监视、显示设备的设计制造；卫星与无人机应用系统及其相关设备的设计、开发、销售；卫星相关工程的开发及承揽；卫星及无人机遥感信息产品的研发、生产、销售和相关服务；卫星设备的销售和维修服务；卫星、无人机相关的技术咨询和技术服务；无人机监控、质保及货运服务。[①]

第三条发展路径。"两业融合"是科技革命、产业变革和消费升级的必然产物，"两业融合"的业态、模式是在市场竞争中不断催生、经过检验逐步形成的，显然实现路径不是唯一的。这一规律，对科技服务业与制造业的融合发展路径也同样适用。除了"制造业科技服务业化""科技服务业制造化"两种典型路径外，近年来制造业与科技服务业融合发展还出现了一种比较有代表性的路径，即新型研发机构。新型研发机构也被称为"四不像"：既是大学又不完全像大学；既是科研机构又不像科研机构；既是企业又不完全像企业；既是事业单位又不完全像事业单位，融合了产、学、研、企的众多典型特征，具有市场导向、机制灵活、创新高效等特点，是制造业与科技服务业融合发展的又一新途径，发展前景被业界普遍看好。

---

① 企业简介：长光卫星技术有限公司，http://www.charmingglobe.com/about_tw.aspx?id=9。

第二章 科技服务业、制造业及产业融合概念辨析

专栏 2-3 新型研发机构

新型研发机构是指聚焦科技创新需求，以产业需求为导向，进行市场化运作，有效贯通基础应用研究、技术产品开发、工程化和产业化的科技研发创新组织。新型研发机构注重技术创新与商业模式的结合，在组织构建和运行机制上探索出了新的做法和有益经验，推进了创新链、产业链、资金链紧密融合。

相比传统科研机构，新型研发机构在管理方式、资金使用、人员评聘、评估考核等方面具有较大程度的政策突破。一是管理运行机制同国际接轨，采取企业化管理方式，由传统的行政管理体制改为理事会领导下的院长负责制，在人员聘用、项目管理、财务核算、奖励措施等方面有充分的自主权。二是财政支持方式有重大突破，实行负面清单管理，并且根据实际情况，资金的支持力度和时间可灵活调整。三是科研评价方式有重大突破，不再以文章发表、课题申请数量作为考核依据，而是综合考虑科研投入、产出质量、原创价值、人才培养等多方面绩效，对科研机构进行动态考核。四是科研成果转化有重大突破，科研机构对财政资助的科技成果，依法享有知识产权，在转化、推广应用方面有充分的自主权。五是资产管理方式有重大突破，财政资金支持的科研仪器、设备，科研机构有责任为资源共享提供便利。

第四节 本章小结

科技服务业是指拥有一定场所、设施、工具和专业人才，进行科学研究，并为科技创新提供社会化、专业化服务和管理的国民经济部门，是以深化科技与经济的互动联系为目标，以专业知识和专业技能为基础，为整个科技创新活动提供社会化和专业化的各种支撑性服务

的行业，是人力资本密集、知识资本密集的产业，具有明显的科技、现代特征。其发展目标是为了促进科技创新、技术进步，提升企业竞争力、提高国家科技创新能力。科技服务业作为技术转移的桥梁和纽带，可提供研究开发、技术转移、检验检测认证、创业孵化、知识产权、科技咨询、科技金融等九大类服务。

制造业作为按照市场需求，通过制造过程，将制造资源（物料、能源、设备、工具、资金、技术、信息和人力等）转化为可供人们使用和利用的大型工具、工业品与生活消费产品的行业，早已为人们所熟悉。近年来在制造业基础上，衍生出了现代制造业、高技术制造业、先进制造业等概念，尽管名称有差异，但都是相对比较接近的概念，有很多共通之处，主要区别在于各自关注点不同。

产业融合概念起源于技术融合，更多指计算机网络和通信技术相互交叉、相互渗透，传统与新颖的通信服务在不同的网络间可以自由传输，在这一过程中，计算机网络、通信网络的边界开始消融、产业界限难以区分。沿着这一思路，那么科技服务业与制造业的产业融合，也应该是两者关系越发密切，产业边界逐渐模糊化或消失，演变出兼具制造业和服务业特征的新型业态的过程。因此，本书研究并没有完全拘泥于技术融合视角，而更多从产业关联、互动、耦合等层面来考察制造业与科技服务业的相互关系，从而确立了本书的产业融合研究范式。关于制造业与科技服务业的融合模式，大致有两种：一种是制造业向服务业渗透，制造业的服务功能越来越突出，进而出现"制造业的服务化"现象；另一种是服务业向制造业渗透，使服务业在生产方式、市场推广和服务产品的标准化等方面越来越像制造业，从而出现"服务业的制造化"。纵观各种发展路径，大多是各市场主体基于自身核心竞争力，不断延伸产业链、创新链，实现产、学、研、企的跨界融合发展。这一观察更多是从微观角度出发的，是一种静态的分析，即抽象掉了一些背景因素，静止地孤立地考察产业融合现象。研究制造业与科技服务业的融合发展，微观的、静态的分析固然重要，然而要想准确把握两者的融合发展趋势，还要从宏观视角，采用动态分析的方法进行研究。

具体到北京的制造业与科技服务业融合发展路径来讲，对产业融合发展的时代背景和约束条件，即京津冀协同发展、北京制造业疏解转型等，必然要考虑在内。如果考虑得有所不足，甚至忽视了这些背景条件，就融合谈融合、就北京谈北京制造业发展，将导致理论研究与现实发展严重脱节，研究成果的价值大打折扣，毕竟北京的产业发展不可能脱离开京津冀而单独存在。因此，本书的融合发展研究，更多从宏观视角出发，以动态分析为主，重点强调京津冀协同发展大背景下，北京制造业在疏解、转型过程中，如何与科技服务业实现融合发展，从区域层面给出北京制造业与科技服务业的融合发展路径。

第三章

北京市制造业与科技服务业发展现状

第一节 北京市制造业发展现状

近年来,北京市落实首都"四个中心"城市战略定位,坚持有舍有得、疏解提升一体推进,实现"速缓但质优"的新常态增长,开启了从聚集资源求增长到疏解功能谋发展的重大转变。几年下来,产业结构实现深度调整,转型升级稳步推进,创新动能开始加速集聚,制造业发展取得减量提质、结构优化、动能转换等阶段性成效。

一 制造业的经济发展支柱效应日益显著

2013—2017 年,北京市规模以上工业总产值由 17370.9 亿元增长至 18901.1 亿元。其中,制造业总产值由 12210.2 亿元增长至 13640.9 亿元;从增加值看,制造业增加值由 2836.1 亿元增长至 3316.3 亿元,占全市 GDP 比重接近 12%。重点产业固定资产投资额 383.9 亿元,占全市的 4.3%;利用外资 6.38 亿美元,占全市的 4.9%;工业经济增长贡献率达到 12.5%,拉动系数达到 0.8,制造业以约占全市 5% 的固定资产投资和 10% 的从业人员创造出全市约 12% 的 GDP 和 9% 的税收贡献,展现了较强的经济带动能力,影响力系数达到 1.053①，大于全市其他行业平均水平。

二 制造业的创新引领作用更加突出

2017 年，北京规模以上工业企业专利申请量、授权量以及有效发明专利量分别占全市的 69.5%、71.8% 和 59.2%，是北京推进科技创新中心建设的重要阵地；制造业科研从业人员为 6.9 万人，占工业从业人员比重达到 6.6%，远高于全市科研人员占全部从业人员比重（3.5%）；制造业研发经费内部支出达到 261.4 亿元，研发投入强度是全市平均水平的 1.37 倍。其中，高技术制造业研发强度较大，处于全国领先水平，典型性制造业如铁路、船舶、航空航天等，具体如表 2 - 1 所示。

表 2 - 1　　2017 年部分规模以上工业企业研发经费投入强度　　单位：%

行业	北京	全国
医药制造业	2.20	1.97
通用设备制造业	2.31	1.53
专用设备制造业	3.03	1.78
铁路、船舶、航空航天和其他运输设备制造业	6.09	2.53
电气机械和器材制造业	2.85	1.73
计算机、通信和其他电子设备制造业	2.40	1.88
仪器仪表制造业	3.56	2.11

资料来源：北京市统计局、《全国科技经费投入统计公报（2018）》。

北京制造企业高质量发展走在全国前列。北京以占全国 0.88% 的规模以上工业企业数量、1.10% 的从业人员、3.97% 的工业企业资产总额，创造了全国规模以上工业 1.70% 的主营业务收入、1.62% 的增

---

① 影响力系数是指国民经济某一个产品部门增加一个单位最终产品时，对国民经济各部门所产生的生产需求波及程度，根据投入产出表经过矩阵计算可以得出结果，此处按照 2012 年北京 42 部门投入产出表计算，划分为农林牧渔业、采掘业、制造业、水电气热生产业、建筑业、服务业六大部门。

加值、2.24%的利润总额、2.80%的专利申请数以及2.34%的新产品销售收入。

三 高技术制造业发展势头强劲

2017年,全市规模以上工业劳动生产率达到40.8万元/人,规模以上工业万元增加值能耗同比下降8.7%,达到历史最高水平;北京十个高精尖产业实现总收入30065亿元,高技术制造业占全市制造业比重达到27.1%,较2014年提高约8个百分点;规模以上高技术制造企业产值、收入、利润稳步增长,如图3-1所示,其中,高端装备制造业的产业结构不断优化。2017年北京市规模以上装备企业有1109家,实现收入总计为2788.7亿元,工业总产值为2350.2亿元,平均每家企业实现收入、工业产值分别为2.5亿元和2.1亿元。其中,智能制造装备企业183家,实现收入为553.2亿元,产值为501.5亿元,平均每家智能制造装备企业收入、产值分别为3.0亿元、2.7亿元,企业数量、收入、产值占规模以上装备制造业比重分别为16.5%、19.8%、21.3%[①],具体如表2-2所示。

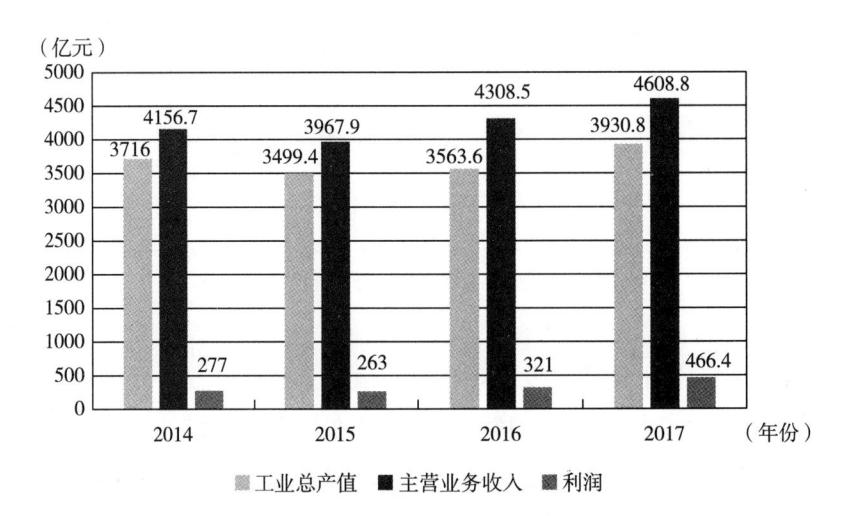

图3-1 2014—2017年北京市规模以上高技术制造业发展状况

资料来源:根据《北京统计年鉴》数据整理。

[①] 高谦:《北京智能制造产业的机遇、挑战与建议》,《现代制造工程》2019年第3期。

表 2-2　2017 年北京规模以上装备企业细分领域分布情况

行业	企业数量	数量占比（%）	收入（亿元）	收入占比（%）	产值（亿元）	产值占比（%）
规模以上装备制造企业	1109	100	2788.7	100	2350.2	100
智能制造装备	183	16.5	553.2	19.8	501.5	21.3
能源装备	200	18.0	740.7	26.6	633.6	27.0
节能环保装备	117	10.6	262.2	9.4	211.9	9.0
专用装备	609	54.9	1232.6	44.2	1003.2	42.7

资料来源：《北京统计年鉴（2018）》。

四　特色产业集群初具规模

以产业基地为重点依托，以重大项目集聚带动为主要支撑，北京在新一代信息技术、集成电路、医药健康产业、新能源智能汽车等领域，逐渐形成了一批特色产业集群品牌。其中，新一代信息技术产业领域形成以中关村软件园为代表的产业集群品牌；医药健康产业领域形成以中关村生命园、大兴生物医药基地为代表的产业集群品牌；集成电路产业领域形成以中关村集成电路设计园、北京经济技术开发区为代表的产业集群品牌；新能源智能汽车产业领域形成以顺义、北京经济技术开发区、北京高端制造业基地为重点集聚的产业集群品牌。

五　制造业领军企业快速成长

2017 年，百度成为中国研发强度最高的公司，市值 399.51 亿美元，研发支出占企业总营业收入的 15.2%，领先于华为、腾讯、阿里巴巴等公司。小米科技成为中国高产出效率企业的代表，市值 2380.11 亿港元，线下实体店突破 300 家，覆盖 70 多个国家和地区，店面产出高达 27 万元/平方米/年，仅次于苹果，位居世界第二。京东方成为掌握行业核心技术的全球一流科技公司，市值超过 1200 亿元，累计可使用专利超过 5.5 万件，位居全球业内前列。

第二节　北京市科技服务业发展现状

一　北京市科技服务业发展政策演进概览

为切实提升科技服务业对北京经济发展和转型升级的支撑能力，

1998年，北京市政府、人民代表大会、科学技术委员会等部门和各区（县）先后制定了《北京高新技术产业发展融资担保资金管理办法（试行）》《北京经济技术开发区条例》《北京市促进科技中介机构发展的若干规定》等50余部扶持科技服务业和科技服务机构发展的法律法规和规章制度。

2011年，国家发改委、商务部、科学技术部、财政部四部委与北京市联合签署了《中关村国家自主创新示范区现代服务业综合试点协议》，要围绕科技创新、成果转化，大力发展科技服务业，鼓励现有科研院所深化改革，建立市场导向的发展机制，加快创新发展步伐。

2014年后，北京进一步加快了科技服务业发展步伐。当年出台了《北京市关于加快推进科研机构及科技成果转化和产业化的若干意见》（京政办发〔2014〕35号）。

2016年，北京市出台了《北京市促进科技成果转移转化行动方案》（京政办发〔2016〕50号）。

2017年，北京市经济和信息化委员会发布《加快全国科技创新中心建设促进重大创新成果落地项目管理暂行办法》（经信委发〔2017〕47号），进一步加大了科技成果工作转化推进力度，重点支持以"三城"为核心的科技成果向"一区"转化，补齐中试、工程化实验、用户验证和规模化试生产等成果转化中后期的"短板"，全面提升企业的科技创新成果承接转化能力。

二 北京市推进科技服务业发展的重要举措

为贯彻落实《国家技术转移体系建设方案》（国发〔2017〕44号）、《北京市促进科技成果转移转化行动方案》（京政办发〔2016〕50号）等文件精神，进一步加强北京市科技成果转化政策统筹，提高高等院校、科研院所的成果转化效率，北京市加大了在京高校院所内部技术转移机构建设、成果评估筛选及专利布局、中试熟化和成果承接、加强与专业服务机构合作等工作的支持力度，以进一步提升高校院所科技成果转化能力。

一方面，加强高校院所技术转移机构建设。持续推进高校院所技术转移转化平台建设，鼓励现有技术转移机构转型，向专业化、市场化方向发展，对新成立的技术转移转化机构，秉承专业化的人做专业化的事的理念，保持高起点、高标准建设，以促进科技成果转化对接顺利开展。鼓励高校院所根据自身优势在单位内部或周边建设中试熟化和成果承接基地，利用现有中试熟化和成果承接基地开展科技成果熟化放大及转化落地工作。鼓励高校院所加强知识产权管理运营工作，及早布局科技成果筛选、评估等工作。

另一方面，促进新型研发机构发展。深入推动量子、脑科学、人工智能等领域新型研发机构发展，形成领跑世界的原始创新策源地。一是新的运行机制，深化"放管服"改革，建立国际接轨的治理结构和运行机制，将传统院所的行政管理转变为实行理事会领导下的院（所）长负责制；二是新的财政支持政策，根据机构类型和实际需求给予稳定资金支持，探索实行负面清单管理；三是新的评价机制，根据合同约定，对新型研发机构组织开展绩效评价，围绕科研投入、创新产出质量、成果转化、原创价值、实际贡献、人才集聚和培养等方面进行评估分析，同时，由理事会下设的审计委员会对资金使用情况实施审计，加强审计结果共享，作为绩效评价的重要参考。

专栏3-1 中关村促进科技服务业与制造业融合发展的主要做法

发挥社会组织作用，推动成立中关村工业互联网产业联盟。2017年1月，由东土科技、天地互联、和利时等企业和机构联合成立了中关村工业互联网产业联盟。联盟以标准、基础性平台技术、体系架构为抓手，整合联盟成员技术资源，着眼未来产业发展趋势，打造自主可控、安全可靠的产业体系。联盟在协助政府产业政策和参与国家重大专项、推动相关核心技术研发、参与国内外相关标准的制定、开展工业互联网示范应用、推进国际科研合作等方面做了大量工作，已经成为中关村制造业与互联网融合发展的重要推动力量。

促进创新资源集聚，支持中关村智造大街打造制造业与互联网融合创新的示范基地。中关村智造大街的揭牌开创了全国首个围绕"智能制造"聚集创新创业资源的全新模式。智造大街精准定位于制造业创新，为了让制造类初创企业能够在智造大街完成从研发到生产到市场推广的所有环节，智造大街以"创意转化和硬件实现"为目标，打造了符合智能制造创新创业的产业生态服务系统，初创公司能在智造大街获取技术方案研发、工业设计、小批量试制、敏捷制造、检测认证、协同服务、营销推广七个环节所需的资源，有效满足了入驻企业不出街区即可完成从创意到产品的诉求。并实现智造大街与中关村创业大街以及中关村各分园的相互联动，推进区域协同发展，支撑"双创"向"智造"领域纵深发展，服务互联网等新兴技术与制造业的深度融合。

出台相关产业政策，推动制造业与互联网融合发展。为进一步发挥中关村在人工智能等新一代信息技术上的优势，推动制造业智能化发展，2017年，中关村管委会出台《中关村国家自主创新示范区人工智能产业培育行动计划（2017—2020年）》，提出实施智能制造创新应用示范工程，支持企业智能装备的研发与部署，推动智能感知、模式识别、智能控制等智能技术的深入应用。2016年，中关村管委会还发布了《关于促进中关村智能机器人产业创新发展的若干措施》，提出了大力发展人机协作、数字化车间和智能工厂等工业机器人，推动制造业与互联网融合发展。

打造以资源开放共享为核心的工业生态圈。中航爱创客平台依托中航工业集团已有的技术、设计、制造和产业链优势资源，优先服务于中小微企业创新创业和传统工业企业转型升级，通过线上开放共享、线下开展合作的方式，帮助合作伙伴搭建联合创新创业平台，量身打造以品牌、特色为核心的全产业链生态圈。

三 北京市科技服务业发展的主要成就

（一）产业增加值

北京市统计局数据显示，2019年北京科技服务业实现增加值2826.4亿元，同比增长9.5%，占全市地区生产总值的比重为7.9%，在第三产业中排名第三位,仅次于金融业(22.1%)和信息服务业(16.2%),占比为9.6%;从2001年到2019年,北京市科技服务业规模持续增长,2019年北京市科技服务业增加值是2001年的15倍左右,如图3-2所示。

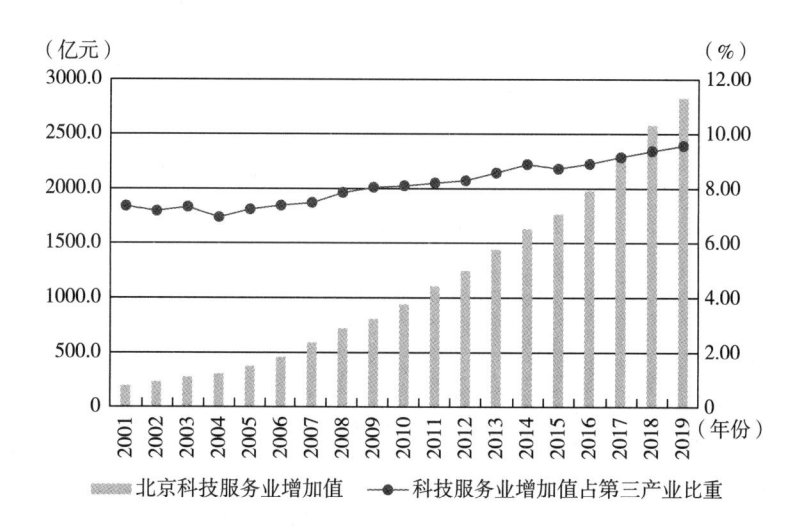

图3-2 2001—2019年北京市科技服务业增加值变化趋势

资料来源:《北京统计年鉴(2020)》。

(二)六大行业占比

从占第三产业的比重变化趋势看,北京市科技服务业从2001年的7.4%上升至2019年的9.6%,呈缓慢上升趋势,其他五类行业中,房地产、批发与零售分别自2009年和2011年以后占比不断下降,信息传输、计算机服务和软件业以及租赁和商务服务业两类行业缓慢上升,金融业自2011年以后占比提高比较明显,2014年以后均保持在20%以上,占第三产业比重一直处于首位。具体如图3-3所示。

从增长速度来看,除2002年、2004年外,科技服务业一直高于第三产业的平均增速,与金融业,信息传输、计算机服务和软件业领衔第三产业的增长。近两年,随着北京市创新驱动发展战略的实施以

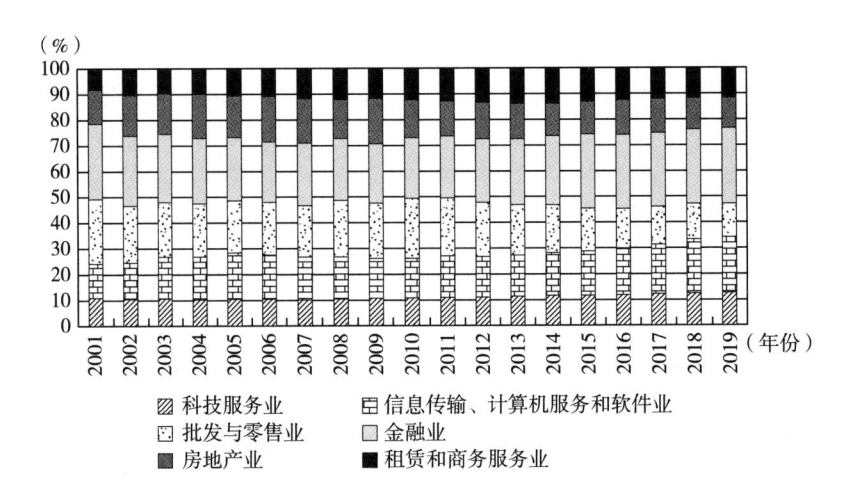

图 3-3 2001—2019 年北京市六大行业占第三产业增加值比重变化趋势

资料来源:《北京统计年鉴（2020）》。

及"高精尖"经济结构的构建，科技服务业的发展速度呈较高速度的增长态势，如图 3-4 所示。

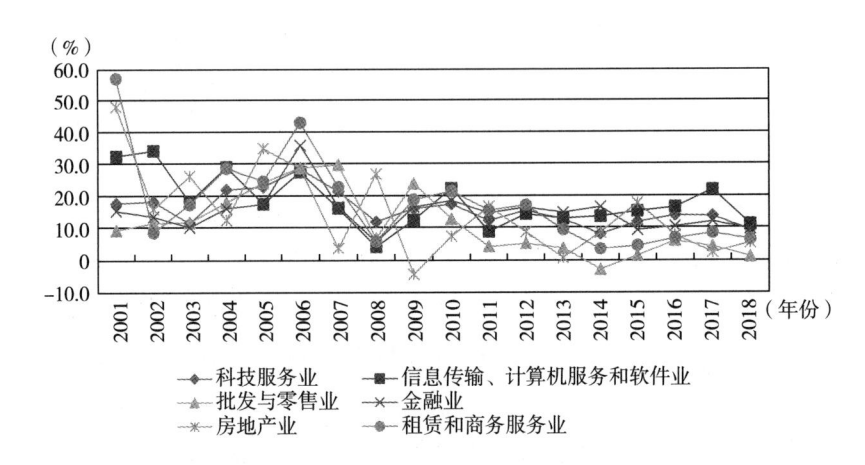

图 3-4 2001—2018 年北京市科技服务业与第三产业增长速度变化趋势

资料来源:《北京统计年鉴（2020）》。

（三）人均增加值

从人均增加值来看，从 2008 年到 2017 年，北京市科技服务业人员人均增加值比第三产业人均增加值平均高8.6万元,且呈不断扩大的趋势,2008年差距为6.8万元,到2017年两者差距进一步扩大到13.2万元,如图3-5所示。人均增加值大幅领先,充分说明北京市科技服务业在第三产业中属于附加值比较高的行业,显然与科技服务业的科技含量高、智力资源密集的优势密切相关。

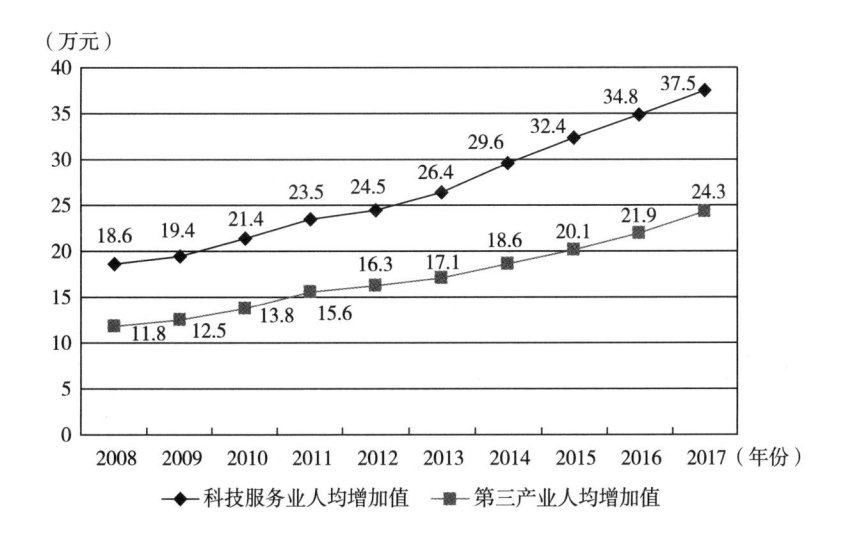

图3-5 2008—2017年北京市科技服务业与第三产业人均增加值变化趋势

资料来源:《北京统计年鉴(2018)》。

与第三产业人均增加值差距的拉大体现了北京市科技服务业在科技投入、科技产出等方面正在持续提升,对改善和提升第三产业质量和效益的带动作用不断增强。未来,随着科技服务业的不断发展,在拉动第三产业提质增效、提高整个社会的劳动生产率等方面将会继续产生积极的作用。

(四)科技服务业机构

科技服务业机构是北京科技创新中心建设的重要力量。2017年北京共有科技服务法人单位3376家,实现增加值2077.9亿元,同比增长10.2%,高于GDP增速(6.7%)3.5个百分点,高于服务业增速(7.1%)3.1个百分点。实现营业收入8195.9亿元,同比增长

2.6%，在第三产业中的14个细分行业中排名第4位。

从资本吸收看，2017年北京科技服务业当期吸收资本金额为5116.3亿元，是全国各城市平均水平2038.2亿元的2.5倍，同比增长21.0%，保持快速增长势头。

从人员看，2017年北京每万人从业人员中，科技服务业从业人数为536人，是全国各城市平均值256人的2.1倍。

四 北京市科技服务业发展的主要特点

（一）科技服务业发展规模稳定提升

技术合同成交额是反映科技服务业规模的重要指标之一，自2008年到2017年，北京市技术合同成交额从1027.2亿元攀升至4485.3亿元，专利授权量从17747件攀升至106948件，增长5倍多；其中，2017年，认定登记技术合同81266项，同比增长8.4%；成交额4485.3亿元，同比增长13.8%。2017年，全市新增科技型企业76150万家，累计已达50.3万家。国家级高新技术企业超过1万家，数量居全国首位。

（二）科技服务业的经济贡献不断加大

2017年，北京科技服务业营业收入达万亿级规模，跃升为服务业第二大行业，实现增加值2859.2亿元，增长10.7%，高于北京地区生产总值增速4个百分点。从辐射范围上看，2017年，技术合同成交额4485.3亿元，同比增长13.8%，在全国占比33.4%，50%的技术合同输出到全国330多个城市，实现了对全国所有地级以上城市的全覆盖。

此外，北京科技服务业还主动融入和布局全球创新网络。2017年，北京出口技术合同1270项，成交额964.1亿元，比上年增长18.7%。其中，输出"一带一路"沿线国家技术合同163项，成交额300.8亿元，增长12.4%，占出口总额的31.2%。[1]

（三）科技服务业发展的内生动力逐渐加强

调研中了解到，截至2018年，北京已有31家在京高校院所出台

---

[1] 《2017年北京技术市场统计年报》，http://kw.beijing.gov.cn/art/2018/9/25/art_6656_475738.html。

促进科技成果转化意见及配套政策80余项，北京大学、清华大学、首都医科大学、北京航空航天大学等近20家高校院所成立了校级科技成果转化工作领导小组。

转化投入日益加强，清华大学荷塘基金总额10亿元，中科院中科创新基金总额9.2亿元。中科院理化所设立所长基金，每年安排资金3000万元支持转化。

转化环节更加开放，更多的高校院所与社会化机构开展合作，促进科技成果转化。例如，中科院理化所与国内外知名知识产权机构开展合作；中科院电子所引入职业经理人。

政策"最后一公里"逐步打通，全市近80%的高校院所针对国家和本市科技成果转化政策制定了实施细则，科技成果转化成效得到初步显现。2018年以来，北京大学围绕专利运营、兼职离岗等出台6项细化政策，当年实现技术合同成交额突破10亿元，同比实现翻番。[①]

（四）科技创新主体的活力日益提升

企业成果转化意识和能力不断增强。2018年以来，高新技术成果认定政策共支持85家企业，落实财政资金8000万元，项目的核心技术成果均来自高校院所。从数据来看：取得各类知识产权2571项，实际完成投资额140.8亿元，实现年销售收入132.5亿元，缴税9.6亿元，净利润28.8亿元。[②]

社会资本积极投资科技成果转化平台建设。本市建在高校院所内部或周边的孵化器、科技园、众创空间共有25家，总面积54.8万平方米，落地承接项目3572个，获得社会投资金额126.5亿元。典型代表，如中关村智造大街建设"智能硬件梦工场"，为智能制造企业提供"北斗七星"服务；创客总部专业投资孵化高校院所的前沿技术与技术精英，截至2018年年底孵化项目共获得20.0亿元投资，单次

---

① 魏昕悦：《瞄准痛点发力让科技成果"落地生金"》，《北京日报》2019年5月31日第4版。

② 北京市科委调研数据。

最高2.3亿元；埃米空间扎根在京高校院所，深入挖掘新材料领域早期项目，与30多所高校院所建立合作，推动144项科技成果实现转化，孵化项目37项，在孵企业拥有专利数400件左右，累计获得融资3400多万元。

第三节 北京市科技服务业重点领域发展状况

一 研究与试验发展服务业

研究与试验发展服务业，以下简称研发服务业，指专门从事研究与试验发展活动并提供产品和服务的科技服务行业。

（一）研发服务业的总体发展情况

北京市研发服务业主要呈现科研院所众多、服务途径多样、研发外包普遍等特征。从研发投入增速看，自2008年以来，北京对创新人员的投入呈逐年递增态势，年均增长3.4%。从R&D经费内部支出看，2017年北京为1579.6亿元，是各城市平均值645.2亿元的2.5倍；研发投入强度为5.7%，高于各城市平均值3.2%近2.5个百分点。从规模分布看，央属单位335家，占总数的60%，营业收入超过1800亿元，占比高达研发服务业收入的88%；利润约35亿元，约占利润总额的65%；税收17亿元，占税收总额的63%；相对而言，市属机构200余家，占总数的40%，营业收入占总体的12%；利润和税收分别约占研发服务总额的35%和37%。可见，央属机构在北京市研发服务业中占据重要地位。

（二）研发服务业的主体情况

北京市研发服务业主体主要包括国家和北京市所属的高等院校与科研院所、研发服务型企业、企业中的研发外包服务部门和其他行业联盟与协会等机构。在562家规模以上研发服务机构中，高校院所类事业单位占60%，企业占比约40%，主要分布在自然科学、工程技术、农业科学等领域。

(三) 研发服务业的发展趋势

研发服务不断向产业链上下游和垂直行业拓展：由单纯研发环节向工程技术、硬件设计、信息系统及客户服务等环节进行拓展。

研发服务内部行业之间相互渗透融合发展，数字化、网络化和智能化趋势显著，大数据、人工智能、生物医药、电子信息、新材料、移动互联网等企业、项目和产业之间呈现出深度渗透与融合发展的趋势。

新型研发机构不断发展壮大：新型科研机构突破了国有科研院所和高校传统的管理体制机制，采用市场化运作，自主经营，自负盈亏。

(四) 研发服务业的典型特征

一是科研院所数量众多，服务资源高度集聚。北京的研发服务机构包括各级政府资助的研发机构、高等院校下属的研发机构、民营的研发机构等。在近600家研发服务机构中，科研院所超过290家，占比接近50%，显示出研发服务资源高度集聚于科研院所。

二是产业集群发展迅速，技术交易增长显著。研发服务企业已经成为北京市科技服务业中发展最为迅速的群体之一，软件研发、医药研发外包、通信技术研发、集成电路研发、汽车设计研发等领域集群式发展态势明显，技术交易的数量和增长速度高于GDP增长速度。

三是研发外包占据主流，内部机构对外服务。目前，北京市主要的研发服务方式包括产学研合作、研发外包、技术转让、项目合作、共建实验室、聘请专家等。

四是并购投资日趋活跃，直接获取研发能力。并购、投资和控股成为获取研发能力的重要渠道。

二 工程技术服务业

北京市工程技术服务业以骨干央企为主，1/3的企业数量贡献了近70%的收入；企业研发投入力度逐步加强，59家重点工程技术服务企业，2015—2017年研发投入累计超过200亿元。其中，2017年研发投入超过75亿元，同比增长7.4%；国际化进程不断加快，2017年度全球最大250家国际工程承包商榜单，我国内地共有65家企业入选，其中北京市共有26家，约占榜单内国内企业总量的40%，榜单国内前十的企业均位于北京市，26家企业海外市场收入占榜单国内企业海外市场总收入的80.8%。

（一）工程技术服务业的主体情况

从技术领域看，北京市工程技术服务业企业主要分布在能源、工程管理、市政工程、工程设计、路桥工程等领域。

（1）能源类工程技术服务类企业超过80家，主要以大型央企、国企为主，涵盖石油化工、钢铁冶金、天然气、煤炭、水利电力等相关行业；主要开展石化、煤炭、钢铁等资源勘探开发、地质勘查、烟气治理等服务。

（2）工程管理服务类企业300余家，包括国企、市属企业和民营企业，主要开展工程咨询、工程监理、工程招标、工程设备进出口等相关服务。

（3）市政工程服务类企业约90家，以国家各部委及北京市属相关市政服务企事业单位和民营企业为主，面向城市建筑、园林规划等领域开展相关服务。

（4）工程设计服务类企业200余家，以城乡规划、电力规划、建筑标准等相关行业领域规划设计研究院为主，提供建筑设计、景观设计、纺织工业设计、勘察设计、装饰设计、环境工程设计等服务内容。

（5）路桥工程类企业约30家，涵盖道路桥梁、公路水运、轨道交通、铁路等领域，以国家各部委及北京市属相关市政服务企事业单位和民营企业为主，开展路桥工程类相关服务。

（二）工程技术服务业的规模分布

2017年，北京市工程技术服务企业中，央属企业200余家，约占总体的24%，但营业收入超过2000亿元，约占首都科技服务业收入的3/4；税收67亿元，占税收总额的六成；利润约170亿元，超过利润总额的六成。相对而言，市属企业400余家，占企业总数的3/4左右，营业收入约占总体的1/4；税收和利润分别占工程服务业总额的四成左右。可见，央属企业贡献了北京市工程服务业营业收入、税收和利润的绝大部分。

（三）工程技术服务业的发展特点

一是央企总部聚集，服务资源雄厚。北京市工程技术服务业呈现出央企总部聚集、龙头企业众多、服务资源雄厚等特征。典型如能源、市政、路桥、航空、航天工程等大型央企总部均坐落在北京，容纳了大量人才、仪器设备，工程服务资源丰富，是当前北京科技服务业规模的主要贡献者。

二是总包化、集成化成为主流。总包化成为工程技术服务业企业的主要商业模式。承担工程总包业务可以突破传统业务的收入规模"瓶颈"，大幅增加工程服务企业的业务规模和盈利能力。同时，集成化发展趋势更加明显。部分大中型工程技术服务企业以设计和研发为基础，以自身专利及专有技术为独特竞争优势，由工程设计领域向装备制造、设备成套等业务领域拓展，进行跨领域整合增值，逐渐由传统意义上工程设计企业转变为集科研、设计、制造、销售于一体的综合型企业集团。工程技术服务企业更加注重行业领域深耕发展，提供精细化、差异化服务的趋势日益明显。

三是国际化、战略化能力增强。近年来，北京市工程技术行业"走出去"能力日益增强，大型工程技术服务企业国际化发展进程加快，加大了对国际新兴市场的布局和开发力度，与世界多个国家和地区建立起长期合作关系，组织引进前沿技术，积极掌握国际标准规范和通行规则，不断提高国际工程承接能力，对京津冀、长江经济带、"一带一路"等国家重大战略规划的服务支持和贡献力度越发明显。

三 设计服务业

建筑与环境设计在设计产业中处于主导地位。从人员数量看，2017年北京市建筑与环境设计行业规模以上企业拥有从业人员12.8万人，占规模以上设计企业从业人员总数的73.6%；从收入情况看，建筑与环境设计行业规模以上企业实现收入1530.5亿元，占规模以上设计企业收入总额的62.2%，居设计产业首位。

规模以上专业设计单位多为新兴企业。成立于2000年及以后的法人单位共有627家；持续经营超过8年以上的法人单位共有825

家，占全部比重为87%。北京设计企业以中小企业为主，全市拥有各类设计机构约2.3万家，规模以上的企业全市仅955家，占整个企业的4.2%。

（一）设计服务业的主体情况

2017年，北京市设计产业规模以上企业共955家，其中，有限责任公司364家，占比为38.1%；私营企业352家，占比为36.9%，国有企业69家，占比为7.2%。从领域分布看，工业设计中产品设计单位89家，占比为9.3%，从业人员1.15万人，占比为7.4%。视觉传达设计单位371家，占比为38.8%，从业人员3.03万人，占比为19.6%。建筑与环境设计单位488家，占比为51%，从业人员11.20万人，占比为72.6%。

（二）设计服务业的发展特点

一是以工业设计为代表的设计服务技术关联度高，可应用到人机工程、大数据、材料学、3D打印、虚拟仿真等前沿技术；领域关联度高，可应用到智能产品、新能源汽车、生物医药、传统制造业、软件业、咨询业、广告业、金融业等多个领域；价值带动性强，美国工业设计协会研究表明1美元工业设计投入，可以带来2500美元效益。

二是设计服务逐步向高端综合设计服务转变。随着设计服务能力提升，设计公司逐步参与到产品研发全过程，涵盖咨询服务、调查研究、项目管理、设计、验证、打样生产等，提供全过程"一站式"服务，除设计服务收入外，逐步参与产品销售分成。

三是科技创新引领特征显著。在北京市设计创新中心认定单位中，2016年R&D投入占主营业务收入比例20%以上的企业36家，10%以上的企业45家。其中工业设计企业研发投入占收入比例为11%，高于北京市高新技术企业3.1个百分点。

四 科技金融服务业

2017年，北京市科技金融融资额达263亿元，占全国的1/3。科技金融园区布局梯次展开：主要有北京金融科技与专业服务创新示范区、通州区北京金融科技国际产业园、丽泽金融商务区、房山区北京互联网金融安全示范产业园，海淀区提出打造具有全球影响力的金融科技创新中心。约2万天使投资人活跃在中关村，占全国总数的80%，天使投资项目数及金额约占全国的40%以上，集聚了红杉、经纬、IDG、君联等670家知名创投机构。估值在10亿美元以上的独角兽企业70家（占全国43%），全球范围内仅次于硅谷。

2018年，全市规模以上科技金融服务机构858家，全年实现收入2244.1亿元，利润1843.1亿元，税收241.2亿元，从业人员9.3万人，人均创造收入、利润、税收分别为241.3万元、198.2万元、26.0万元。

五 创业孵化服务业

2017年北京市共有创业孵化机构291家，较2016年增加了57家，创业孵化机构面积4.62百万平方米，较2016年增加了33.9%。其中，孵化器152家，较2016年增加了49.5%，孵化器面积2.5百万平方米，较2016年增加了12.0%。国家孵化器54家，占比为50.9%。

众创空间185家，较2016年增加52家，面积为2.02百万平方米，较2016年增加了73.8%；创业孵化机构在孵企业数量为42349家，其中孵化器在孵企业6717家，众创空间在孵企业35632家，均呈快速增长态势。

从绩效情况看，累计上市企业187家，有2396家企业获得了投融资服务。入驻企业累计拥有知识产权86112件，较2016年增长了4.12万件，其中有效发明专利为10305件，实现同比增长273.3%。

在就业吸纳方面，共吸纳就业224603人，同比增长61.3%，其中应届大学生53837人，同比增长225.3%。从收入和运营看，2017年北京市创业孵化机构总收入52.35亿元，较2016年增长了61.0%。其中，房屋及物业收入最多，占比在60%左右，其次是综合服务收入，占比接近30%。

2017年，北京市创业孵化机构总成本46.6亿元，较2016年增长了46.2%。其中，场地费用占比接近40%，管理费用占比在20%左右。从服务人员看，2017年北京市创业孵化机构共有管理服务人员7255人，较2016年增长了12.7%。共有创业导师9952人，比2016

年多3345人，增长率达50.1%。

（一）创业孵化服务业的主体情况

北京市创业孵化服务行业主要由众创空间、孵化器和大学科技园三类主体组成。其中，众创空间268余家，包括213家市级备案的"北京市众创空间"、125家国家级备案的众创空间。孵化器、大学科技园150余家，包括经国家、本市认定的94家，其中孵化器65家（国家级49家，市级51家），大学科技园29家（国家级15家，市级29家）。

从创办主体构成看，众创空间创办主体具备企业性质的占比为95.2%；创办主体为民营机构的占比约为77.7%，与2015年相比，具备企业性质的众创空间占比上升了5个百分点。众创空间第一创始人中，有企业管理背景的占比为72%，有高校院所科研背景的占比为9%，有公务员背景的占比为5%，有学生和企业技术人员背景的占比均为3%。

众创空间来自创始人或合伙人的创办资金占据主导地位，约为73%，源于投资者融资占比为6.8%，源于众筹占比为2%。孵化器、大学科技园中，国有企业性质的占比约为53.3%，民营企业性质的占比约为40%，事业单位性质的占比约为6.6%。

从区域分布角度看，众创空间在海淀、昌平、怀柔、亦庄经济技术开发区、顺义"三城一区"重点发展区分布最为密集，配套的众创空间数量占比为59%，一年内入驻创业团队和新注册企业总数占全市比例达到50%。其中，海淀区成为创业团队入驻的首选区域，众创空间数远超其他区县，一年内新入驻创业团队4300余家，是其他区县的7倍以上。孵化器、大学科技园以海淀、朝阳、昌平等为重点集聚区，其中，分布在海淀区的孵化器占比约为45%，占比最多，其次分别为朝阳区和昌平区，占比分别为10.6%和9.3%。

（二）创业孵化服务业的发展特点

越发关注"硬科技"领域发展潜力。268家众创空间中有88家孵化功能专注聚焦智能装备、新一代信息技术等"高精尖"产业领域，共孵化服务"硬科技"项目4500余项。

更加注重搭建基于产业孵化的技术服务平台。268家众创空间中，超过1/4的机构搭建了专业技术研发服务板块，共搭建专业技术平台77个。

积极参与全市"腾笼换鸟"工作。盘活老旧厂房、农村集体用地等闲置资源。

逐渐成为创新人才集聚的重要平台。268家众创空间累计服务大学生创业企业（团队）项目近2.7万个，同比增长近7倍；累计服务留学归国创业项目3231个，同比增长48.4%；累计服务科技人员创业项目14029个，同比增长125.3%。

不断融入资本市场发展中。268家众创空间中，有26家获得融资，融资额共计30.2亿元；1882家在孵企业获得融资，融资额267.9亿元。

六 科技推广与技术转移服务业

2017年，对北京地区技术转移服务机构进行抽样调查，涉及77家。其中，企业54家，事业单位17家，民办非营利组织1家，其他组织（内设机构）5家。数据显示，77家技术转移服务机构从业人员8460名，其中专职从事技术转移服务工作人员3082名；技术经纪人400名；77家技术转移服务机构全年营业总收入208.8亿元。其中，技术性收入41.6亿元，促成技术转移项目总数5950项，成交额46.4亿元；举办技术转移活动1291次，服务企业41061家。总体上讲，北京市科技服务机构数量逐年增加，但行业整体规模偏小；民营机构数量多，较为活跃的技术转移机构中民营企业151家，占比为55%，规模普遍偏小；体制内机构拥有技术及研发基础设施等资源优势，但机制不灵活，技术转移积极性不高，人员激励及考核机制不完善。

（一）科技推广与技术转移服务业的主体情况

技术推广服务类企业涵盖农业、生物、新材料、节能等领域。大致可分为两类，一类是以中国铁道科学研究院、北京机电研究所、北京数码视讯软件技术发展有限公司、北京铁路新技术有限责任公司、中船电子科技有限公司等企业为主，主要提供技术开发、咨询、推广及其他服务。另一类是以中仪国际招标公司、谱尼测试科技股份有限公司、北京赛迪信息工程监理有限公司、北京一龙恒业石油工程技术有限公司等技术服务公司为主，主要提供咨询、检验检测、进出口、工程总包、信息策划、合作交流等服务。

（二）科技推广与技术转移服务业的发展特点

一是从服务机构看，法人主体类型呈现多样化态势。更多的民营机构、行业协会开始涌入技术市场服务科技成果转移、转化，法人主体范围向社团法人、民营法人扩大，其中技术转移法人机构由2011年的10家发展到2017年的106家，已成为服务科技成果转移转化的主力军。团队建设专业化。调查数据显示，2011年北京市持证技术经纪人不足百人，2017年持证技术经纪人已有227人，七年间持证技术经纪人人数翻一番，呈增长态势。

二是"互联网+技术转移"新模式已逐步形成。技术转移服务机构依托互联网、大数据等先进技术，开创专业化、信息化、国际化的多元发展路径。"互联网+"使技术转移服务进一步向开放、共享迈进。互联网作为技术转移融入共享经济的桥梁，使科技成果转化各环节中所需要的企业成长、人才服务、供需信息、市场资源等要素深入开放，逐步共享，有效提升转化质量和效益。专业性技术转移机构实现向专业化平台服务发展。专业机构充分发挥领域技术、资源的集群效应，挖掘培育具有"专精特新"的项目或企业，对产业发展需要的标准、技术、人才、市场做可持续支撑与保障。

三是机构服务国家区域发展战略。机构跨国发展、服务"一带一路"建设。随着国际化和"一带一路"等国家战略的实施，科技推广和技术转移服务正逐步向海外扩展，专业化服务机构，向纵深发展、服务区域合作。越来越多的机构专注服务于某产业，实现专业领域精准对接，推进产业的创新与升级。

七　知识产权服务业

2018年年底，北京市具有知识产权服务机构444家，占全国专利代理机构总量的30%左右，其中，规模以上机构127个，实现营业收入127.7亿元，利润9.0亿元，税收5.8亿元，从业人数21001人，人均实现收入、利润、税收分别为60.1万元、4.3万元、2.8万元。

知识产权服务业的主体情况。北京市知识产权服务机构中，有限责任公司174家，占代理机构总量的39.2%；普通合伙制代理机构167家，占代理机构总量的37.6%；开办专利代理业务的律师事务所71家，占代理机构总量的16.0%；特殊普通合伙制代理机构32家，占代理机构总量的7.2%。

从服务内容来看，主要包括知识产权代理（专利权、商标权、著作权等各类知识产权申请注册代理服务）、知识产权法律服务（法律咨询、法律鉴定、诉讼服务）、知识产权咨询（知识产权管理咨询、行业分析评议、贯标、产业导航、培训）、知识产权数据服务（知识产权数据库建设、数据检索、数据挖掘与分析）、知识产权网络交易服务（网络中介/电商、在线交易）、知识产权运营服务（涉及许可、投融资等）、知识产权资讯服务。2016年，机构开展三种类型专利申请代理量为148027件，占全市申请总量的78.5%。全市专利代理机构年平均代理量为1750.5件，每名执业专利代理人平均年代理量为117.9件。

从知识产权服务业的发展特点看，北京知识产权服务机构集聚效应显著，主要集中在海淀区和朝阳区。北京知识产权服务机构规模普遍偏小。按照机构执业专利代理人数分类，20人以下的专利代理机构共有430家，占比为86%。代理服务仍是北京市知识产权服务的主要类型。

八 科技咨询服务业

2018年，北京市科技咨询行业规模以上企业260家，实现收入286.8亿元，利润28.8亿元，纳税19.7亿元，从业人员38567人，人均创造实现收入、利润、税收分别为74.5万元、7.5万元、5.1万元。

（一）科技咨询服务业的主体情况

北京科技咨询服务业逐步在战略及政策咨询、企业管理咨询、市场调查与数据服务等领域形成规模，在全国TOP50强机构排名中，北京市有21家，占比为42%。中国十大管理咨询公司排名中，北京市科技咨询企业占比为60%。在战略及政策咨询领域，龙头企业包括赛迪顾问股份有限公司、北京方迪经济发展研究院、北京万方数据股份有限公司等；在企业管理咨询领域，龙头企业包括和君咨询、华夏基石、北大纵横管理咨询集团等；在市场调查与数据服务领域，龙头企业包括北京大唐高鸿数据网络技术公司、北京浩瀚深度信息技术公司、易观国际、北京零点研究集团等。

（二）科技咨询服务业的发展特点

一是国际咨询机构具有竞争优势。全球著名的咨询机构如麦肯锡、埃森哲等都已在北京设立分支机构，已全面进入中国咨询服务市场，给本土科技咨询机构带来了强烈的冲击。

二是国有咨询机构实力雄厚。中央及各部委的很多信息服务部门经过机构改革，发展成为服务于社会的专业咨询机构，拥有丰富的信息资源和人才资源。

三是专业分化越来越细，咨询公司不断拓宽服务范围。

九　检验检测认证服务业

2018年，从事检验检测认证的机构超过1000家，其中规模以上228家，实现收入216.0亿元，利润29.6亿元，税收13.6亿元，从业人员40923人，人均实现收入、利润、税收分别为52.8万元、7.2万元、3.3万元。获CNAS认可的检验检测机构数领先，认证证书保持增长。检验检测机构大多数为小型机构：从业人员在100人以下的小微型机构占比超过90%，其中，从业人员数在10—100人的小型机构占比为74%。

（一）检验检测认证服务业的主体情况

北京市检验检测机构中，国家级检测中心的数量占全国2/3，在微电子材料、光电子材料、新能源材料、稀土永磁材料等关键材料、新型建材和化工材料等领域技术领先全国。

从机构性质看，企业占比为52.6%、事业单位占比为18.9%、行政单位占比为0.2%、社会团体及非法人等机构占比为28.3%。

从所有制结构看，国有及国有控股占比为51.2%、集体控股占比为2.3%、民营占比为19.2%、港澳台及外资占比为1.3%、其他占比为26.0%。

从分布区域看，海淀、朝阳、丰台三区检验检测机构数量占总量的55%，分别为23.2%、19.8%、12.0%。

（二）检验检测认证服务业的发展特点

一是检验检测行业逐渐向专业化发展，并向研发服务、科技咨询等领域渗透。二是民营第三方检测市场巨大。特别是环保、餐饮、健康、公共设施管理等领域，第三方检测需求旺盛。三是服务模式呈现外包化特征。四是行业整合化趋势日益显著。出于竞争需要，建设大型检验检测认证集团，提升行业竞争力、国际化水平，打造知名检验检测品牌势在必行。

第四节 本章小结

厘清北京制造业、科技服务业发展现状，是进一步研究两者融合发展的基础。本章内容主要分为两部分，一部分是对北京制造业发展现状进行梳理，准确把握北京制造业发展的主要特征。另一部分是对北京科技服务业发展现状进行梳理，并对科技服务业重点领域发展状况进行介绍。

北京制造业发展现状。北京市落实首都"四个中心"城市战略定位，坚持有舍得、疏解提升一体推进，实现"速缓但质优"的新常态增长，开启了从聚集资源求增长到疏解功能谋发展的重大转变。经过多年发展，如今产业结构实现深度调整，转型升级稳步推进，制造业发展取得减量提质、结构优化、动能转换等阶段性成效。一是制造业的经济发展支柱效应日益显著，制造业以约占全市5%的固定资产投资和10%的从业人员创造出全市约12%的GDP和9%的税收贡献，展现了较强的经济带动能力，影响力系数达到1.053，大于全市其他行业平均水平。二是制造业的创新引领作用更加突出，高质量发展走在全国前列。北京以占全国0.88%的规模以上工业企业数量、1.1%的从业人员、3.97%的工业企业资产总额，创造了全国规模以上工业1.70%的主营业务收入、1.62%的增加值、2.24%的利润总额、

2.80%的专利申请数以及2.34%的新产品销售收入。三是高技术制造业发展势头强劲，特色产业集群初具规模，在新一代信息技术、集成电路、医药健康产业、新能源智能汽车等领域，逐渐形成了一批特色产业集群品牌。

北京科技服务业发展举措。为切实提升科技服务业对北京经济发展和转型升级的支撑能力，早在1998年，北京市就出台了多部扶持科技服务业发展的法律法规和规章制度。经过多年发展，如今产业发展政策体系日益完善。2017年，为进一步贯彻落实《国家技术转移体系建设方案》《北京市促进科技成果转移转化行动方案》等文件精神，进一步加强北京市科技成果转化政策统筹，提高高等学校、科研院所的成果转化效率，北京市加大了在京高校院所内部技术转移机构建设、成果评估筛选及专利布局、中试熟化和成果承接、加强与专业服务机构合作等工作的支持力度，以进一步提升高校院所科技成果转化能力。一方面，加强高校院所技术转移机构建设。鼓励现有技术转移机构转型，向专业化、市场化方向发展，对新成立的技术转移转化机构，秉承专业化的人做专业化的事的理念，保持高起点、高标准建设，以促进科技成果转化对接工作顺利开展。另一方面，坚持新的运行机制、新的财政支持政策、新的评价机制、促进新型研发机构发展。深入推动量子、脑科学、人工智能等领域新型研发机构发展，形成领跑世界的原始创新策源地。

北京科技服务业发展现状。一是科技服务业发展规模稳定提升。技术合同成交额是反映科技服务业规模的重要指标之一，自2008年至2017年，北京市技术合同成交额从1027.2亿元攀升至4485.3亿元，专利授权量从17747件攀升至106948件，增长5倍多。二是科技服务业的经济贡献不断加大。2017年，营业收入达万亿级规模，跃升为服务业第二大行业，实现增加值2859.2亿元，增长10.7%，高于北京地区生产总值增速4个百分点。三是科技服务业发展的内生动力逐渐加强。全市近80%的高校院所针对国家和本市科技成果转化政策制定了实施细则，科技成果转化成效得到初步显现。2018年以来，高新技术成果认定政策共支持85家企业，落实财政资金8000万元，项目的核心技术成果均来自高校院所。四是社会资本积极投资科技成果转化平台建设。北京市建在高校院所内部或周边的孵化器、科技园、众创空间共有25家，总面积54.8万平方米，落地承接项目3572个，获得社会投资金额126.5亿元。

第四章

北京市制造业与科技服务业融合发展状况分析

从发达国家产业发展历程看,制造业是立国之本,是其他类型产业发展的根基。凡是制造业发达的国家,往往也是科技服务业发达的国家。科技服务业通过向制造业提供知识、技术、创新思想,提供产前、产中、产后等一系列全方位的服务,持续为制造业注入生机与活力,提高了制造业的产品价值、延长了制造业的产业价值链,大幅提升了制造业的生产效率,极大地推动了各国制造业发展。可以说,科技服务业对制造业发展有较强的正向推动作用。反过来,制造业出于保持竞争优势的需要,持续增加科技服务业中间投入是必然选择,客观上也为科技服务业发展提供了广阔市场。

可见,制造业与科技服务业是相互影响、相互促进的,两者实现充分互动、融合发展,才能带来彼此发展空间的拓展、核心竞争力的增强,实现"1+1>2"的效果,从而促进一国经济竞争力的提升。反之,相互割裂、"两张皮"式的并行发展,形式上的快速发展、虚假繁荣,难以持续,于经济发展也无益。

第一节　北京市制造业与科技服务业融合发展评价

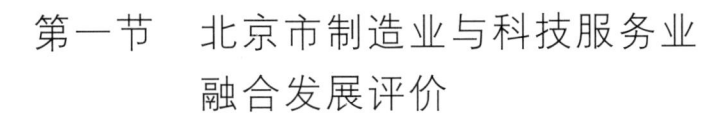

一　研究方法及数据

（一）研究方法

1936年美国经济学家里昂惕夫首次提出了投入产出法，其主要目的是研究经济活动的相互依存性，对宏观经济各部门之间的相互关系、平衡比例进行定量分析。它通过把国民经济各部门的投入、产出汇聚成一个矩阵，横向表示国民经济各部门产出去向，纵向表示国民经济各部门投入来源，然后对投入产出矩阵进行数学分析，研究彼此的关联消耗情况，通过各种指标对经济活动进行系统分析和预测。

投入产出表的横向反映了国民各部门最终产品的实际消耗情况，分为中间产品和最终产品两部分，最终产品是当期国民经济各部门加工完毕，可供各生产部门、居民和社会消费的产品，中间产品是指那些仍处于生产过程中、有待进一步加工生产的产品。投入产出表，一方面能够告诉我们国民经济产品的最终去向，在再生产、居民消费、社会消费之间的分配关系；另一方面也能揭示各生产部门在生产过程中，从其他产业部门中获取中间投入产品的状况，可以量化部门间的经济技术联系。

具体到科技服务业和制造业的相互关系，可用四个指标来度量制造业与科技服务业之间的融合发展程度：制造业中间投入率、科技服务业中间需求率、科技服务业中间投入率和制造业中间需求率。其中前两个指标从投入和消耗角度衡量制造业融合于科技服务业的程度，后两个指标从消耗和投入角度衡量科技服务业融合于制造业的程度。本书将用这四个指标来考察北京制造业与科技服务业的融合发展程度。

1. 制造业中间投入率

制造业中间投入率反映的是科技服务业的总投入中究竟有多少来

自制造业的产出，其计算公式为：

制造业中间投入率 = 科技服务业中制造业的投入/科技服务业总投入

2. 科技服务业中间需求率

科技服务业中间需求率反映的是科技服务业总产出有多少是被制造业消耗的。在实践中，这个指标多被理解为制造业对科技服务业发生作用的形式，其计算公式为：

科技服务业中间需求率 = 科技服务业被制造业消耗的部分/科技服务业总产出

3. 科技服务业中间投入率

科技服务业中间投入率反映制造业的总投入中究竟有多少来自科技服务业的产出。在实践中，它往往被看作科技服务业对制造业产生影响的形式，其计算公式为：

科技服务业中间投入率 = 制造业中科技服务业的投入/制造业总投入

4. 制造业中间需求率

制造业中间需求率表示制造业总产出中有多少是被科技服务业消耗的，其计算公式为：

制造业中间需求率 = 制造业被科技服务业消耗的部分/制造业的总产出

5. 产业间融合度

本书将用以下公式测算制造业与科技服务业间的融合度，融合度介于0—1，数值越接近1，表明其融合度越高，融合发展情况越好；反之，融合度越小，表明融合发展水平越低。

融合度 = 1/2[1/2(制造业中间投入率 + 科技服务业中间投入率) + 1/2(制造业中间需求率 + 科技服务业中间需求率)]

(二) 研究数据及局限性

本书研究数据来源于 2007—2012 年国家和北京市的《投入产出表》①，该表将国民经济活动划分为 8 大类，共计 42 个部门。8 大类分别为：农业、采选业、建筑业、制造业、电力蒸汽热水及煤气自来水生产供应业、生产性服务业、生活性服务业和公共服务业。其中，2002 年制造业包括 17 个部门，生产性服务业包括 11 个部门；2007 年制造业包括 17 个部门，生产性服务业包括 7 个部门；2012 年制造业包括 19 个部门，生产性服务业包括 8 个部门。由于目前《投入产出表》仅编制到 2012 年，本书只能以这 10 年数据为主，并辅以北京统计年鉴数据进行分析。

2007—2012 年的数据相对滞后，在反映北京制造业与科技服务业融合发展方面可能存在一定程度不足，难以准确揭示新变化、新趋势。然而，客观地讲，北京制造业发展仍未完全走上创新驱动发展道路，要素投入驱动发展模式仍占较大比重。以汽车产业为例，自 2015 年汽车产业增加值占北京工业比重超过 20% 后，一直是北京工业第一大支柱产业。北汽集团几乎就是北京汽车工业的代名词，2020 年北京奔驰贡献了北汽集团 96% 的营业收入。然而，从产业发展模式看，北京奔驰仍以成套设备引进、生产组装为主，尽管相对北京现代汽车，北京奔驰销售单价大幅提升，实现了从低端车型向高端车型的跃升，似乎产业实现了转型升级，然而产业关键核心技术外溢有限，大量技术依然掌握在外方手里，这一发展模式也无法对北京相关高技术服务业发展形成有效带动。

可见，尽管数据在时间上有些滞后，然而现实产业融合状况并没有发生根本性改变，因此现有数据在刻画描述当前北京制造业与科技服务业的"两业融合"方面，在理论上、逻辑上仍具有可行性。因此，本书研究借助投入产出法，利用 2007—2012 年的数据对北京制

---

① 《投入产出表》数据最新更新至 2017 年，然而科技服务业统计口径发生重大调整，研究与试验发展不再列入科技服务业，因此最新数据与之前的不具有可比性，故研究数据仍以 2002—2012 年为准，以此对北京科技服务业、制造业融合发展状况进行趋势性研究。

造业与科技服务业融合发展进行分析,大致揭示出了北京的两业融合发展现状。此外,为了进一步提升课题研究严谨性,更贴近现实,在后续章节还会从其他角度对科技服务业与制造业融合进行定性分析,作为对上述方法的一个有力补充和完善。

二 融合发展程度总体状况分析

根据融合发展度各指标计算公式以及2007—2012年北京市产业《投入产出表》数据,得到如下计算结果,见表4-1、表4-2。

表4-1 2007—2012年制造业与科技服务业融合发展度相关指标计算结果

单位:亿元

年份	制造业对科技服务业中间总需求	科技服务业总产出	制造业中科技服务业的投入	制造业总投入	科技服务业对制造业中间总需求	制造业总产出	科技服务业中制造业投入	科技服务业总投入
2007	77.63	2214.58	77.63	8117.23	764.66	8117.23	764.66	2214.58
2010	141.08	3973.92	141.08	10913.08	1069.26	10913.08	1069.26	3973.92
2012	108.91	3616.18	108.91	13654.80	999.00	13654.80	999.00	3616.18

资料来源:根据北京2007年、2010年、2012年部门《投入产出表》数据整理。

表4-2 2007—2012年制造业与科技服务业融合发展度

年份	需求率		投入率		总体融合度
	科技服务业中间需求率	制造业中间需求率	科技服务业中间投入率	制造业中间投入率	融合度
2007	0.035	0.094	0.009	0.345	0.008
2010	0.035	0.097	0.012	0.269	0.008
2012	0.030	0.073	0.007	0.276	0.007

资料来源:根据北京2007年、2010年、2012年部门《投入产出表》数据整理。

(一)需求率分析

1. 北京制造业对科技服务业的需求率

由表4-1和表4-2可知,2007年北京科技服务业总产出为

2214.58亿元，2012年增加至3616.18亿元；制造业对科技服务业的中间需求也大幅增加，相应的从2007年的77.63亿元增加至2012年的108.91亿元。从绝对数来看，科技服务业似乎对北京制造业发展做出了较大贡献，但进一步分析发现，在这一过程中，北京制造业对科技服务业的中间需求率并没有增加，反而呈下降态势，从2007年的0.035降至2012年的0.030。充分表明，北京制造业的扩张仍具有外延式性质，科技服务业小于其他生产要素的贡献。

2. 北京科技服务业对制造业的需求率

由表4-1和表4-2可知，2007年北京制造业总产出为8117.23亿元，2012年增加至13654.80亿元；科技服务业对制造业的中间需求也大幅增加，相应地从2007年的764.66亿元增加至2012年的999.00亿元。从绝对数看，制造业对北京科技服务业发展做出了较大贡献，但进一步分析发现，在这一过程中，北京科技服务业对制造业的中间需求率并没有增加，反而呈下降态势，从2007年的0.094降至2012年的0.073。

3. 需求率对比

从需求率对比角度来看，科技服务业对制造业的需求率大于制造业对科技服务业的需求率，科技服务业在发展过程中对制造业的依赖程度更强，即从两个产业的相互依存度看，科技服务业发展对制造业的依赖程度更强，而制造业发展对科技服务业的需求则相对较弱，其发展不一定需要科技服务业的支撑。可见，科技服务业尚未成为促进制造业发展的主要推动力量。

（二）投入率分析

1. 北京科技服务业投入率

由表4-1和表4-2可知，2007年北京制造业总投入为8117.23亿元，2012年增加至13654.80亿元；制造业总投入中科技服务业中间投入也大幅增加，从2007年的77.63亿元增加至2012年的108.91亿元。从绝对数来看，科技服务业似乎对北京制造业发展做出了较大贡献，但进一步分析发现，在这一过程中，北京科技服务业对制造业的中间投入率并没有增加，反而呈下降态势，从2007年的0.009降至2012年的0.007，表明北京市2012年之前科技服务业对制造业的支撑力度较弱。

2. 北京制造业投入率

由表4-1和表4-2可知，2007年北京科技服务业总投入为2214.58亿元，2012年增加至3616.18亿元；科技服务业总投入中制造业中间投入也大幅增加，从2007年的764.66亿元增加至2012年的999.00亿元。从绝对数来看，制造业似乎对北京科技服务业发展做出了较大贡献，但进一步分析发现，在这一过程中，北京制造业对科技服务业的中间投入率并没有增加，反而呈下降态势，从2007年的0.345降至2012年的0.276。

3. 投入率对比

从投入率对比角度来看，制造业对科技服务业的投入率远大于科技服务业对制造业的投入率，也即科技服务业对制造业投入的依赖程度要显著高于制造业对科技服务业投入的依赖度。

（三）融合度分析

2007—2012年，北京市制造业与科技服务业的融合度呈现下降趋势。总体来说，2012年之前，制造业与科技服务业的融合度长期在低水平徘徊，尽管彼此发展具有一定关联，但联系不够紧密，基本上处于"两张皮"，并行发展态势。借助科技服务业进行产业转型升级，显然北京制造业还有很长的路要走。

三 重点制造业与科技服务业融合发展状况

根据《北京统计年鉴》规模以上工业增加值指标，确定北京近年来制造业主导产业排名，结果如表4-3所示。

表4-3　　　　　近年来北京主导产业发展变化一览

排名	2007年	2010年	2012年	2015年
1	计算机通信和其他电子设备制造业（16.8%）	汽车制造业（16.6%）	汽车制造业（16.9%）	汽车制造业（21.8%）

续表

排名	2007年	2010年	2012年	2015年
2	汽车制造业（9.0%）	计算机通信和其他电子设备制造业（8.7%）	计算机通信和其他电子设备制造业（8.0%）	医药制造业（8.2%）
3	电气机械和器材制造业（4.0%）	石油加工、炼焦和核燃料加工业（6.7%）	医药制造业（7.3%）	计算机通信和其他电子设备制造业（7.7%）
4	专用设备制造业（3.9%）	医药制造业（5.6%）	专用设备制造业（4.3%）	石油加工、炼焦和核燃料加工业（4.9%）
5	通用设备制造业（3.9%）	通用设备制造业（5.1%）	通用设备制造业（4.3%）	电气机械和器材制造业（4.1%）

资料来源：根据《北京统计年鉴》数据整理。

可以看出，自2010年汽车制造业跃升为北京制造业主导产业以来，一直居于领先地位，2015年其工业增加值超过北京工业增加值的两成，达到了21.8%的历史高位。其次是医药制造业，自2007年以来其增加值占北京工业增加值占比稳步提升，从3.8%逐渐提升至2015年的8.2%，如今已成为北京第二大制造业。计算机、通信和其他电子设备制造业在北京工业中的地位逐渐滑落，其增加值占比已由2007年的16.8%逐渐降至2015年的7.7%，由排名第一位降至第三位。石油加工、炼焦和核燃料加工业，电气机械和器材制造业，则分列第四位至第五位。本书接下来将对上述重点制造业中的通用、专用设备制造业，交通运输设备制造业，通信设备、计算机及其他电子设备制造业与科技服务业的融合发展状况进行分析，计算结果如表4-4所示。

1. 需求率对比

纵向对比看，2007—2012年，科技服务业总产出中，被通用、专用设备制造业消耗占比逐渐增加，但是交通运输设备制造业和通信设备、计算机等制造业对科技服务总产出的消耗占比呈现减少趋势；科技服务业对这三个重点制造业行业总产出的消耗占比均呈现下降趋势。

表4-4　制造业重点行业与科技服务业融合发展程度

分类	年份	需求率		投入率		融合度
		科技服务业中间需求率	制造业中间需求率	科技服务业中间投入率	制造业中间投入率	
通用、专用设备制造业	2007	0.005	0.264	0.013	0.101	0.095
	2010	0.005	0.208	0.018	0.058	0.072
	2012	0.006	0.096	0.017	0.028	0.036
交通运输设备制造业	2007	0.007	0.005	0.016	0.002	0.007
	2010	0.009	0.005	0.017	0.003	0.008
	2012	0.026	0.001	0.03	0.001	0.014
通信设备、计算机及其他电子设备制造业	2007	0.007	0.053	0.006	0.057	0.03
	2010	0.004	0.098	0.007	0.056	0.041
	2012	0.001	0.035	0.001	0.024	0.015

资料来源：根据北京2007年、2010年、2012年42部门《投入产出表》数据整理。

横向对比看，2007—2012年，交通运输设备制造业对科技服务总产出的消耗占比大于其他两个制造业对科技服务总产出的消耗占比；科技服务业对通用、专用设备制造业总产出的消耗占比最大，其次是通信设备、计算机及其他电子设备制造业。

2. 投入率对比

纵向对比看，通用专用设备制造业和交通运输设备制造业总投入中科技服务业的中间投入率呈现增长趋势，而通信设备、计算机及其他电子设备制造业总投入中科技服务业的中间投入率呈现下降趋势；科技服务投入中，三种制造业的中间投入率都呈现下降趋势。

横向对比看，交通运输设备制造业总投入中科技服务业的中间投入率最高，其次是通用专用设备制造业；科技服务业总投入中，通用专用设备制造业的中间投入率最高，其次是通信设备、计算机及其他电子设备制造业。

3. 融合度对比

纵向对比看,交通运输设备制造业与科技服务业的融合发展度呈现增长趋势,其他重点制造业与科技服务业的融合发展度呈现下降趋势;横向对比看,通用专用设备制造业与科技服务业的融合度最高,其次是通信设备、计算机及其他电子设备制造业。

四 基本结论

从上文分析可以看出,北京制造业与科技服务业融合发展程度不高,长期在低水平徘徊,产业发展"两张皮"现象显著。其实北京制造业与其他具有现代服务业特征的生产性服务业,如信息技术服务业、金融服务业的融合发展状况也不尽如人意。图4-1揭示了2002—2012年北京制造业对生产性服务业的直接消耗系数变化情况。

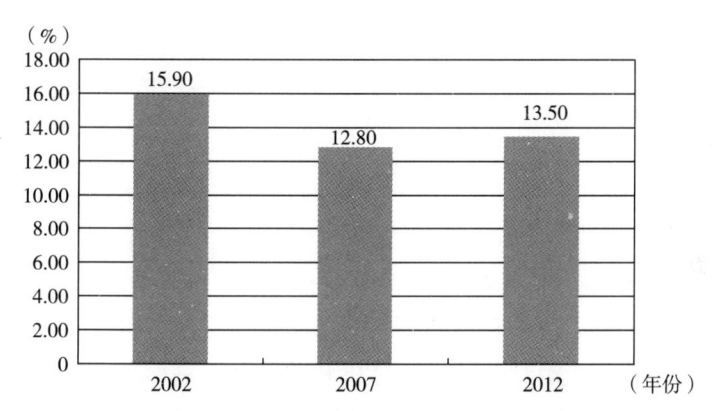

图4-1 2002—2012年北京制造业对生产性服务业的直接消耗系数

资料来源:根据北京2002年、2007年、2012年42部门《投入产出表》数据整理。

如图4-1中所示,2002—2012年,在北京制造业中间投入中,生产性服务业的投入比重并未稳定增加,相反却在一定程度上带有波动下降性质,直接消耗系数最低的发生在2007年,仅为12.8%。尽管这10年当中,北京制造业总体投入在不断加大,然而制造业扩张不是以增加生产性服务业消耗为基础的,更多依赖国民经济其他物质生产部门的投入。

表4-5揭示了2007—2012年北京制造业的生产性服务业中间需

求结构，北京制造业对生产性服务业需求"重传统、轻现代"的特征一目了然：制造业发展仍具有粗放型特征，对国民经济物质生产部门依赖较多，尤其是对传统生产性服务业依赖较多，例如对批发和零售业，交通运输、仓储、邮政业的中间需求分别在五成和两成左右；相比之下，信息技术、科学技术服务等先进服务业中间需求却严重不足，中间需求率仅停留在个位数水平。

表4-5 2007—2012年北京制造业的生产性服务业中间需求结构 单位：%

生产性服务业	2007年	生产性服务业	2012年
批发和零售业	50.4	批发和零售业	52.5
交通运输、仓储和邮政	22	交通运输、仓储和邮政	17.4
租赁和商务服务业	9.3	租赁和商务服务	10.2
科技服务业	7.1	科学研究和技术服务	5.5
金融服务业	4.7	金融服务业	5.5
住宿和餐饮业	3	住宿和餐饮	4.1
信息传输、计算机和软件业	1.3	信息传输、技术和软件服务	1.7

资料来源：根据北京2007年、2012年42部门《投入产出表》数据整理。

批发和零售业在2007年和2012年分别占生产性服务业消耗的50%以上，交通运输、仓储和邮政的需求也稳定在20%左右。相比之下，科技服务业，信息传输、计算机和软件等先进服务业占比合计不足10%。以科技服务业发展推动制造业发展，实现"两业融合"，尽管作为发展目标提出多年，然而从实践看，还有较大差距。

第二节 北京市制造业与科技服务业融合发展的制约因素

一 制造业发展对科技服务业的需求不足

（一）服务业内部化，企业发展追求大而全

长期以来，受体制机制制约，北京制造业生产性服务内置化问题

第四章 北京市制造业与科技服务业融合发展状况分析

严重,服务外包动力不足,工业企业发展追求"小而全、大而全",较多研发设计、科技中介服务大多由企业内部职能部门承担,市场化、专业化发展不够,导致以科技服务业为代表的生产性服务业未能壮大成长;生产性服务"不好用"或无服务可用,反过来又加剧了制造业服务内置化倾向。

近年来,国家在推动制造业专业化、精细化发展方面陆续出台了一系列政策,鼓励制造企业将非核心的业务外包,然而受思想观念、认识水平、市场环境等因素制约进展缓慢。以物流业为例,据《第五次中国物流市场供需状况调查报告》显示,目前我国49%的生产制造企业拥有自己的汽车车队、46%拥有自己的仓库、48%拥有机械化的装卸设施、9%拥有高架库或立体库、13%拥有铁路专用线,第三方物流市场占比不足25%,远低于发达国家70%的水平。[①] 内部化制约了生产性服务业的专业化、市场化发展。"大而全"的经营模式降低了生产性服务业总需求,致使生产性服务业市场发育迟缓,总体市场规模相对偏小,经营效率不高,对北京先进制造业发展、传统产业转型升级、迈向更高水平工业化形成了严重制约。[②]

另外,服务供给制度不完善,供给质量亟待提升。我国生产性服务业,尤其是科技服务业发展相对滞后,除了受需求因素影响外,还受供给制度约束,在服务企业市场准入、市场监管、秩序协调等方面缺乏有力规范。在市场准入方面,对非公企业采取准入资格、进入形式、股权比例和业务范围等方面的限制性措施,由于缺少竞争,国有企业在服务实体经济发展方面缺少创新,服务能力和水平亟待提升;在法律法规方面,存在部分服务行业国内和国外、国家和地方的标准、法规不能对接、相互矛盾等问题,尤其是现行标准内容简单、对企业约束性不够,不能适应行业发展需要;在市场监管方面,一方面,行业诚信体系建设滞后,商业欺诈、轻诺寡信和霸王条款等乱象

[①] 王功利:《我国制造企业物流外包模式及其发展路径》,《知识经济》2016年第8期。

[②] 李中:《促进先进制造业和现代服务业融合发展》,《学习时报》2019年3月20日第2版。

不利于服务业发展；另一方面，服务监管体系建设滞后，尚未走出将资质要求等同于监管、以考试培训替代监管等认识误区，监管能力不足、手段落后等问题尤为突出。①

(二) 位于产业链低端，对现代服务业需求不足

长期以来，我国包括北京，以加工装配、代工生产为主的制造业发展形式，割裂了制造业和生产性服务业的产业关联，破坏了培育生产性服务业的市场土壤，导致我国基于供给层面的服务业鼓励政策，尽管实施多年，但效果并不显著，服务业长期处于低水平、稳态发展。从事代工生产和加工贸易，是我国经济融入全球产业链，通过"干中学"逐步提升自我发展能力的重要路径。然而，跨国公司为了加强产业控制，将研发、设计、营销、管理咨询等高附加值产业环节牢牢抓在手里，而本土企业只专注于组装、加工和生产制造环节，对现代服务业的中间需求非常有限，直接制约了现代服务业的发展。②以科技咨询业为例，企业规模普遍较小，人才素质相对较低，大多数属于中小企业，2016年北京共有规模以上企业290家，从业人员超过4.5万人，人均创造实现收入、利润、税收分别仅为63.9万元、28.4万元、5.1万元③，与麦肯锡、埃森哲等国际咨询机构实力差两个数量级。

此外，研究表明科技服务业对不同要素密集度的制造业产生异质性影响④，即对于不同类型的制造业，科技服务业的影响是有较大差异的。相比一般类型的制造业，技术密集型、资本密集型制造业，它们的发展对科技服务业的依赖度更强，对科技服务的中间投入更为倚重，对科技服务渗透的敏感性更强，科技服务对这类型的制造业的创新推动作用，远远超过劳动密集型制造业。对于劳动密集型制造业，

---

① 李中：《促进先进制造业和现代服务业融合发展》，《学习时报》2019年3月20日第2版。
② 李中：《促进先进制造业和现代服务业融合发展》，《学习时报》2019年3月20日第2版。
③ 路红艳：《推进服务业供给侧改革的着力点》，《中国国情国力》2017年第3期。
④ 赵丹：《制造企业成本管控研究》，《中国市场》2019年第10期。

受制于其发展阶段、水平的制约，对科技服务的需求可有可无，科技服务业的创新思想、知识与劳动密集型制造业无法进行有效匹配，无法有效促进该类制造业效率提升与转型升级。从历史上看，在过去相当长一段时期，北京的高技术制造业占比一直不高，制造业固有的劳动密集型、低知识—技术密集型产业特征决定了它对科技服务需求也较少。

（三）过早去工业化，坠入产业高级化误区

过早脱离实体经济是违背经济发展规律的。自1994年北京服务业首度超过工业，成为国民经济第一大产业时起，三次产业结构比例关系与西方发达国家开始趋同，追求高服务业占比，成了相当长一段时期经济发展方向。揠苗助长地提升产业结构，大量应得以保留、转型升级的制造业遭到淘汰，大力发展各种类型服务业，致使制造业增加值占比快速下滑至13%左右，缺少实体经济支撑，经济空心化现象越来越明显。违背产业发展规律，过早空心化，陷入"中等收入陷阱"的拉美发展经历足以为戒。[①]

受"服务经济""微笑曲线"等理论影响，北京较早开启了去工业化进程，再加上近年来受"功能疏解"影响，服务业增加值占GDP比重已接近国际大都市发展水平。然而，2008年国际金融危机后，纽约、伦敦、巴黎等国际大都市都在大力发展现代制造业，拟通过"再工业化"重塑大城市的核心竞争力，表明在大城市现代化经济体系中，制造业仍然不可或缺，是服务业发展的必要支撑。尤其是随着互联网和人工智能技术的飞速发展，制造业与服务业融合发展日益显著，盲目排斥制造业势必会撼动北京服务业发展基石，正所谓"皮之不存，毛将焉附"。盲目疏解"低端"业态，简单引进所谓"高大上"的汽车制造业，如果在生产方式、技术能力、组织形态上缺少实质性创新，这种形式上的产业升级，很难具有可持续性。

二 科技服务业对制造业发展支撑不足

目前，北京拥有大量科技服务机构，在发展科技服务业方面积累

---

① 李义平：《马克思的经济发展理论：一个分析现实经济问题的理论框架》，《中国工业经济》2016年第11期。

了较好的基础。在首都建设全国科技创新中心、构建高精尖经济结构的关键时期，北京市科技服务业产业体系日趋完善，服务内容不断丰富，服务模式不断创新，对科技创新的促进作用日渐凸显。

然而，客观讲，北京科技服务业发展水平仍不高，2017年，规模以上科技服务业劳动生产率仅为135.1万元/人，远远低于服务业198.1万元/人的行业平均水平；在利润率方面，也处于较低的水平，仅6.1%，距离服务业20.2%的平均水平差距更大。此外，北京的科技服务业还面临着专业化、市场化服务能力不足，众多科技服务机构呈"小、散、乱"状态，无法有效形成合力，对制造业发展有效支撑不足等突出问题，主要表现为科技服务机构尚未有效建立市场导向的运行机制，商业模式、盈利模式仍处于探索之中，而含金量相对较高的科技成果价值评估、投融资咨询、信用评价等机构，发育迟缓，对科技成果转化的纵深服务能力无法满足市场需求，导致北京的科技优势无法有效向现实生产力进行转化。据统计，北京科技成果本地化产业转化率仅为29.6%[①]，科技创新长期存在"研发多、成果少、本地转化更少"的问题。显然，北京科技服务业还不足以对北京制造业创新发展提供有力支撑。

（一）研发服务创新支撑能力较弱

北京市基础研究和应用研究研发经费占全部研发投入比重远超国内其他省市，创新成果不少，但成果转化率不高。大部分高校与科研院所受体制束缚，科研人员激励机制不完善，户口、编制、薪酬、项目审批、监管等方面等有严格限制，一般以机构内部的垂直服务为主，缺乏对外经营、开展市场化服务的动力。

具体到高校院所，考核指挥棒长期以来以课题、论文为主，"重立项、轻结项"，"重数量、轻质量"，课题数量、论文发表直接关系到教师职称晋升，而对于研究成果是否有价值、能否转化为实际经济价值，几乎不在科研人员的评价考核范围之内。受这种导向影响，更

---

① 张伯旭、黄群慧：《制造业创新中心建设路径与模式：全球经验与北京实践》，经济管理出版社2017年版，第121页。

多的老师终日忙于课题申请，追求理论研究、概念创新，对现实应用缺乏足够关注，结果只能是有成果、无价值，无法对产业发展形成有力支撑。以北京大学为例，据其科技开发部反映，学校层面对教职员工采用竞争性的"TENURE"聘任制，对教师的考核采取6年试用期的方式，在考核指标方面更注重科研业绩、发表高水平论文、申请重大科技项目、学生培养等方面，科技成果转化指标严重缺失。从这角度看，产学研合作为何松散、创新为何缺乏协同，也就不难找到答案了。作为技术供给的重要源头，高校院所每年完成科研成果3万项，仅有约20%实现转化并批量生产，专利实施率不到5%，技术成熟度之低、转化能力之弱，可见一斑。

2016年，北京市经认定登记的技术合同卖方5275家，比上年增长2.4%，增长比较缓慢。其中，高校院所成交额占比分别为0.7%、2.9%，合计只占3.6%，而企业占94.2%，高校院所技术合同成交额和所占比重明显偏低。从研发经费来源看，2015年北京高校和科研机构R&D经费来自企业比重为7.5%，同期上海、江苏、浙江和广东分别为9.3%、18.2%、24.4%和12.9%[①]，进一步说明了北京高校院所与企业对接不够，对创新发展支撑能力亟待加强。

为此，北京市先后出台一系列政策破除"四唯"，纠正高校院所科研评价以学术成果为主，强调经费、论文、评奖等指标，对科技成果转化产生的经济效益、社会效益等方面的考核指标数量少、权重低等问题。调研发现，破而未立，如何坚持质量、绩效、贡献为核心的评价导向，全面准确反映成果创新水平、转化应用绩效和对经济社会发展的实际贡献，尚未找到合理有效的评价方法，构建科学合理、切实可行的科研评价机制仍需进一步探索。

（二）工程技术服务能力有待提高

一方面，技术服务供给能力相对不足，为工程技术提供检测认证的企业布局结构分散，服务能力单一，致使部分核心技术和高端装备

---

① 郭广生、张士运：《全国科技创新中心指数研究报告（2017—2018）》，经济管理出版社2018年版，第56页。

受制于人，核心部件依赖进口。例如，目前北京市工程技术企业尚未掌握重型燃气轮机组设计技术和主要部件试验技术，部分高端装备的进口依赖度较高，85%的高档数控机床、80%的集成电路芯片制造装备、70%的汽车制造关键设备、40%的大型石化装备以及绝大部分高端、精密的试验检测设备和数控机床控制系统仍依靠进口。

另一方面，高质量技术规范标准供给不足，制约工程技术服务业创新发展。对工程技术服务，一般来说高标准会对应着高质量供给，如果很多技术服务领域标准门槛低、长时间得不到必要更新，缺少倒逼机制，会抑制整个行业的创新投入。例如，在污水处理领域，排放标准不提高，市场就难以对新技术形成有效需求，从而导致企业对研发新技术缺乏动力。此外，新技术示范应用力度不够，企业对新兴技术，特别是重点领域关键技术的研发、示范、应用和推广等方面缺少投入，导致新技术研发和市场拓展方面存在明显短板，制约了工程技术服务能力的提升。例如，在环境保护行业，企业的技术特色大多雷同，具有重大突出特色的企业较少，导致企业只能在较低技术水平徘徊，产生恶性价格竞争。

（三）科技金融支撑能力亟须增强

制造业的繁荣离不开科技型中小企业的快速发展，后者是前者繁荣发展的源头活水。然而，"融资难、融资贵"一直困扰着北京的科技型中小企业发展。

一方面，受制于现有资本市场准入门槛限制，大多数科技型中小企业无法通过市场进行直接融资，唯一的出路是通过商业银行体系进行贷款。但发展初期，科技型中小企业更多是知识密集型的，缺少足够的可供抵押的固定资产，从商业性银行那里得到的金融支持非常有限。

另一方面，科技成果转化后期亟须相应资金配套支持。对高校和科研机构来说，在实验室阶段还可以通过一些渠道从政府获得资金，但走出实验室以后，小试、中试都需要大量资金支持，但我国现有创新体系中，这一阶段的金融支持更多是政策盲点，没有明确的资金来源，基本上是科研机构千方百计自筹，面临较大的不确定性，直接制约了科技成果的有效转化。以风险投资为例，无论是从国内还是从北京看，均与美国（硅谷）有较大差距。2016年度中国早期投资机构投资案例2128笔、涉及金额127.2亿元，数量与金额分别为美国（64380笔、1438.2亿元）的3.3%、8.8%；VC机构早期投资项目891家、涉及金额95.1亿元，数量与金额分别为美国（4244家、447.9亿元）的21%、21.2%。从投资人数量看，截至2016年，美国共有天使投资人近30万人，活跃在中关村的天使投资人仅为硅谷的1/10。

此外，调研中很多中关村高新技术企业反映，凡是重大核心技术突破，政府财政资金的引导性投入必不可少。一方面，科技成果转化前期失败率高，社会资本多持观望态度，裹足不前；另一方面，当前创新风险的财政补偿机制尚不完善，政府的引导资金与市场化资金无法形成有效的协同模式。例如，北京协同创新研究院募集的30亿元基金份额中，企业已认购的额度不足1亿元，占比仅为3.3%。显然，健全完善财政资金投入机制，撬动更多社会资本，促进科技创新、成果转化，是当前和今后很长一段时期的重要课题。

（四）创业孵化服务能力短板明显

第一，定位同质化现象突出，联动协作效应不够。受"双创"政策红利影响，较多地产商介入众创空间，同质化服务现象突出。各类孵化平台更多提供同质化的工商、税务、法务、人事、培训辅导等基础服务，在科技服务高端环节，如创业投资、投融资、营销策划、战略咨询等方面的专业水平和服务能力比较缺乏，不能满足创业企业对高端增值服务的需求。

第二，各类服务机构定位模糊，垂直化标签不够明确。目前，大多数创业孵化服务机构自身品牌、专业服务特色不突出，对入驻企业的甄选门槛较低，造成很多技术创新型企业难以匹配。2016年，仍有近一半孵化器没有特定标签，究竟能为入驻企业提供哪些增值服务，发展方向不明确。

第三，虽然盈利结构趋于多元化，但是对房租的依赖性依然较高。首先，新型孵化器在盈利模式上对房租的依赖并未减弱；其次，建立在专业化服务基础上的盈利模式仍处在探索阶段，能够服务的好项目有限；最后，通过投资收益"反哺"运营的时间周期较长，目前效果还不是很显著。

第四，合作共建活力尚未充分释放，国有资产管理体制机制问题亟待解决。一方面，众创空间与科研院所和重点高校的技术合作占比相对较少、合作紧密性相对较弱；另一方面，国有企业雄厚的资本和技术有待进一步激活，龙头国有企业建设众创空间的积极性需深入挖掘。

（五）技术转移转化服务能力亟待增强

科技成果转化是个系统性工程，涉及研究开发、后续试验、工程化、市场化等多个环节，具有很强的专业性。构建相应的专业化、职业化服务平台，对成果转化提供全链条支撑服务，是确保科技创新成果顺利向现实生产力转化的关键。然而，目前北京高校院所的技术转移服务机构建设还更多处于起步阶段，在服务能力、水平方面还有较大提升空间。

首先，技术转移机构建设不到位。硅谷、以色列、荷兰等科技创新高地，非常重视产学研合作，很多企业的研发中心就直接设在大学校园里，一方面，便于知识的流动、思想的碰撞，萌生新技术、新理念；另一方面，企业在后续的科技成果转化过程中，可以获得必要的转化支撑服务。例如，受益于面向社会的开放式研究和科研成果市场化机制，荷兰埃因霍芬大学得以快速发展，一直跻身于世界知名高校前列。在埃因霍芬大学，全部实验室都可以直接和企业合作，无须学校上级主管部门批准，并且每个实验室都有专人和外部进行对接，并能提供必要的融资、法律和知识产权服务。相比之下，国内高校的专业技术转移机构严重缺位。国务院《促进科技成果转化法》明确规定，高校、科研单位应当加强科技成果转化机构和队伍建设，同时提供必要的物质条件保障，然而《中国科技成果转化年底报告（2018）》数据显示，截至2017年我国仅9.5%的单位从形式上设立了技术转移机构，而且多是学校资产管理公司、创新创业管理办公室等非专业部门从事科技成果转化工作，专业化服务能力普遍不强，促进科技成果转化的作用不明显。① 由于高校院所对成果转化工作缺乏足够重视，缺少明确发展目标，因此技术转移机构所提供的服务也比较有限，大多数仅限于停留在简单的"牵线搭桥"，转化成功率很低，与国外专业化技术转移转化服务机构相比，差距较大。例如，我国高校院所的有效专利实施率仅为12.3%，有效专利产业化率仅为2.7%，科技进步对经济增长的贡献率为30%左右，远远低于发达国家60%的贡献率。②

其次，现存高校院所技术转移机构功能存在缺位。硅谷、以色列的科技成果转化，高校院所的技术转移机构一直处于主导地位，作为校方的全权代表，对科技创新成果进行全面管理，包括成果登记、价值分析、成果信息发布、知识产权管理、商务谈判、收益处置等多个环节，并享有完全的知识产权收益处置权和分配权，凭借专业化、系统化的工作模式，大幅提高了这些国家或地区的科技成果转化效率，也在很大程度上捍卫了高校院所的权益。此外，还有一批专业的技术经纪人队伍，他们大多是复合型人才，既懂技术又懂法律，同时还有经济、管理背景，较强的商务谈判能力，可以对科技成果转化提供大量不可或缺的增值服务。例如，德国史太白技术转移中心，作为全球最大的技术经纪人机构，已有150多年的历史，业务覆盖全球50多个国家和地区，有918个专业的技术转移中心分部；美国的网络技术交易平台（yet2），也是一家全球性的服务机构，全球客户累计超过15万家，涉及800多个合作伙伴、16000家公司。他们通过建立多维度的评估模型，对高校和科研单位的科技成果进行综合评估，评估后对接相关企业，协助完成各类复杂烦琐的商业运作，同时也为企业安心地使用这些科技成果提供稳健的相关服务，彻底实现"专业人做专业事"，让科研人员专心做研究，让成果转化有出口、有市场。相比之下，国内不少高校院所的技术转移机构还处于起步阶段，人员结

---

① 中国科技成果管理研究会编著：《中国科技成果转化年度报告（2018）》，科学技术文献出版社2019年版，第6页。

② 张霞：《应用技术研究成果商品化探析》，《中国西部科技》2004年第12期。

构、知识背景以及组织能力,难以满足复杂的科技成果转化活动需要,大多仅能开展简单的转化咨询和辅助服务工作,更多停留在流程制定、盖章、档案管理等初级层面,普遍存在"规模小、服务少、能力弱、专业能力不够"等问题。这样很多专业性很强的成果转化工作只能落到发明人和团队头上,对他们的市场判断、知识产权管理、商务谈判等能力提出了不切实际的要求,既要做科学家,还要做合格的技术经纪人,显然是勉为其难,最终结果只能是降低了成果转化效率。

最后,民营专业技术转移机构发展滞后。北京市一直鼓励社会资本建立科技服务机构,开展科技成果信息收集、成果价值评估、成果推介、成果交易、知识产权检索分析等工作。然而,受制于科技服务业市场规模、法治环境等因素影响,科技服务机构"小、散、弱"问题比较明显,服务能力、水平普遍不高。在服务内容上,更多是提供简单的信息交换和交易对接,很少有机构能够提供专业化的知识产权评估、质量控制、市场推广、交易估值、法律咨询、中试孵化、谈判签约等系列服务,缺乏从市场中发现、挖掘和评判技术资源的能力,缺少在全球范围内进行重要信息捕捉、挖掘、分析能力。在推动科技成果与资金、人才等要素对接方面,与硅谷银行、德国史太白技术转移中心、英国技术集团等世界一流科技服务机构相比,还有较大差距。

(六)中试熟化服务严重缺位,产业配套不足

科技创新成果从研究开发到产品投产,期间要经历研究、开发、小试、中试、产品化、市场化等多个阶段,小试、中试熟化必不可少,需要有实验、检验、测试等方面的基础硬件支撑。其中,小试是指在实验室结果的基础上,将实验规模扩大,如5—10倍,进行验证,只有过了这一步,科研成果才算是有了产业化的前提条件。中试熟化,是对小试成果进行二次开发、进一步提高商业化程度,为科技成果最终顺利实现商品化,最大限度排除不确定性因素。对于中试实验,小范围和大范围测试有很大差距,以热传导为例,小试中一个微不足道的误差,到了中试阶段,就会以几何倍数放大,甚至变得非常

危险。中试结果，对科技成果转化能否成功具有重大参考价值。中试阶段，团队和公司工程师之间需要反复协调沟通，不断微调投料比例，反复试验。一般来说，高校科技成果研究开发、中试、投产所需的资金比例为1∶10∶100的关系[1]，然而受资金、机制等因素影响，当前北京市公共研究开发平台建设相对滞后，无法为科技创新所需的技术集成、共性技术研发、中间试验、工程化、技术推广等环节提供必要的服务支撑，很多工作需要科研机构自己解决，对科技成果转化构成了严重制约。尤其是在中试环节，土地保障、资金来源方面无法得到有力保障，致使很多科技成果转化都止步于中试试验，无法进一步熟化，直接影响了科技成果的商业化、市场化进程。

此外，科技成果转化产业配套严重不足。从产业化配套看，长三角和珠三角区域民营经济更加发达，周边地区产业协同、零部件配套条件更好，更加靠近原材料产地，靠近市场。据中关村企业反映，与深圳相比，前几年北京创新创业的产业配套与供应链体系就不够完备，现在由于产业疏解转移，产业配套与供应链系统断层现象更为严重，进一步制约了北京科技成果就地转化。从政策配套看，外省市围绕科研人员入驻和科技成果转化，采取灵活的管理机制，同时能够解决本地户口、子女上学、配偶就业、医疗保障等问题。例如，中科院与佛山、嘉兴、苏州等地合作成立的产业创新和技术育成中心，多是一套机构、两块牌子，在中科院管理序列中是非法人单位，在当地则作为当地政府的事业单位，能够较好地解决空间场所、编制、人员、运行经费等问题。然而受城市发展规模限制，北京即使作为科技创新中心，创新人才相关福利配套政策仍无法及时跟进，造成了大量人才流失，显然不利于科技创新、成果转化。而且，在成果转化用地方面，缺少中试熟化和产业化用地用房保障措施，致使很多符合功能定位的产业无法落地，如智能装备、节能环保等，对北京制造业创新发展、转型升级构成了严重掣肘和制约。

---

[1] 石照耀：《高校科技成果转化模型与路径》，科学出版社2021年版，第14页。

（七）知识产权服务水平尚需进一步改善

在知识经济时代，知识产权重要性日益凸显，完备的知识产权保护机制、服务体系，在很多国家被列为战略性核心资源，视为创新发展的重要制度支撑和保障。然而，当下北京的知识产权服务机构，在知识产权创造、运用、保护和管理等方面，与德国、美国等知识产权服务机构还有较大差距，具体如下：

一是国内知识产权保护意识薄弱，市场环境不佳，国内企业对知识产权投入不高，造成服务客户主体以外资企业为主。

二是知识产权服务机构起步较晚，总体规模较小、营业收入偏低。知识产权服务复合型人才相对比较短缺，特别是针对专利挖掘与分析、境外诉讼、专利投融资等专业程度较高的服务内容，人才供给严重不足。

三是知识产权金融服务不足。对知识产权的作价评估、质押融资、专利保险等工作开展较少，知识产权市场评估体系不完善，无形资产评估机构发育迟缓，致使知识产权金融服务长期在低水平徘徊。国家知识产权局调研显示，我国知识产权质押融资存在规模小、成本高、融资难、周期长等问题，知识产权质押融资比例偏低。截至2016年11月底，有效发明专利中直接为企业融资所利用的尚未达到1%，而美国大约16%的发明专利都在某种程度上可以作为抵押物。此外，知识产权质押融资规模也比较小，例如，2015年我国新增贷款达到11.27万亿元，社会融资规模总量为15.41万亿元，专利、商标及版权质押融资931.72亿元，只占新增信贷额的0.8%，占社会融资额的0.6%。[①]

四是知识产权保护力度亟待加强。相关立法不完善，加上知识产权保护行政执法的弱势地位以及一些地方的本位主义因素，造成一些企业采取省钱省力风险小的技术跟进战略，坐享他人成果收益，致使技术创新成果一进入市场，就受到仿制、假冒等不正当竞争，严重侵

---

① 李晨：《评估难掣肘知识产权变现》，http://news.sciencenet.cn/htmlnews/2019/1/422468.shtm? id = 422468。

害了技术创新主体的利益,削弱了企业技术创新的动力。在现有法律框架下,权利人可以付诸法律途径解决权益受损问题,然而受制于相关法制不健全影响,维权"举证难、周期长、成本高、赔偿低"现象迟迟未能得到根本性改变。

三 制约科技服务能力提升的体制机制障碍

(一)"国有资产流失"体制机制障碍

2016年,国家出台了《实施〈中华人民共和国促进科技成果转化法〉若干规定》,明确指出财政资金支持的科研成果,除涉及国家机密、安全的以外,其他成果的技术转移转让、作价投资等行为,本级单位有权自行处置,无须上报审批。对科技成果转移转化的自主权进一步下放,以提高成果转化效率,避免因走流程,而使很多科技成果错失转化窗口期的情形发生。规定的出台意味着,高校院所在进行成果转化时,仅需进行资产评估、备案即可。然而,现实中评估和备案依然是科技成果转化的拦路虎:一是评估缺乏明确标准,尤其是对无形技术资产,评估价格过高会影响交易,导致创新成果束之高阁;评估价格过低会造成国有资产流失之嫌,面临纪检部门审查。唯一的解决办法,公开透明与受让方进行协商,采取市场化定价。其结果往往是,科研单位与受让方一般协商好价格后,再请第三方进行评估,两者价格一般相差不大。走形式、走过场的评估,为第三方评估创造了市场,但对科研单位徒增了一笔成本。二是备案流程较长,技术转让和许可备案最短也需要3个月,技术作价入股往往需要8个月以上,大大超过了技术发挥最大价值的窗口期,阻碍了科技成果的正常转化。鉴于此,2019年5月,财政部发布了《关于修改〈事业单位国有资产管理暂行办法〉的决定》,充分尊重科技成果转化规律,取消事前审批备案,改为程序规范、自我约束、灵活高效的交易及定价机制,以提高科技成果转化效率,让科技成果在交易转化中的价值得以充分释放。取消审批备案,把权力归位于科技创新主体,相当于给科技创新主体吃上了"定心丸",避免在已经放权情况下,评估程序再次成为变形的审批,损害科研单位的成果转化自主权。无疑,这对形成以科研人员和科研事业单位为主体的科技成果转化格局,具有重要促进作用。然而，国家政策的落实，需要各高校院所出台实施办法或实施细则。实践中，只有少数高校院所（15%左右）进行了政策落实[1]，多数处于搁浅、观望状态，主要还是对政策吃不准、不安心，不同部门之间政策存在冲突，国家层面缺少明确配套政策保障、操作程序，高校院所担心实施后出现难以预料的政策风险。

此外，科技成果的资产管理方式尚有待完善。当前，我国对科技成果的管理按技术类型资产对待，各高校院所需对照《事业单位国有资产管理暂行办法》，负责对外投资的保值增值，其中也包括成果转化、作价入股投资等，并接受上级部门的监督考核。然而，科技成果是否应等同于一般国有资产，接受统一监管有待进一步商榷。首先，科技成果的价值很难确定，受技术水平、成熟度、市场容量等多因素影响，其价值要因时因势而定，不同的市场主体对其判断差异很大，价格无法准确确定。既然价格无法确定，谈保值增值、纳入国有资产进行管理就缺乏有效参照物，难以计入会计科目。其次，科技成果的最终价值在于转化，如果没有转化、进行后续市场化开发，科技成果使用价值几乎为零，这样的国有资产如果停留在科研单位，看似实现了保值增值，但并不会给经济社会发展带来经济效益，其价值再高也没有太多意义；而且，很多科技成果都有转化窗口期，一旦错失时机，将无法转化。此外很多成果往往都申请了专利保护，每年还有相应的专利年费。这种情况下，科技成果更多是一种负资产，国有资产看似变化不大，实际上已在大幅贬值。最后，科技成果转化应遵循市场规律。例如，一项科技成果转让，科研单位出价100万元，企业只能认同60万元，最终双方未达成一致意见，导致转让失败。看似市场行为，实则不然，科研单位并非不想降价，只是受国有资产考核影响，如果降价则有国有资产流失之嫌。显然，成果转化失败，潜在价值未能转化为现实，与没有遵循市场规律不无关系，最终导致了"双输"局面。

科研单位依托科技成果对外投资，投资风险不可避免，包括技术

---

[1] 石耀明：《高校科技成果转化模型与路径》，科学出版社2021年版，第174页。

风险、道德风险、市场风险、法律风险,谁也不能确保投资完全成功。然而,现行国有资产管理考核制度下,一旦发生亏损,造成国有资产流失,就会触碰保值增值红线,并承担相应责任,致使很多单位负责人对成果转化顾虑重重,尽管有勤勉尽责等免责条款,但不少负责人认为"多一事不如少一事",自动屏蔽了一些有"风险"的成果转化,无疑会冷冻一批有价值科技成果,显然这种情形,与《中华人民共和国促进科技成果转化法》(以下简称《促进科技成果转化法》)的初衷完全相悖。

综上所述,国有资产处置权下放,高校在灵活处理科技成果转化方面有了更多的自主权和自由度,是有利于促进科技成果转化的。然而,却没有明确可行的处置方式,再加上国有资产流失的责任和风险也随之下放,客观上成为高校院所成果转化的无形枷锁,因为谁也不愿意触碰"国有资产流失"红线。因此,尊重科技创新规律,进一步更新观念,转变对科技成果等技术类无形资产的管理方式,淡化科研成果的价值,强化使用价值,强化科技成果转化社会利益最大化目标导向,让市场成为优化配置创新资源的主要手段,彻底打消高校院所负责人"国有资产流失""国有资产保值增值考核"顾虑,才能彻底解放科研院所,真正激活其创新活力,迎来科技成果转化的春天,全面提升科技创新成效。

(二)转化政策缺乏统筹、衔接不畅

科技成果转化法规政策繁多,涉及成果权益、国资管理、考核评价、政策扶持四个方面,相关政策超过百项,分散在科技、教育、财政、人力社保、国资、知识产权等多个部门,政策之间缺乏有效协同。横向看,政出多门,条块分割,缺少统一的归口管理部门,不同部门对政策法规理解不到位、认识不统一、统筹协调不够,转化政策缺乏有效衔接;纵向看,转化流程缺乏顶层设计,众多部门要件繁多,高校院所相关事务的办理依据、申报程序、申报内容、审批时限不够清晰,转化效率不高。此外,从高校院所内部的成果转化流程看,也存在流程繁复、前置条件过多、设置不合理等情况,很多环节都是出于监管角度设计的,不符合成果转化规律。例如,有的高校规定,科技成果作价投资,作价金额不得少于1000万元,否则不予批准;专利转让费也存在门槛规定,不得少于10万元。投资也好、转让也好,都是市场行为,能否成交、成交价格市场说了算,作为管理部门设置过多条件,一方面缺乏决策依据,另一方面监管方式脱离实际情况,不利于科技成果转化。

市、区两级管理层面的成果转化工作缺乏有机衔接。调研中发现,部分区对科技成果转化的功能定位不清晰,鼓励科技成果落地转化的政策不明朗,与高校院所开展科技成果对接的工作机制和实现路径不明确,从事科技成果转化的工作机构和人员团队能力不强、结构不合理。这些问题,在一定程度上都对科技成果转化构成了掣肘。例如,在当前疏解非首都功能的大背景下,在北京申请注册科技型企业,经营范围有"生产"二字的无法完成工商登记;有些科技型企业在从事技术研发和成果转化时,涉及生产制备,或者要开展中试熟化,往往受"禁限"制约,在北京根本无法实现注册。[①] 北京市投资促进局《北京市营商环境调研报告》显示,不同区、不同部门对《禁限目录》解释不一致、执行标准不一;有关部门谈疏解多、谈发展少,谈产业禁限多、谈投资促进少,向社会传递的"北京创新发展"预期信号不够强烈,导致一些高端制造企业,本属于"高精尖"产业结构范畴,也被进行了拆分、疏解。同时,本市科技成果转化"各管一段"问题依然比较严重,部门间的衔接配套需要进一步加强。为更好加强政策衔接配套,早在2012年深圳市政府就围绕成果转化,整合了相关政府部门,建立了新的科技创新协调管理机构,同时还统筹深圳市高新技术产业,一并进行管理。在组织架构和政策支撑上,实现了对科技城成果转化的全链条支持、"一站式"服务,大幅提高了科技创新、成果转化成效。

显然,在科技成果转化议事协调机制建设方面,北京还需借鉴国内外经验,进一步加以改进完善,亟须在市区两级层面建立科技成果

[①] 首都科技发展战略研究院:《首都科技创新发展报告(2018)》,科学出版社2019年版,第130页。

转化统筹协调机制，形成统筹有力、协调有序、运转有效的工作体系。

（三）科研人员创新激励政策难以落地

在科技成果向现实生产力转化过程中，人是最为关键的因素。科研人员是新知识、新技术、新思想的创造者，相对其他市场主体而言，对科技成果的技术面、应用面有着更为清晰、更为全面的了解和认识。而且，科技成果转化，从技术转让开始，到后期的工程化试验、系统开发、产品测试直至产业化，都离不开科研人员的支持与配合。在一定程度上讲，科研人员的作用发挥事关科技成果转化成败。因此，优化完善现有科研管理制度，激发科研人员科技创新、成果转化活力，赋予科研人员更大科研自主权，保障科研人员的创新权益，对提高科技成果转化效率至关重要。然而，现行一些制度法规，对科研人员创新活动开展形成了制约，亟待进一步完善解决。

一是科技成果转化权益分配标准不统一，存在政策冲突。促进科技成果商业化、产业化是美国《拜杜法案》重要的立法目标，该法通过权力下放，将原本属于政府的权力授予研究机构，并苛以商业转化义务，要求它将科技成果转移到企业，从而构建了研究机构、政府和企业之间顺畅的合作机制。在成果转化过程中，一部分收益通过法定形式分配给研究人员，强化了成果转化积极性。我国在立法精神中也强调了科技成果转化，然而在立法过程中，对商业化的途径以及各方的权利义务关系规定不够明确，对做出突出贡献的工作服务人员和经营管理人员缺乏有效激励。而且，在实践中很多规定缺乏可操作性，难以落地执行。例如，仅在"从单位自行转化科技成果后，成果发明人或团队的奖酬基数"在不同文件中就有多个解释：新增留利、净收入、营业利润、研发成果销售净利润。到底选择哪个指标，执行部门深感困惑，担心引起法律纠纷，结果实施部门不得不望"政策"而却步。此外，在收益分配比例方面，地方标准与国家标准也不完全一致，"京校十条"规定"可按不低于70%比例用于奖励，在京地区部属高校可参照执行"；然而《促进科技成果转化法》规定的比例是不低于50%，面对不同规定，该执行哪一个，北京地区的部属高校有些无所适从。不同法律、政策之间概念界定不一致、成果认定标准不统一、权利义务关系不明确，这些政策层面的冲突和矛盾，增加了科技成果转化的操作难度，直接延缓了科技成果转化的推进进程。

　　二是转化链条各主体激励不均衡。高校院所管理人员对成果转化决策、审批、取酬等心存顾虑，担心触碰法规、政策、纪律红线，即使国家层面已经明确的事权，也不敢轻易触碰。此外，对科技成果转化相关工作人员激励也严重不足。例如，《促进科技成果转化法》对保障各方转化权益有明确规定，指出科技成果转化完成后，应对"重要贡献人员"给予奖励。实际操作中，提供科技成果转移转化服务的公职人员，能否列入重要贡献人员，并获取转化报酬，存在较大争议。很多部门担心犯错误，往往按正常履职进行对待，缺少相关激励措施，难以调动人的积极性，影响了转化效率。

　　三是激励保障措施还需细化落地。《促进科技成果转化法》明确了科研人员在科技成果转化中的收益，无疑对促进科研单位推动科技成果转化、提高科研人员成果转化积极性大有裨益。为《促进科技成果转化法》落地，北京市也出台了相关配套政策，在职务科技成果赋权改革、保障科研人员转化收益、赋予高校院所科技成果转化更大自主权等方面进行了重大突破。然而相关实施细则还有待完善，比如科技成果定价机制、作价入股操作流程、税收减免、"四技服务"计酬等，都迟迟不能到位，不少高校院所反映不知道该如何操作，直接制约着其科技成果转化工作的实施，加大了科研人员的获得感与国家政策颁布预期的差距。

　　四是容错机制需进一步健全完善。为更好落实《关于修改〈事业单位国有资产管理暂行办法〉的决定》，2019年12月，北京市出台了《北京市促进科技成果转化条例》，在领导干部勤勉尽责、部门协同机制等方面有较大制度突破，以法律形式对科技成果的权属、转化收益分配、勤勉尽职免责等做出明确规定，将科技成果转化情况纳入研发机构和高校绩效考评，从理论上讲有助于加快科研单位科技成果转化速度。然而，如何纠错容错，如何勤勉尽责，制度层面仍然需要进一步探索。

五是科研人员彻底"解放"尚需打通"最后一公里"。2014年,国务院出台了《关于改进加强中央财政科研项目和资金管理的若干意见》,旨在改变以往科研经费管得太严、太死,脱离实际、忽视科研人员劳动价值的情况。意见出台,进一步明确了科研经费"松绑"的方向。然而,在实际过程中,预算科目刚性化问题仍需进一步破解,科目之间的费用调剂难、间接费用的比例不高、报销的流程烦琐等问题,让科研人员感觉科研经费仍然不好用,普遍反映"松绑"还不够。据九三学社2018年调查结果显示,认为这一政策"有些正面影响,但效果不明显"或者"比以前没有实质性改善"的占67.59%,认为"有显著促进作用的"仅占3.86%。[①]

第三节 北京市制造业与科技服务业融合发展的深层障碍

从宏观角度看,影响产业发展的基本要素有三个,分别为政府、市场与社会,分别对应政策环境、市场环境以及社会文化环境。在社会主义市场经济条件下,政府宏观调控对产业发展具有重要影响,往往通过金融、财政、法律等多种政策工具,来对产业结构进行调控,以实现国民经济更快更好发展。市场环境往往决定了产业发展的质量和水平,价格机制是否能充分发挥作用、要素是否能自由流动、市场经济法治是否健全等,是影响产业发展的主要因素。相比之下,社会环境的影响是潜移默化的,难以觉察但又不可忽视。从国际比较看,不同的价值观念、风俗习惯、道德规范,会催生不同的产业形态。因此,在一定程度上产业结构是特定社会文化环境下的产物。

一 政策环境层面

国内外科技服务业发展历程表明,科技服务业的诞生、发展与

[①] 《科研经费使用:离真正"松绑"还有多远》,中国教育和科研计算机网,http://www.edu.cn/ke_ yan_ yu_ fa_ zhan/zui_ jin_ geng_ xin/201803/t20180329_ 1592688.shtml。

繁荣，政府的作用不可替代。政府对全体社会成员具有普遍性的约束力和强制力，是与其他社会组织相比最显著的特征。政府作为社会中最特殊的公共组织，可以运用政策与市场手段，迅速建立起相应的产业发展政策体系，调节引导各市场主体的行为，以达到其政策目标。

对科技服务业来讲，政府政策的影响，大致可分为三个层面：一是提供财政扶持，通过财政补贴、税收优惠、财政拨款等手段，对科技服务业发展提供必要支撑；二是提供政策激励，通过创新奖励、入股分红、评比表彰等激励制度，激发各市场主体的创新意愿与活力，引导社会资源向科技创新领域流动，为自主创新提供活力与动力；三是健全法制法规，科技创新、成果转移转化涉及一系列创新活动，很多行为具有创新性，既有的法律法规难以适用，明确各类创新活动的法律地位、权利与义务等，为行业发展提供法治保障，也是政策保障的应有之义。

（一）政策环境方面

1. 北京科技服务业的政策力度有待加强

在政策力度方面，北京市对科技服务业发展力度还有待加强，例如标准制定、检测认证等业务开放程度不够，门槛太高，社会资本基本难以满足。而且，同样作为智力密集型企业，科技服务机构在税收减免、财政支持、人才引进、落户等制度方面享有的政策条件远不如高新技术企业，对科技服务业发展的政策引导、扶持、推进力度还需进一步加强。以政策实施细则为例，科技成果处置仍是困扰高校与科研单位的重要问题，在过去很长一段时间，根据国家财政部和北京市的相关国有资产管理政策，事业单位科技成果的处置、对外投资等事项应遵循国有资产管理政策，严格履行审批手续，未经批准不得自行处置。2016年，国家出台了《实施〈中华人民共和国促进科技成果转化法〉若干规定》，规定由审批改为备案，意在提高转化效率。然而，各部门实施细则不到位，令众多科研单位仍是无所适从。

2. 北京科技服务业政策的适用范围相对狭窄

北京科技资源丰富，在很大程度上是由于在京中央单位占很大比重。从科技统计上看，2014年在京中央单位的科研人员高达20万人，占北京研发人员总量的59.6%，研发经费内部支出占比更是高达71.9%。相比之下，北京地方所属的科技资源比较匮乏。例如，《首都科技创新发展报告（2018）》数据显示，2015年北京基础研究经费占全国比重为26.7%，但北京地方财政投入仅占相应资金的5.4%[1]，市属高校、科研单位的创新资源、实力与中央单位的差距可见一斑。

受行政隶属关系的影响，一定程度上造成了在京中央单位资源投入、实施主体与北京市创新资源投入、实施主体并行发展、封闭运行的情况。创新资源割裂、能力不平衡、缺乏整合，无法有效形成创新合力，制约着北京科技创新效能的进一步提升。更为重要的是，北京很多高新技术产业发展政策是地方性法规，更多针对北京市属机构，中央单位仅是"可参照执行、选择使用"，不具有强制力，造成了创新政策的大幅缩水。如何有效整合中央、地方科技创新资源，最大限度提升政策作用空间，实现央地联动、创新协同，仍需进一步研究和探索。

（二）法律法规方面

相比政策环境，法律法规缺位对北京市科技服务业发展的制约更为严重，在技术转移方面尤为突出，相关的专项法律法规建设亟待跟上。

1. 保证技术转移正常进行的专项法律法规缺位

科技成果转移转化涉及多个环节，流程较长，由若干复杂的交易活动构成。这一过程中，法治保障必不可少。美国科技成果转化之所以比较顺畅，主要得益于其相对完善的科技法律体系。例如，20世纪80年代以来，通过了《拜杜法案》《史蒂文森—怀特技术创新法》《小企业技术创新进步法》《国家合作研究法》等一系列法案，为美国的科技成果转化提供了强大法治保障。相比之下，我国的法律法规

---

[1] 首都科技发展战略研究院：《首都科技创新发展报告（2018）》，科学出版社2019年版，第268页。

建设相对滞后，虽然国家出台了《国家技术转移促进行动方案》，但仍缺少一部强化科技服务业地位的法律，仅有的一些零散的、局部的部门规章和地方性法规，法律层次不高，难以满足科技服务业发展需要。实践中，仅仅依靠《中华人民共和国合同法》《中华人民共和国专利法》《中华人民共和国反不正当竞争法》等相关法律来指导科技服务业运行，致使很多创新活动找不到直接的法律依据，降低了科技服务活动的法制保障，制约了其健康发展。

2. 现有法律法规对高校院所技术转移缺少必要规制

当前，在我国的高校院所，科技成果转化更多是一个自愿性的而非法律性的活动。成果转化与否，缺乏强制性，更多是一种政策鼓励，因此成果转移转化在很多高校院所眼里可有可无，如果转化了，会给单位和个人额外带来一笔收益；如果没有转化，于单位与个人也没有损失，唯一受损的是国家，科研投入再次转化为沉没成本。

在美国，科研单位有责任和义务推进科研成果转化，并且通过《史蒂文森法》，以法律形式规定了下来。然而，在《史蒂文森法》颁行前，美国联邦实验室的成果转化也不具强制性，成果转移转化并非联邦实验室的法定职能。其结果可想而知，大量科研成果束之高阁，被冷冻了起来，无法转化为现实的生产力，这一情况在《史蒂文森法》出台后，得到了根本性的改观。显然，赋予现有高校院所科技成果转移转化的强制性责任和义务，对于加速我国科技成果转化进程、建设科技创新强国具有重要意义。为此，国家也先后出台了相应的政策，推动科技成果限时转化，例如2015年国务院出台的《关于深化体制改革加快实施创新驱动发展战略的若干意见》、2017年《国务院关于强化实施创新驱动发展战略进一步推进大众创业万众创新深入发展的意见》，都提出了建立财政资金支持的科技成果，如果在合理期限内没有进行转化的，国家可以依法强制实施转化。然而，政策措施更多是原则性的，对合理期限的理解存在分歧，限时如何操作、期限多长等问题，都没有明确规定。

3. 现有法律缺少以科研成果转化为核心的内容

美国《拜杜法案》通过立法的形式，明确了科研机构成果商业化的责任和义务，围绕商业化，规定了项目承担者的责任、项目管理机构的责任，赋予了特定机构在项目承担者不履行商业化责任时，可以行使必要的"介入"权。例如，在《拜杜法案》中，有两个条款强化了项目承担者应承担的商业化义务，即"使用或丧失的政策"，意味着项目承担者要么采取措施进行转化，要么就面临着政府可能会干预并收回权利的风险。该政策目标直接指向一点，即迫使项目承担者去积极并及时地履行科技成果商业化的责任。相比之下，在我国的《中华人民共和国科技进步法》以及后来的《促进科技成果转化法》等规定中没有强调这一责任，项目承担者缺少成果转化的必要压力，不利于科技成果的转化。在2020年北京市施行的《北京市促进科技成果转化条例》中，对政府介入权进行了细化，提出了政府享有介入权的具体情形，同时明确了项目承担人成果转化行政法律义务，以提高财政资金支持的科技成果转化力度。相比国家上位法，条例出台显然对促进科技成果转化具有积极意义，但条例的法律效力有限，缺乏强制性措施和手段，未来有必要加快立法进度，明确转化责任和义务，为科技成果转化提供法律保障。

二 市场环境层面

价格机制、竞争机制是市场机制的核心，是产业发展繁荣的关键。在市场经济条件下，科技服务业的发展也必须遵循市场导向，遵循价值规律，经营活动必须以市场需求作为基础。参与市场、参与竞争，可以倒逼企业改进管理、改进技术，不断进行技术创新，不断挖掘自身潜力，提升经营效率，从而推动整个行业的竞争力。科技服务业的繁荣与发展，显然有利于夯实科技成果转化的市场基础。然而，当前北京的科技成果转移转化机构，从体制机制来看，还存在大量体制内机构，市场化程度普遍比较低，发展活力和专业服务能力都有较大提升空间。

科技服务中介机构缺乏活力。北京市科技服务业发展，政府发挥了重要作用，通过提供优惠政策、资金支持等投入方式，驱动了大量的科技服务企业向特定地区集聚，逐渐形成了一定的规模效应、网络效应，一定程度上促进了科技服务业的发展。然而，集聚区内企业之间的联系纽带主要受政策驱动，而不是技术、市场效应的"有效牵引"，"貌合神离"的现状使科技服务业内部技术交流闭塞，信息共享不充分，导致服务资源和市场得不到统筹，最终限制了科技服务企业能力的提升。不少科技中介机构在管理体制和运行机制上都带有较多的行政色彩，公有制法人占相当大的比重，超过40%，市场化程度较低，业务范围有限，产业规模整体偏小，缺少从市场中发现、挖掘和评判技术资源的能力，无法满足创新主体多元化、专业化服务需求；此外，在盈利模式上也缺乏清晰的发展路径，更多依靠财政拨款、政府补贴等方式维持生存，与市场经济的自由竞争、优胜劣汰机制不相适应[①]；而体制外的各类组织、社会资本创办的中介机构，受市场需求、宏观政策等多种因素影响，还没有发展成为科技中介机构的主流，在专业服务能力、服务经验方面都存在较大"短板"，而且受制于科技中介相关法律法规建设滞后影响，很多中介在提供服务过程中，采取"一锤子买卖"，不讲职业道德，不遵守行业惯例，造成民营中介机构的市场诚信度普遍偏低，社会认可率亟待提高。

科技服务中介机构服务能力欠缺。从政府管理角度看，科学技术系统分立于经济系统，即科技与经济的脱节，是北京乃至我国宏观科技管理体制存在的一个不容忽视的问题。科技服务业受科委分管，制造业归经信局管理，尽管两个系统在推进科技服务业、制造业发展方面都发挥了重要作用，但成绩的取得是在各自相对封闭的系统内部完成的，两个系统更多是平行的，彼此之间缺少广泛的交会点。从制造业看，产业技术进步主要靠技术引进，缺乏自主创新能力，严重依赖国外技术；从科技服务业看，科技创新仍停留在科技系统内部完成，没有完全走出自身的小循环，全面进入经济社会发展大循环之中。科技资源配置不合理，创新链未能围绕产业链进行有效部署，产业链未

---

① 忻红：《"互联网+"背景下京津冀科技服务业创新发展研究》，《科技管理研究》2019年第4期。

能围绕创新链进行积极布局，创新链、产业链、政策链缺乏深度融合，最终只能导致制造业、科技服务业的"并行发展"。此外，对于科技服务业来讲，各类信息服务机构、企业孵化器、知识产权机构、资产评估机构、投融资机构、共性技术服务机构等，作为连接科技与经济的桥梁纽带，起步较晚，服务水平和质量普遍不高，因此，很难堪当破解经济与科技发展"两张皮"的重任。

三 社会文化层面

从社会文化层面看，对科技服务业还缺少正确的思想认识，对其价值发现还有待进一步提升。科技服务业，通过传播知识、思想，为制造企业赋能，从总体上看，能够有效降低整体社会交易费用、促进决策与管理科学化、提升国民经济运行效率。

制造业创造价值，服务业不创造价值、具有寄生性质，从我国工业化伊始到现在，这种思想观念一直占据主导地位。客观讲，这是短缺经济时代的生产哲学思想，是特定时代、特定发展阶段的产物。当前，我国经济总量位居世界第二，生产力水平大幅提升，社会分工广泛，许多原内置于制造业的生产环节独立了出来，开始提供社会化服务。同样的服务，只是服务主体由企业的一个部门变成了一个独立的法人单位，难道在企业内部时创造价值，社会化后就不具价值创造功能了，显然逻辑上解释不通。受这一过时的思想观念影响，不少地方对服务的价值创造与价值认定都心存疑虑，导致多以服务行业"贡献不大"为由，忽视了服务业价值创造、科技赋能功能，仍继续坚持要素驱动增长模式，大量引进资金、设备，简单粗放地扩大再生产，认为这是发展经济的必由之路。而且，受"大而全、自力更生"思想影响，再加之市场经济法治不完善，依靠自身能力完成研究开发、成果转化工作，不借助外界力量，成为大多企业的理性选择，最终致使服务业发展缺乏足够的市场，致使相关服务机构发育不良、成长缓慢。这一逻辑，对科技服务同样适用。因此，从社会文化角度看，还需要更新观念，重新认识科技服务业的价值，有效发挥其知识转移、价值创造功能，为制造业创新发展赋能。

第四节　本章小结

制造业与科技服务业是相互影响、相互促进的，两者实现充分互动、融合发展，才能带来彼此发展空间的拓展、核心竞争力的增强，实现"1+1>2"的效果，从而促进一国经济竞争力的提升。反之，相互割裂，"两张皮"式的并行发展，形式上的快速发展、虚假繁荣，难以持续，于经济发展也无益。本章借助投入产出法，对北京制造业与科技服务业融合发展状况进行了一个初步刻画，继而从制造业、科技服务业等多个角度，对北京制造业与科技服务业融合发展制约因素进行了系统性分析。

北京制造业与科技服务业融合发展现状。北京制造业与科技服务业融合发展程度不高，长期在低水平徘徊，"两张皮"现象显著。进一步研究发现，北京制造业与其他具有现代服务业特征的生产性服务业，如信息技术服务业、金融服务业的融合发展状况也不尽如人意，制造业对生产性服务业的直接消耗系数呈波动下降趋势。从对生产性服务业的中间需求结构看，"重传统、轻现代"的特征一目了然：批发和零售业，交通运输、仓储、邮政业的中间需求分别在五成和两成左右；相比之下，信息技术、科学技术服务等先进服务业中间需求却严重不足，合计占比不足10%。以科技服务业发展推动制造业发展，实现"两业融合"，尽管作为发展目标提出多年，然而从实践看，还有较大差距。

产业融合发展的主要制约因素——制造业视角。主要是制造业发展对科技服务业的需求不足。一是服务业内部化，企业发展追求大而全。受体制机制制约，服务外包动力不足，较多研发设计、科技中介服务大多由企业独自完成，市场化、专业化发展不足，需求不足，制约了科技服务业的发展，造成服务"不好用"或无服务可用，反过来又加剧了制造业服务内置化倾向。二是制造业发展位于产业链低端，对现代服务业需求不足。以加工装配、成套引进生产设备为主的制造业发展形式，割裂了制造业和科技服务业的产业关联，导致基于供给层面的服务业鼓励政策，尽管实施多年，但效果并不显著，产业长期处于低水平、稳态发展。三是过早去工业化，坠入产业高级化误区。拔苗助长地提升产业结构，大量应得以保留、转型升级的制造业遭到淘汰，大力发展各种类型服务业，致使制造业增加值占比快速下滑至13%左右，缺少实体经济支撑，经济空心化现象越来越明显。而且，盲目疏解"低端"业态，简单引进所谓"高大上"的产业，如果在生产方式、技术能力、组织形态上缺少实质性创新，形式上的产业升级，很难具有可持续性。

产业融合发展的主要制约因素——科技服务业视角。主要体现在科技服务业发展水平不高，对制造业发展支撑不足。一是研发服务创新支撑能力较弱。北京基础研究和应用研究的经费占比远超其他省市，但成果转化率不高。与长期以来高校院所考核指挥棒以课题、论文为主，"重立项、轻结项"，"重数量、轻质量"关系密切，致使科研人员对现实应用缺乏足够关注，结果只能是有成果，无价值，无法对创新发展形成有力支撑。二是工程技术服务能力供给相对不足。高质量技术规范标准供给不足，制约工程技术服务业创新发展。标准制定与国内外市场竞争要求存在差距，为工程技术提供检测认证的企业布局结构分散，服务能力单一，致使部分核心技术和高端装备受制于人，核心部件依赖进口。三是科技金融支撑能力亟须增强。直接融资门槛高、间接融资缺少抵押物，两大难题一直未有得到有效破解，"融资难、融资贵"一直困扰着北京的科技型中小企业发展。科技成果转化全链条资金配套分布不均衡，中后期的资金配套缺乏明确来源，直接制约了科技成果转化的进展。四是创业孵化服务能力"短板"明显，同质化现象突出，联动协作效应不够；大多数创业孵化服务机构自身品牌、专业服务特色不突出；盈利结构趋于多元化，但是对房租的依赖依然难以被打破。五是技术转移转化服务能力亟待增强。高校院所的技术转移机构建设不到位，所能提供的服务也比较有限，大多数仅限于停留在简单的"牵线搭桥"，与国外专业化技术转移转化服务相去甚远，直接影响了高校的科技成果转化成效。六是中试熟化服务严重缺位，产业配套不足。中试环节在高校科技成果转化过程中一直未得到足够重视，导致科技成果在向市场转化的过程中，关键环节投入缺位，科技成果更多停留在实验室阶段，无法实现商业化。受产业疏解转移影响，产业配套与供应链系统断层现象更为严重，进一步制约了北京科技成果就地转化。

制约科技服务能力提升的体制机制障碍。一是"国有资产流失"障碍。备案审批流程过程较长，不确定性较大，鉴于此，国务院出台法规对科技成果转移转化的自主权进一步下放，以提高成果转化效率。为更好落实国家政策，2019年12月，北京市出台了《北京市促进科技成果转化条例》，列出了勤勉尽责条款，然而，如何纠错容错，如何勤勉尽责，仍然需要进一步探索、完善相关机制，否则中央政策仍将难以落地，很有可能再次出现"空转"现象。二是转化政策缺乏统筹、衔接不畅。科技成果转化法规政策繁多，政出多门，条块分割，缺少统一的归口管理部门，不同部门对政策法规理解不到位、认识不统一、统筹协调不够，转化政策缺乏有效衔接。三是科研人员激励机制落地难。科技成果转化权益分配政策标准不统一、转化链条各主体激励不均衡，对提供科技成果转移转化服务的公职人员，能否列入重要贡献人员，并获取转化报酬，存在较大争议。而且，激励保障措施可操作性还不强。

制约制造业与科技服务业融合发展的深层障碍。从政策环境层面看。北京科技服务业发展的政策力度还有待加强，同样作为智力密集型企业，科技服务机构在税收减免、财政支持、人才引进、落户等制度方面享有的政策条件远不如高新技术企业，对科技服务业发展的政策引导、扶持、推进力度还需进一步加强。从法律法规层面看，法律法规缺位对北京市科技服务业发展的制约更为严重，在技术转移方面尤为突出。保证技术转移正常进行的专项法律法规缺位。实践中仅能依靠《中华人民共和国合同法》《中华人民共和国专利法》《中华人民共和国反不正当竞争法》等相关法律来指导科技服务业运行，致使很多行为找不到直接的法律依据，降低了科技服务活动的法制保障，制约了其健康发展。现有法律法规对高校院所技术转移缺少必要规制。成果转化与否,缺乏强制性,更多的是一种政策鼓励,致使大量科研成果束之高阁,被冷冻了起来,无法转化为现实的生产力。从市场机制层面看。科技服务中介机构活力不足。不少科技中介机构在管理体制和运行机制上都带有较多的行政色彩,公有制法人占相当大的比重,超过40%,市场化程度较低,产业规模整体偏小,缺少从市场中发现、挖掘和评判技术资源的能力,没有形成附加值高的盈利模式,与市场经济体制不相适应,服务能力欠缺。从社会文化环境层面。科技服务业,通过传播知识、思想,为制造企业赋能,从总体上看,能够有效降低整体社会交易费用、促进决策与管理科学化、提升国民经济运行效率。然而,长期以来,受要素驱动增长模式影响,引进资金、设备,简单粗放地扩大再生产,认为是发展经济的必经之路,忽视了科技服务业的价值赋能功能。而且受"大而全、自力更生"思想影响,大多企业更多依靠自身能力完成研究开发、成果转化工作,不愿借助外界力量,致使科技服务业发展缺乏足够的市场,一定程度上导致了科技服务机构发育不良、成长缓慢。

第五章

京津冀协同发展背景下的北京制造业发展趋向

第一节 科学认识北京制造业发展面临的新形势

制造业是人类历史上最古老的行业之一，人们的生活用品和工业品大多由制造业加工而来。工业革命以来，全球制造业得到了突飞猛进的发展，不仅把人类社会从农业时代带入工业时代，并且在经济全球化发展浪潮下形成了世界各国分工协作的发展格局。当前世界经济和产业格局开启了新一轮大变革，客观上要求北京重新审视和定位自身在国际产业价值链中的位置，做出新的战略选择。

一 全球制造业进入了新一轮创新发展时代

创新是引领发展的第一动力。从全球产业演变历史来看，历经三次重大工业革命创新，产业发展已经到了后工业化时期，其突出标志就是服务业比重的大幅提升。同时，我们也看到，制造业仍然是全球经济持续发展的基础载体，制造业始终是实现技术创新的基本动力。

（一）全球制造业发展的历史演变

回顾历史，从世界范围看，自19世纪初英国率先开启工业化，到20世纪初德国、美国制造业的崛起，到20世纪70年代日本制造

第五章 京津冀协同发展背景下的北京制造业发展趋向

业的快速发展，再到20世纪下半叶欧美和日本制造业向中国等国家地区转移，全球制造业大致经历了四个发展阶段。

第一阶段：16世纪到工业革命之前——萌芽时期。这一时期，制造业的含义基本上等同于手工业，生产方式以个人、家庭和小规模手工作坊为主。到了16世纪中期，随着生产规模的扩大，技术分工逐步深入，手工作坊发展到了一个新的阶段，近代制造业开始萌芽。

第二阶段：18世纪中后期到19世纪中期——形成时期。这一时期，近代制造业开始加速发展，纺织、机械制造、化学先后成为发达国家主导产业。英国率先成为制造业大国，率先把蒸汽机运用于制造业，开启了规模化、现代化生产新阶段。现代化工厂化生产的出现，意味着制造业正式登上了历史舞台。

第三阶段：19世纪中后期到20世纪中期——发展时期。这一时期，美国、德国以工业革命为契机，充分利用工业革命先进成果，制造业得以快速发展。相比制造业形成时期，这一阶段电力设备制造业、化学工业、军工制造业逐渐成为主导行业，为经济发展提供了强劲动力。标准化生产、泰勒制管理，被广泛应用于20世纪的制造业生产。战争在摧毁旧世界的同时，也孕育着新的技术和产业。两次世界大战，一方面使欧亚各国保守重创，蒙受巨大经济损失；另一方面，受战争刺激，各国军工制造业得以飞速发展，飞机、坦克、舰船制造急速扩展，客观上也孕育了以微电子、新材料为依托的现代制造业的发展与崛起。

第四阶段：1945年至2008年国际金融危机——新技术革命时期。第二次世界大战以后，全球制造业发展进入了一个新的阶段，电子制造、航空航天、新能源、新材料成为世界各国制造业发展的重点。在这一时期，高新技术的应用，成为世界制造业增长的首要推动力量，高新技术的含量在很大程度上决定了各国制造业的发展水平。此外，随着经济全球化的发展，世界制造业格局发生了巨大变化，大量新兴工业化国家和地区逐步在世界制造业市场上争得一席之地，形成了发达国家保持领先地位、发展中国家奋力赶超的局面。

总体来看，经过上述四个阶段的发展，亚欧、拉美等区域的大部分国家和地区基本完成了工业化进程。也正是在第四个阶段的发展进程中，我国通过改革开放战略，凭借低成本比较优势，承接国际产业转移，参与全球产业链分工，壮大"中国制造"，成为当今世界制造中心。

(二) 新时期制造业发展的主要特征

审视当下，全球科技革命步入一个新的周期，前沿科学不断延伸，学科和领域交叉融合加速。在新技术革命的驱动下，产业价值链深度分解，工业化和信息化深度融合，制造与服务相互渗透，新兴产业不断涌现，正在重塑着全球制造体系，全球制造业进入了新一轮的创新发展周期。新技术创新、新产品创造活动已经从传统的制造业链条分离出来，成为全球产业链条体系中具有主导权的核心环节，其创新发展特征主要体现在以下几个方面：

一是改变世界的新技术革命正在孕育突破。据中国科学院的专家判断，当前世界科技处于第六次科技革命前期，以信息转换器、人体再生、信息和仿生工程、思维和神经生物学、生命和再生工程等为代表的科技突破，将进一步改变世界科学技术的结构体系，深刻影响世界经济发展和国家兴衰。这一轮革命与之前几次的不同之处就是信息技术、新材料技术、先进制造技术、人工智能、新能源技术等相互影响、协同促进，推动产业相互融合和跨界发展。麦肯锡等国内外众多咨询研究机构，也对未来科技发展有诸多预测，认为技术领域的创新将催生一大批新产品，带来新的消费革命。

二是产业链和产业组织体系发生创新裂变。一方面，生产性服务分离。随着生产规模的扩大，社会化大生产的精细化程度不断提高，原来许多从属于制造业的生产环节，如仓储、物流等陆续从制造业中独立出来，提供社会化服务。生产性服务业的出现，加速了三次产业结构的演变。另一方面，产业跨界融合加强。互联网、移动互联网、物联网的普及给各个行业带来的深刻变革，深刻影响着产业的组织形态、产业分工与价值链体系构成。传统产业之间的界限越来越模糊，跨界融合发展成为趋势，横向分类的产业之间纵向联系越发紧密。特别是软件与经济社会各领域的双向渗透和深度融合使产业界定愈趋模糊。

三是技术创新范式正在革新。产品生产方式呈现定制化、智能化、网络化特征。随着以3D打印为代表的数字化和信息技术的普及带来新的技术革新,制造业的进入门槛将降至最低,没有工厂与生产设备的个人也能很容易参与到制造业之中。创新载体从单个企业向跨领域多主体的协同创新网络转变。在传统的创新互动中,新技术新产品的推出很大程度上依赖于单个企业的技术研发和商业化等活动,如第一部商用手机的研究开发和生产基本上由摩托罗拉公司独家完成。但是随着产业分工日益细化,产品复杂程度日益提升,技术集成的广度和深度大幅拓展,单个企业难以也无法覆盖全部创新互动,需要更多创新主体参与研发、设计、生产、物流等活动,实现价值和资源配置的优化,创新流程也从线性链式向协同并行转变,技术创新与商业模式创新融合互动越来越成为创新的主流模式。

二 世界各国加大对制造业领域的战略部署

经过百年的工业化和数十年的全球化进程,在信息技术和制造业深度融合以及相关科技革命的驱动下,制造业重新成为全球经济竞争的制高点。为抢占新一轮产业主导权,欧美发达国家纷纷提出了重返制造业、振兴装备制造业、实行新的工业化发展计划,美国制定了"再工业化""先进制造业伙伴计划";德国制定了以智能制造为主导的"工业4.0"战略,提出新工业革命;日本开始实施"再兴战略"等。欧美发达国家出台各种规划与政策,意欲加快制造业转型升级,重塑本土制造业竞争优势,抢占制造业发展战略高地,进一步拉大与发展中国家制造业的差距,全球的产业结构大调整已经成为未来发展的主旋律。

(一)美国《先进制造业国家战略计划》

2012年,美国出台了《先进制造业国家战略计划》,从国家层面强化了制造业的战略发展地位,并从投资、劳动力和创新等方面,提出多项措施来促进本国制造业发展,以确保美国继续在新一代信息技术、快速成型制造、智能制造、生物制造等领域保持领先地位。2013年,美国提出了"国家制造业创新网络"计划,资助重点以先进制造业为主,采取公司合营的组织方式,希望在全国范围内,建立制造业政产学研协同创新网络,以此消除研发活动和制造业创新的脱节,进一步提升美国制造业活力。

作为国家制造业创新网络计划的抓手,2014年美国财政出资10亿美元,建立了15个"国家制造业创新学院",典型如"增材制造业创新学院""数字化制造和设计创新研究院""下一代电力电子制造创新学院"等,希望各研究院能充分发挥各自产业、科研以及政策优势,加强创新合作,资源共享,共同促进美国制造业竞争力的提升。

(二)德国"工业4.0"战略

德国制造闻名于世,为持续保持其制造业竞争优势,2013年德国政府提出了"工业4.0"战略,该战略在德国的《高技术战略》位居重要地位。"工业4.0"被认为是继蒸汽、电气化、电力化之后的第四次工业革命。"工业4.0"的核心是"智能+网络化",涉及智能制造管理、供应链管理、市场战略管理,希望通过全新的商业模式,对传统生产模式进行颠覆性改造,充分挖掘释放互联网时代的工业生产能力。德国政府通过"工业4.0"战略支持企业、大学、研究机构联合开展研究,目前资助的项目包括自律生产系统、基于人工智能系统与智能传感器的生产管理等。

(三)日本发布《机器人新战略》

2015年,日本政府发布了《机器人新战略》(*Japan's Robot Strategy*),一方面,为了应对日益突出的老龄化、劳动人口减少、自然灾害频发等问题,提早进行产业发展布局,积极储备相关技术;另一方面,也希望通过一系列政策目标,实现在日本率先实现机器人革命,从而进一步提升本国制造业竞争力。

为达到这一目标,日本政府提出了六大重要举措。一是一体化推进创新环境建设,成立"机器人革命促进会",负责产学政合作以及用户与厂商的对接、相关信息的采集与发布,建设各种前沿机器人技术的实验环境,为未来形成创新基地创造条件。二是加强人才队伍建设,通过系统集成商牵头运作世纪项目和运用职业培训、职业资格制度来培育机器人系统集成、软件等技术人才。三是关注下一代技术和标准,争取国际标准,并以此为依据来推进技术的实用化。四是制定机器人应用领域的战略规划,明确机器人应用领域未来 5 年的发展重点和目标。五是推进机器人的应用,鼓励各类企业参与到机器人产业之中。六是确定数据驱动型社会的竞争策略,实现日本机器人随处可见,搭建从现实社会获取数据的平台,使日本获取大数据时代的全球化竞争优势。[1]

综观各国的创新行动计划,新一轮的国际竞争策略重点是发展以信息技术为基础的新型制造产业,推进产业结构进一步高端化发展。美国侧重于发明创造新技术、新产品;德国致力于巩固强化制造优势;日本更加注重对人的替代和效率提升等,但总体都体现了产业重心由第二产业向第三产业转移渗透的融合发展态势,大力发展技术密集型和信息密集型的服务化、智能化、绿色化、网络化制造成为"未来工业"的主要趋势。

三 我国制造业发展面临内外双重竞争压力

2018 年,我国工业增加值首次超过 30 万亿元,占全世界的份额达到了 28% 以上,连续多年保持世界第一制造大国地位,成为驱动全球工业增长的重要引擎。但我国仍处于工业化进程中,大而不强问题依然突出,自主创新能力与发达国家相比还有较大差距,关键核心技术受制于人的局面尚未从根本上得到改变。

从外部环境看,美国在国际金融危机爆发后,欧美发达国家为优化本国经济结构,加强对全球高端制造业的控制力,纷纷提出"再工业化"计划,鼓励高端制造业回流,高端制造业已呈现出一定的回流态势;另外,国际需求急剧萎缩,发展中国家出口大幅受挫,为维持本国就业,中低端制造业市场的竞争日益加剧,劳动密集型产业向低收入国家转移呈加速状态,越南制造、印度制造的国际影响力在逐步提升。

从我国自身发展看,比较优势正在减弱,资源环境压力越来越大,工业大而不强、亟须转型升级的阶段性矛盾更加突出。主要表现

---

[1] 卢月品:《"机器人新战略"下的日本制造》,《装备制造》2015 年第 7 期。

在：产业发展自主创新能力弱，关键核心技术与高端装备对外依存度高；产品档次不高，缺乏世界知名品牌和跨国企业；资源能源利用效率低，环境污染问题较为突出；产业结构不合理，高端装备制造业和生产性服务业发展滞后，以企业为主体的制造业创新体系仍不完善。[①]

面对发达国家高端先发效应和其他新兴经济体相对比较优势的双重挤压和挑战，以及我国经济自身发展积累的诸多矛盾，加快依靠创新重塑国际竞争优势，实现中国从制造大国向制造强国转变，是我们国家今后发展的必然选择。

目前，我国还处于工业化进程中，制造业仍是国民经济的重要支柱和基础，丝毫不能忽视。关于制造业创新发展，习近平总书记多次作出重要指示，要求推动中国制造向中国创造转变、中国速度向中国质量转变、中国产品向中国品牌转变，抢占新一轮战略性新兴产业竞争制高点。在这一背景下，2015年5月国务院正式印发了《中国制造2025》，勾勒出我国制造业未来10年发展蓝图，提出通过"三步走"战略实现制造强国的发展目标。这是党中央、国务院站在增强我国综合国力、提升国际竞争力、保障国家安全的战略高度做出的重要战略部署。

显然，北京应抓住全球新一轮产业革命机遇，发挥自身科技资源丰富、产业基础良好优势，瞄准国际科技前沿，加快制造业向高端化、绿色化、智能化方向发展，争取在新一代信息技术、新能源、航空航天、智能制造、人工智能等领域做大做强，产生一批有全球影响力的成果，形成一批有全球竞争力的产业，成为新一轮全球科技创新主阵地和重要策源地。

四 《中国制造2025》对北京制造业发展提出新要求

我国经济增长正由传统的以要素投入、工业拉动、政府主导、高速增长为显著特征的发展模式，向形态更高级、分工更复杂、结构更合理的阶段演化。北京作为我国首都，历年来在服从与服务国家战略

---

① 工业和信息化部规划司：《我国建设制造强国的任务艰巨而紧迫》，《中国电子报》2015年5月26日第4版。

方面具有重大贡献。新的历史时期,《中国制造2025》对作为科技创新中心的北京也提出新的要求,要在实现"中国制造向中国创造转变,中国速度向中国质量转变,中国产品向中国品牌转变"的过程中发挥创新引领作用,走在全国前列。从北京资源条件看,需要在三个方面强化对《中国制造2025》的支撑。

(一)围绕产业链分工协作,发挥创新引领功能

《中国制造2025》提出,"提高国家制造业创新能力,完善以企业为主体、市场为导向、政产学研相结合的制造业创新体系。围绕产业链布局创新链,围绕创新链配置资源链,加强关键核心技术攻关,加速科技成果产业化,提高关键环节和重点领域的创新能力"。[1] 近年来,北京通过深化科研机构体制改革,搭建科技创新平台,推动科技交流与合作,推进企业自主创新,工业创新能力明显增强。建立了以开发实验室、孵化器、大学科技园、留创园、行业协会、科技中介机构为代表的创新创业服务体系;聚集了一批包括高等院校和科研院所、国家级研究机构、新兴工业领域前沿技术高端人才在内的科技创新资源,"政产学研用"协同推进创新的模式逐步形成。作为全国科技创新中心,在制造强国建设布局中,北京应在"产品创造"环节有所突破,大力发展科技服务业,解决长期困扰我国制造业创新能力不足问题,带动全国制造业整体转型升级,重塑我国制造业的国际竞争优势。

(二)落实两化融合战略,突出智能制造主攻方向

《中国制造2025》提出,"以推进智能制造为主攻方向"并实施"智能制造工程",加快推动新一代信息技术与制造技术融合发展,把智能制造作为两化深度融合的主攻方向;着力发展智能装备和智能产品,推进生产过程智能化,培育新型生产方式,全面提升企业研发、生产、管理和服务的智能化水平。[2] 北京智能制造初具规模,具有较强竞争优势,同时也存在重点领域企业集中度不高、市场延展和资源

---

[1] 《中国制造2025》,《中国电子报》2015年5月22日第2版。
[2] 《中国制造2025》,《中国电子报》2015年5月22日第2版。

整合不足、产业协同和规模效应不明显等问题，距离《中国制造2025》的要求还有一定差距。需要紧抓工业转型升级、两化深度融合、京津冀协同发展的有利时机，巩固提升智能核心装置、智能装备、智能化生产线等关键领域基础优势，加大关键智能装备的集成应用和数字化车间、智能工厂的推广应用，培育和提升重点行业智能制造系统集成能力，支持智能制造新业态、新模式培育和示范发展。加大政策引导和扶持力度，做好资金支持、平台搭建、资源整合、产业对接等产业支撑服务，强化智能制造在全市高精尖产业构建、工业转型升级的服务支撑作用。

（三）立足基础工艺科研能力，助推工业强基工程建设

长期以来，我国制造业大而不强的核心问题就是基础能力薄弱，相当部分关键基础材料、核心基础零部件不能自给，依赖进口，致使主机面临"空壳化"困境。经过多年发展，北京工业基础能力逐步加强，产业高端化发展趋势愈加明显，尤其在工业研发和设计环节具备较强的优势。北京拥有丰富的科研资源，集中了清华大学、北京理工大学、北京航空航天大学等重点高校，集聚了中国钢研科技集团、北京机电研究所、北京机械工业自动化研究所等大型科研院所资源，吸收了大量的优秀基础科研人员和工艺人才，具备开展核心基础零部件、先进基础工业、关键基础材料和产业技术基础等工业基础研究和创新的能力。北京以自身优势吸引和培育了一批创新型"四基"企业，对首钢集团、燕山石化公司等传统基础工业企业进行疏解、改造和升级，依托产学研深入合作，开展了一批工业强基项目，具备引领全国提升工业基础能力的实力。

在全球产业变革和中国制造转型升级的大体系中，北京制造业发展，显然要基于对制造业发展规律的判断认识，基于首都的功能定位，基于自身发展条件，做出科学的判断和选择。新的时期，在发达国家经济复苏艰难曲折、新兴市场国家经济增速放缓、新科技革命颠覆产业形态、世界贸易格局变革加剧等宏观形势下，北京作为首都有责任在创新发展上有更大担当、更大作为，以更新的理念、更好的眼界，在更高的层面上谋划未来，率先破解我国产业发展在创新能力、

资源配置、体制机制方面存在的突出问题，争当新时代我国经济社会创新发展的开拓者、"排头兵"。

第二节 新时期北京市制造业发展面临的主要挑战

一 从国家战略层面看，北京制造业发展水平还有待提高

（一）制造企业研发投入总量相对不足

《中关村上市公司竞争力报告（2018）》显示，2017年披露研发费用的281家中关村上市公司平均研发强度为3.31%，高于A股公司的平均研发强度1.5%。中关村上市公司中有151家企业研发投入力度较高，研发强度达到5%以上，其中78家企业研发强度达到国际高科技领先企业的水平，研发强度达到10%以上。然而，国际经验表明，企业的研发强度达到2%才能基本生存，达到5%才具有竞争力。Apple、Google、Cisco、Facebook、Intel、Oracle、华为等10家公司2017年的平均研发强度为11.34%[1]，一定程度上表明，10%以上的研发强度在全球范围内处于较高的研发投入水平。作为北京高科技企业的缩影，尽管中关村有不少企业研发强度也达到了10%，但考虑到这些公司多为新兴公司，营收基数较小，尽管研发强度较大，但总体投入水平与国际一流企业相比差距明显。例如，2017年年报披露研发费用的281家中关村上市公司研发费用总计为1220亿元[2]，与Apple、Google等公司一年的研发投入位于同一个数量级，差距之大，可见一斑。

（二）制造企业创新能力亟待加强

从国际比较视角看，与以色列、硅谷等全球知名科技创新中心相

---

[1] 中关村上市公司协会：《中关村上市公司竞争力报告（2018）》，经济科学出版社2018年版，第69页。
[2] 中关村上市公司协会：《中关村上市公司竞争力报告（2018）》，经济科学出版社2018年版，第69页。

比，北京对全球创新要素，如资金、人才的集聚能力还不够强，创新能力仍比较弱，缺乏有国际影响力的创新领军企业和技术。从创新产出看，2017年，中关村境内上市公司专利申请量排名前10位的企业，共申请专利6776件，占当年总申请总量的76.5%。集中度如此之高，意味着大多数企业专利不多，甚至没有专利。而且，前10名企业中，京东方专利申请量为4968件，独占73.32%[1]，远超过其他公司，进一步表明北京上市公司的整体创新能力还比较薄弱。而且，在PCT专利申请方面，除京东方外，其他企业申请量严重不足，充分表明了知识产权的国际化水平和布局亟待加强。例如，从2005年开始北京每年的专利授权量都在1万件以上，2015年达到13.3万件，但是这些专利中PCT国际专利数量却较少，分别占东京、伦敦、纽约PCT国际专利量的3.4%、16.8%、17.8%。[2]加快创新成果转化应用，破解实现技术突破、产品制造、市场模式、产业发展一条龙转化的瓶颈问题，发挥企业创新主体作用至关重要。

（三）科技创新与产业发展脱节

科技创新引领产业变革、产业发展反哺科技升级的良性循环通道尚未充分贯通，产业发展需求与科技创新成果供给存在严重脱节。一方面，适应高精尖产业发展的创新合力尚未建立。面向高精尖产业核心环节的开放式创新中心、共性关键技术平台等重大创新平台仍然滞后，中试验证环节及商品化环节投入明显不足。另一方面，产业端对创新端的反向推动作用不足。从技术市场交易情况看，2017年，北京技术成交额达到4485.3亿元，其中流向外省市的成交额为2327.3亿元，占比达到52%，流向本市的仅占27%。高精尖领域输出技术合同2434.6亿元，其中落地本市成交额705.4亿元，占比仅为29%。大额技术合同也主要输出到外省市，2017年，北京流向外省市大额技

---

[1] 中关村上市公司协会：《中关村上市公司竞争力报告（2018）》，经济科学出版社2018年版，第77页。
[2] 孙明华：《京津冀协同发展：新阶段 新使命 新任务》，《求知》2019年第5期。

术成交额 1915.6 亿元，占比达到 51.8%，在京转化的比例仅 22.8%。[1]

（四）高技术制造业发展有弱化倾向

高技术产业是提升科技创新能力的主要支撑产业，其发展水平决定着一个国家或地区创新驱动经济的进程，显示着该地区或国家产业结构转型升级的能力。2012 年以来，北京高技术产业发展保持相对稳定，企业数量稳定在 800 家左右，但 2015 年以后出口交货值却骤减，从之前的 1000 亿元以上，快速下降到 2017 年的 650 亿元左右，表明高技术产业出口能力在下降。再从高技术产业占全国比重看，自 2011 年以来，无论是主营业务收入还是产品出口额占全国比重，都逐渐呈下降趋势。2016 年北京高技术产业主营业务收入 4309 亿元，占全国比重为 2.8%，2011 年占比为 3.8%，下滑了 1 个百分点；出口额为 183.26 亿元，占全国比重为 1.01%，相比 2011 年下滑更为严重，降幅达 4.24 个百分点。[2]"双降"意味着高技术产业在北京产业结构中的地位在逐渐弱化，对未来北京高科技创新成果转化落地支撑构成了隐忧。一般来说，高技术产业是制造业中技术含量较高的行业总和，是国之重器，是经济基石，其发展水平的高低直接决定着制造业的经济价值，显然北京的高技术产业发展规模和水平亟须提升。

二 首都城市功能定位调整对北京制造业发展的新要求

2014 年 2 月，习近平总书记视察北京，明确了新时期北京的城市功能定位。新功能定位下，北京在产业发展方面显然面临着新形势、新要求，作为全国科技创新中心，在产业发展方面走在全国前列，也是应有之义。

《京津冀协同发展规划纲要》《"十三五"时期京津冀国民经济和社会发展规划》要求把京津冀作为一个区域整体统筹规划，努力形成京津冀目标同向、措施一体、优势互补、互利共赢的发展新格局，并

---

[1] 《2017 年北京技术市场统计年报》，北京市科学技术委员会、中关村科技园区管理委员会网站，http://kw.beijing.gov.cn/art/2018/9/25/art_ 6656_ 475738.html。

[2] 祝合良、叶堂林：《京津冀发展报告（2019）》，社会科学文献出版社 2019 年版，第 118 页。

重新调整三地功能定位。其中，"全国先进制造业基地"落地天津，北京则定位于"全国科技创新中心"，明确要求北京加快科技服务业等高端服务业发展，构建高精尖经济结构，向全球价值链高端延伸。

未来几年，是北京加快推动京津冀协同发展、努力构建"高精尖"经济结构的关键时期。立足首都城市战略定位，着眼建设国际一流的和谐宜居之都，一方面，对北京制造业发展提出严控新增产能、转移淘汰现有中低端产业等新要求；另一方面，也对制造业如何支撑创新中心建设提出了新诉求。

（一）疏解非首都功能要求加快优化调整制造业存量

产业结构调整和升级转移是推动京津冀协同发展各项任务中，需要集中力量先行启动、率先突破的重点领域之一。随着《京津冀协同发展规划纲要》出台，有序疏解北京非首都功能、加快经济结构的高精尖升级，既成为北京市较长一段时间的行动纲领，也成为北京优化存量土地资源利用、提升产业发展质量的重要契机。紧扣疏解北京非首都功能要求，深度调整优化三次产业内部结构，通过主动瘦身，放弃"大而全"的产业体系，加快一般性制造业的关停淘汰、疏解转移和改造升级，是新时期北京城市发展赋予工业发展的重要使命。

（二）建设科技创新中心要强化制造业创新发展能力

全国科技创新中心是北京的城市功能新定位，科技创新中心的构建，是北京创新驱动发展道路、模式的探索过程。实施创新驱动发展战略是落实首都城市战略定位、推动京津冀协同发展的战略选择和根本动力。制造业是产业创新的重要阵地，产业技术创新又是实现经济增长的重要力量。因此，加快实施创新驱动发展战略，必须要把制造业的创新发展摆在更加突出的位置，充分发挥科技服务业对科技创新的支撑作用，健全技术创新市场导向机制，使首都科技资源通过创新加快向现实生产力转化、向发展优势转化，提升产业自主创新能力，为北京市乃至全国经济发展提供强大支撑。

（三）治理大城市病要求制造业向绿色低碳循环转型

长期以来，北京"摊大饼"式的空间扩张、"大而全"的产业体系、"各自为政"的区域发展模式，不仅加大了当前首都人口资源环境的压力，而且也影响了首都核心功能的发挥、城市竞争力的提升。解决"大城市病"问题，破解首都发展长期积累的深层次矛盾和难题，一方面需要补齐生态环境建设和城市环境治理两个"短板"，另一方面要从造成城市资源环境负荷过重的根本因素出发，通过重构优化首都产业体系，推动产业绿色低碳循环发展，降低资源消耗强度和污染排放强度。这对制造业发展提出了新的要求，要在空间层面上，推动市区工业园区、高新技术开发区等实现绿色循环低碳化综合改造，促进产业合理聚集；在产业链条层面上，推进产业循环式组合，促进生产和生活系统地循环链接，降低产业发展的综合消耗。

当前，中国特色社会主义进入新时代，北京市发展进入了新阶段，高端制造业发展迎来了重要战略机遇期。在这一背景下，北京应主动承担起推动京津冀乃至全国经济发展质量变革、效率变革、动力变革，提高全要素生产率的重任，跳出传统生产型的产业发展模式，以疏解非首都功能为抓手，加快调整退出一般性制造业、"去生产制造环节"步伐，着眼于"未来工业"，对自身经济结构和空间结构进行优化，以《中国制造2025》提出的宏伟蓝图为指引，立足京津冀协同发展，寻求新的产业发展突破口和实践路径。

第三节 京津冀协同发展背景下北京市制造业发展战略抉择

新城市功能定位对北京"建设一个什么样的首都，怎样建设首都"这个时代课题提出了新的要求。中央多次强调，北京土地资源稀缺、人力成本高，发展一般工业项目缺乏比较优势。因此，要坚持"四个中心"城市功能定位，摒弃"大而全"的产业发展思路，发挥创新资源密集、创新能力突出优势，坚持创新驱动，发展高端产业，突出高端化、服务化、集聚化、融合化、低碳化特征，在项目选择方面，应大力发展新一代信息技术、医药健康、节能环保、集成电路、新能源等符合首都城市战略定位的高技术产业，支持传统优势企业实施绿色制造和智能制造技术改造，进一步加快制造业产业链优化升级步伐，走"高精尖"产业发展道路，在转变发展动力、创新发展模式、提升发展水平上下功夫，努力打造全国创新发展新高地，使制造业发展更好地服务首都城市战略功能定位。

对于高精尖，高就是高附加值、高劳动生产率、高人力素质；精就是技术密集；尖就是创新尖端。[①] 通俗一点讲，高，就是能实现高速增长、带来强劲发展后劲的行业；精，就是培育具有核心竞争力和重要知识产权的顶尖企业；尖，就是承接国家重大战略项目和具有国际水平的前沿科学技术。

一 坚持高质量发展，探索高精尖产业发展新路径

（一）北京发展"高精尖"产业的重要意义

发展"高精尖"产业是实现首都高质量发展的前提基础。制造业高质量发展势必将优化存量资源配置，扩大优质增量供给，有助于北京深化供给侧结构性改革，能够显著增强首都经济质量优势。发展"高精尖"产业是协同发展的必由之路。发达国家的实践表明，创新成果的90%源于制造业企业，制造业高质量发展将是"四个中心"定位下加快建设全国科技创新中心的重要抓手。制造业高质量发展将加快疏解非首都功能，进一步提升首都核心功能，提高单位要素生产率，也是落实新版城市总体规划要求，实现减量集约发展的根本保障。

制造业高质量发展是推动区域协同发展的重要举措。制造业产业链长的特性有利于促进中心城区和远郊区、北京和津冀实现产业链协同，通过以制造业龙头企业为依托在京津冀谋划布局上下游产业链，充分释放北京技术优势和天津、河北的制造能力，是深度推进跨区域协同发展的有效措施，有助于在京津冀范围内建设现代化经济体系，真正实现区域间优势互补和差异化错位化发展。

发展"高精尖"产业是制造强国战略的必然要求。《中国制造

---

① 王玉海等：《北京市构建"高精尖"经济结构的提出背景、作用定位及其内涵界定研究》，《领导之友》2017年第23期。

第五章　京津冀协同发展背景下的北京制造业发展趋向

2025》对北京的产业发展提出了新要求。一是要落实两化融合战略，突出智能制造主攻方向，强化智能制造对构建"高精尖"经济结构的支撑作用。二是要围绕产业链分工协作，发挥创新引领功能，提高制造关键环节和产业重点领域的创新能力。三是要立足于基础工艺科研能力，助推工业强基工程建设，着力破解制约重点产业发展的"瓶颈"。实施制造强国战略，北京必须抓住《中国制造2025》实施的重大机遇，坚持创新发展理念，深入推进信息技术与制造业深度融合，培育发展新动力，发展"高精尖"产业。

发展"高精尖"产业是国际产业竞争的大势所趋。世界范围内，以制造业为代表的产业发展格局正在发生深刻调整，全球制造业已经进入创新发展时代。北京的制造业高端化发展趋势明显，但与全球先进水平还有较大差距，突出表现为缺少关键核心技术、自主创新能力不足、缺乏世界知名品牌、工业产出效率偏低。北京必须着眼于"未来工业"，抓住全球产业结构再造的历史机遇，依托深厚的工业基础和巨大的科研优势，加快优化调整制造业存量，加快向绿色低碳循环转型，发展"高精尖"产业，加强关键核心技术攻关和创新型特色产业集群培育，提升北京制造业在全球产业价值链中的地位和国际竞争力。

(二)"高精尖"的主要内涵和外延解析

高精尖产业的内涵。高精尖产业本质是创新驱动形成的产业，不能简单通过第一、第二、第三产业门类划分而定。其主要特征有两点：一是引领产业发展潮流，具备技术自主化、价值高端化特征；二是适应首都功能定位，具备生产清洁化、体量轻型化、产品服务化特征。向高精尖产业升级包括两个层面，一是产业结构升级，二是产业内升级，即"升向高端产业或产业链高端"。"高精尖"产业体系是融合发展的产业体系。主要表现为科技服务业向高技术制造业等现代产业的融合渗透。科技服务业通过营造产业创新生态、打造创业孵化体系，为新兴"高精尖"产业衍生提供了协同创新的环境和条件。

高精尖产业的外延特征。发展高精尖产业的外延，就是坚持和强化首都城市战略定位，紧紧抓住制造强国战略重大机遇，牢固树立五大发展理念，坚持高端化、服务化、集聚化、融合化、低碳化发展方向。从产业体系维度来看，"五化"可以解析为产业结构高端化、产业业态服务化、产业布局集聚化、产业生态融合化、产业消耗低碳化。其中，产业结构高端化，就是要聚焦关系未来竞争的新兴技术、新兴产业领域，聚焦产业链条的高端环节、新兴业态。产业业态服务化，就是推动产业由以"生产"为主的业态向以"研发"和服务为主的业态转变；产业布局集聚化，就是要着眼产业互动和生态功能有机匹配的原则，坚持集约高效地利用土地资源和自然生态资源，打造高效紧凑发展的产业空间格局；产业生态融合化，就是要打造资源要素配置科学、创新创业活跃、高技术和平台型大公司发达、大企业和中小企业密切协作的良好产业生态系统，打造信息技术与制造业深度融合、服务业与制造业深度融合的产业新生态；产业消耗低碳化，就是大幅提高产业发展的资源能源利用效率，大幅减少温室气体和污染物排放。

从投入产出角度看，高精尖产业还有"四高"特征：一是资源生产率高，即单位投入的自然资源、能源和土地等各类资源要素的产出附加值高；二是劳动生产率高，即一定时间内，一定劳动力投入形成的产出数量和价值要高；三是全要素生产率高，即除去所有土地、资源和劳动力等有形生产要素以外的纯技术进步对生产率增长的贡献要高，直接反映科技创新驱动水平；四是环境效率高，即单位环境负荷的经济价值要高。

（三）北京发展高精尖产业的战略取向

发展"高精尖"产业，对北京制造业来讲，要把握好以下重点内容。

一是要定好位。统筹考虑国家建设制造强国、北京疏解非首都功能，把握好国家"做强制造"和北京"去生产制造环节"的辩证统一关系，聚焦"产品创造"环节，着力解决制造业的自主创新能力问题，切实担负起北京作为全国科技创新中心的使命。

二是要顺大势。国内外产业发展格局正在发生重大调整，新一代信息技术与制造业深度融合。我们要抓住历史机遇，主动"瘦身健

第五章 京津冀协同发展背景下的北京制造业发展趋向

体",转换产业发展动力,实现"在北京制造"到"由北京创造"的转变。

三是要重开放。"由北京创造"不等于所有的创造环节都在北京,而是要紧紧围绕产业链,布局创新链,开展广泛的国内外合作,特别是在京津冀范围内,深度开展区域合作,打造协同创新共同体。

表5-1 "在北京制造"与"由北京创造"对比

在北京制造	由北京创造
制造环节主要布局在北京	制造环节在外埠或委托生产
大规模制造、重资产化	品牌、知识产权等无形资产占比高
以产品收入为主	制造服务收入比重提高
引进技术比重较高	以原始创新和集成创新为主
企业内部创新	开放创新、协同创新
与周边城市产业同构性强	新市场需求、新商业模式、新组织模式
追求1—N的规模拓展	追求0—1的原创引领

北京创造的核心宗旨是:坚持以有序疏解北京非首都功能为战略核心,坚持以有机促进人口资源环境相协调为主线,突出"产品创造"这一核心环节,以产品设计、产权经营、品牌运营等为主要业态,变在北京全链条布局为跨区域协同布局,变1—N规模拓展为0—1价值拓展,变追求全领域为抓住关键点,变注重产业链延伸为注重生态圈打造,构建一个开放、共享、协作的跨区域协同的产业链、创新链,充分整合区域、全国乃至全球创新资源,实现原始创新和集成创新并重发展。基本实现路径如下:

一是加快由全面发展向重点突破转变,构筑创新驱动的行业发展格局。坚持有所为、有所不为,改变"大而全"的产业发展思路,主动"瘦身健体",采取在若干关键领域优先发展、重点突破的方式,取得一批全球原创的科技和经济结合的创新成果,在关键点、制高点形成局部带动全局的领先优势,促进产业结构和产业内环节由中低端向高端的双重升级。

二是加快从生产制造向产品创造转变,构筑服务引领的新型产业组织。优化企业经营链条,改变传统的以生产功能为核心、以产能规模扩张为目标的增长路径,压减低附加值业务环节、低水平功能配套,着力培育产品设计、知识产权服务、资源集成等服务化业态,推动制造类企业向知识产权创造型、技术创新型、集成服务型企业转变,实现制造业与科技服务业融合发展。

三是加快从链式集聚向生态集群转变,构筑产城融合的资源配置体系。以提高投入产出水平为导向,改变全产业链、全供应链的产业集聚模式,优化区域资源配置机制,构建以企业为枢纽的产业创新链,围绕高端产业领域建设产业生态,促进央源、地源、外源和民源等多主体的协同创新,形成重点产业和辐射产业联动共生的生态耦合型产业集群。

四是加快从内部扩张向区域协同转变,构筑开放合作的空间支撑体系。围绕京津冀建设协同创新共同体的发展大局,发挥好北京作为产业创新辐射源的作用,树立"由北京创造"不等于"在北京创造"的发展理念,通过产业技术交易、扩大资本运营、优先在京津冀统筹布局生产研发和制造基地,探索构建开放、共享、协作的跨区域创新协作网络,推动京津冀成为全国跨区域产业协作的典范。

二 依托区域资源与产业优势,重塑协同发展新格局

深刻把握城市功能定位和担负的历史使命,坚持问题导向,在服务国家制造强国战略、创新型国家建设战略的同时,摸索走出一条大国首都发展高端制造业的成功路径,在北京城市发展和产业体系中更多地承担创新引领功能,在支撑首都经济高质量发展的同时,带动京津冀区域协同发展,是北京制造业创新发展的必然选择。

(一)制造业产业布局与城市群建设发展

城市的兴起与发展,与工业化进程、制造业发展密不可分。从国际经验看,伴随城市的规模扩张,制造业在城市的布局也呈梯度转移调整的状况,并进而带动城市群形成。城市群的形成过程,也是原本集中在中心城市的创新资源、产业技术要素,向周边区域扩散、带动区域创新能力提升、促进区域经济发展的过程,创新模式由单极创新

第五章　京津冀协同发展背景下的北京制造业发展趋向

向多点协同创新转变，形成区域创新带的过程。从国际创新中心发展历程看，大多遵循了这一规律。北京发展到今天，大城市病的破解、产业发展腹地需求，要求北京这座超大城市必须调整发展思路，重新思考自身发展定位，有序疏解非首都功能，产业发展要与京津冀城市群发展大格局结合起来，统筹考虑。

1. 制造业与城市群、城市带建设的国际经验和规律

从国外发展趋势看，随着制造业不断发展与创新，突破行政区划的大都市圈建设日新月异，产业链内部分工日益加强，单个城市单打独斗的经济发展模式难以为继，区域经济竞争更多地表现为城市群的竞争。打破行政区划壁垒，以综合实力较强的大城市为核心，加强分工协作，辐射带动周边区域发展，提升区域整体竞争力逐渐成为城市发展新路径。

一方面，随着企业总部与生产环节的分离，一些跨国企业开始在全球范围内建立分包网络，把生产制造环节转移到要素成本较低的区位，公司本部主要控制研发和营销环节；另一方面，随着要素成本的上涨以及出于提升城市功能和竞争力的需要，纽约、伦敦、巴黎、东京等国际大都市制造业郊区化不断加快，由此在更大范围内形成一种城市中心区重点发展总部、研发、营销以及部分高新技术产业和现代高效都市产业，而在近远郊及周边地区重点建设高新技术产业化基地、现代制造业基地和现代都市产业基地的新型产业分工格局。在全球范围内形成的代表性都市圈有大伦敦、大巴黎、大纽约、大东京等。其中，大伦敦包括伦敦城和32个自治市，大巴黎是由巴黎市及其临近的7个省组成的巴黎地区，大纽约是由纽约市和周边5县以及东北新泽西、长岛所构成的纽约标准都市统计区。世界各国区域经济发展的实践证明，任何一个区域的发展壮大，都不是一个城市孤立成长发展起来的，城市与区域之间依靠天然的地理位置上的邻近，构成了相互依托，共同发展的城市群。

2. 全球范围内城市间的分工协作日益增强

截至目前，我国已批复《长江三角洲地区区域规划》《珠江三角洲地区改革发展规划纲要（2008—2020）》等区域规划，在全国范围

内形成长三角、珠三角、成渝、关中—天水、长株潭、北部湾等若干经济区。以行政范围为界的诸侯经济发展模式逐渐被打破，跨区域产业分工协作逐步加强，以核心城市为依托，辐射带动周边区域发展，提升区域整体竞争力的发展格局逐步形成。

以长三角为例：长三角地区包括上海市、江苏省和浙江省，2018年GDP总量超过21万亿元，占全国经济总量比重长期保持两成以上，上海、苏州、杭州、南京、无锡和宁波6个城市破万亿元。在加强区域产业合作方面，长三角各省市多措并举，一是共同协同对接洽谈会，围绕区域产业转移、产业园区建设，组织长三角地区有关政府部门、开发园区、重点企业参会洽谈，推动区域协同发展工作不断走向深入。二是组建长三角产业转移合作信息平台，通过招标方式委托专业机构负责平台的建设和维护，加快实现区域内产业转移相关信息的共建共享。三是开展长三角产业转移专题研究，共同拟定促进区域产业有序转移的政策措施。随着城市间的分工协作，长三角都市圈经济规模不断扩大，市场配置资源的作用充分发挥，产业转移和承接机制日趋健全，实现了区域间的良好合作发展。

3. 打造以首都为核心的世界级城市群具有重大现实意义

打造以首都为核心的世界级城市群，推动三地产业协同发展是优化国家区域发展布局、形成新的经济增长动力、打造经济社会发展新引擎的必然要求，是减少重复建设提高资源配置效率的有效途径，是解决三地各自经济社会发展中面临突出矛盾和问题的必然选择。而且，京津冀作为全国重要的区域经济发展载体，是我国重要的政治、经济、文化、科技中心，在国家战略发展格局中具有重要地位。而且，京津冀创新资源相对密集，产业体系相对完整，占我国经济总量近年来一直保持10%以上，开放程度、创新能力、发展潜力等发展指标均位居全国前列，打造具有世界级影响力和竞争力的城市群，构建未来我国经济社会发展新增长极，既是区域经济发展的内在要求，也是服务国家战略的必然选择。

2014年，中共中央、国务院印发了《国家新型城镇化规划(2014—2020年)》，首次提出了建设京津冀城市群的政策主张，"建设世界级城市群"成为新的发展目标。

2015年,《京津冀协同发展规划纲要》进一步明确了京津冀的区域定位,其中建设"以首都为核心的世界级城市群"居首位。

2017年,中共中央、国务院关于对《北京城市总体规划(2016—2035年)》进行了批复,北京在京津冀世界级城市群建设过程中,要发挥龙头牵引作用,辐射带动周边区域共同发展。

2019年年初,习近平总书记召开京津冀协同发展座谈会,指出"以创新为引领推动京津冀三地产业协作,深化京津冀产业政策衔接和园区共建,积极推动区域全产业链布局,加快构建空间布局合理、产业链上下游配套、各类生产要素优化配置的区域产业发展格局",特别强调要明确京津冀产业发展定位,合理规划产业布局,理顺产业发展链条,推动产业转移对接,形成区域间产业合理分布和上下游联动机制。

(二) 北京制造业调整与京津冀产业协同发展

1. 新时期北京"去制造化"的理念和要求

发达国家或地区的城市发展实践表明,制造业占经济总量比重持续走低,是经济社会发展到一定阶段的必然规律。伦敦、纽约、香港、新加坡等城市无一例外,都遵循了这一规律。普遍在人均 GDP 达到 1 万美元后,服务业占城市经济比重大幅提升,服务化现象明显,"去制造化"特征显著。

党的十八大以来,习近平总书记多次视察北京,并发表重要讲话,进一步明确了北京的城市功能定位,全面部署京津冀协同发展战略,为新时代北京发展指明方向。北京市在《关于制定北京市国民经济和社会发展第十三个五年规划的建议》中提出,要依靠科学技术改造提升传统产业,构建起"高精尖"的经济结构,在产业选择上,总体应该以现代服务业、高端制造业为发展方向,以科技创新为内涵,带动京津冀协同发展。北京构建"高精尖"经济结构,不能简单地认为只是北京市自身的事,还要考虑对地区、国家乃至国际的影响,需要从多个角度进行审视。

从国际角度看,霸权主义、单边主义、新冠肺炎疫情对全球产业链、价值链构成了严重冲击，国际发展格局面临重大重塑。如今，我国经济总量位居世界第二，国民经济仍保持快速发展势头，发展格局调整为我国深入融入国际社会、提高自身影响力提供了重大战略机遇。作为参与国际分工重塑的重要抓手，聚集国内外创新资源，提升区域经济创新发展水平，提升在全球价值链、创新链中的影响力，打造全球经济新增长极，有利于在全球经济结构调整中占得先机，进一步提高未来发展的主动权。

从全国角度看，坚持创新驱动、产业结构优化调整，要持续深入推进供给侧结构性改革，在坚持"三降一补"基础上，重点提升服务业发展质量，大力发展信息技术、商务咨询、知识产权等现代服务业，推动"两业"融合发展。多年来，北京服务业发展水平一直位居全国前列，在探索"两业"融合、为制造业发展赋能，注入新的活力等方面，具有先行优势和良好条件，也有责任和义务为全国产业结构优化提供示范支撑。

从区域角度看，北京京津冀协同发展是重大国家战略，在这一过程中，北京要发挥引领促进作用。雁行发展模式表明，创新型组织的牵引是一个国家或地区产业发展的重要动力。疏解非首都功能、大力发展高端产业，有序疏解一般制造业，加强产业的辐射带动作用，构建一体化的产业链、创新链，是推动京津冀协同发展的关键。

从自身角度看，北京产业结构优化、制造业转型升级依然具有较大发展空间。服务业"大而不强"，尽管占国民经济比重较高，然而从结构看，批发零售、仓储物流等传统服务业占比过大，信息技术、商务服务、科技咨询等现代服务也占比过低。制造业发展比重持续走低，创新能力不足，具有全球影响力的创新型企业严重不足。构建"高精尖"经济结构，提升产业发展质量，是北京科技创新中心建设的重要目标。

综上所述，在制造强国建设和非首都功能疏解双重背景下，北京制造业发展，要遵循"做强制造"战略和"去生产制造环节"的辩证统一原则，强化"首都经济要去制造化而不是去制造业"这一认识，强化制造业发展差异化、错位化、高端化发展路线，充分发挥北京在国家发展大局中的创新驱动、辐射引领功能。

2. 京津冀制造业协同发展的新模式和实现路径

京津冀协同发展上升为国家战略，意味着三地的发展已不再是地方行为，协同发展成效小而言之，关系到区域竞争力的提升，大而言之，新增长极能否打造成功，关系到国家未来发展新动力。因此，统筹三地经济社会发展，在区域层面科学配置创新资源、调整优化产业布局，打造具有国际影响力的特色产业发展集群，显然具有重大战略意义，也是京津冀协同发展的应有之义。

依据上述发展思路和理念，须将不必在北京发展的制造环节疏解到津冀地区，以"母工厂"建设为抓手，津冀为产业发展腹地，促进天津市"全国先进制造研发基地"和河北省"产业转型升级试验区"的建设。北京要依托科技研发优势，在风险投资、科技中介、创新孵化、成果转化等领域，面向津冀地区开展创新服务，促进北京制造业先进技术、品牌、管理、服务、模式等向津冀地区输出，拓展北京制造业发展空间，通过外溢方式带动津冀发展，形成制造业研发总部、运营总部在北京，津冀两地提供生产加工配套，京津冀产业协同发展新格局，具体协同发展模式如图5－1所示。

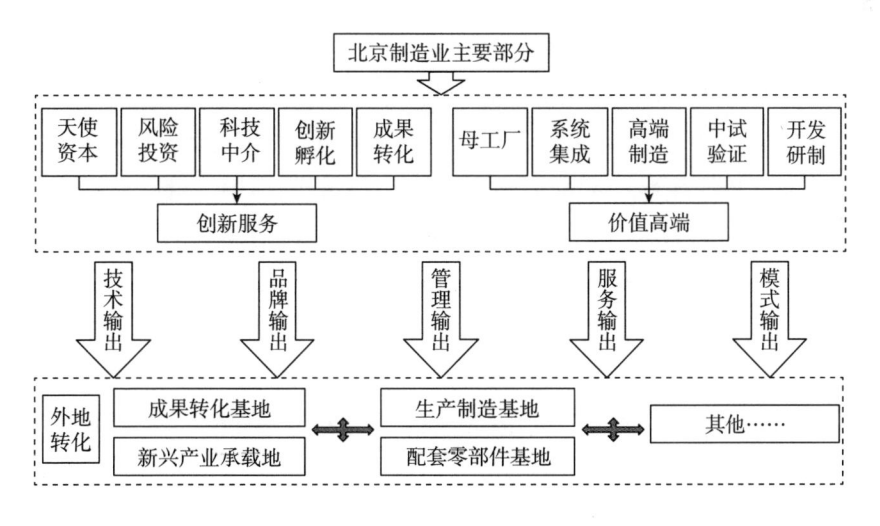

图5－1 京津冀产业协同发展分工框架

京津冀制造业协同发展的本质是构建京津冀协同创新共同体，提升区域内产业创新能力和竞争力，推动区域产业转型升级。制造业协同创新发展的过程，应遵循产业创新生态系统的形成过程，即企业—产业集群—产业创新生态的演进路径。即发挥领军企业创新能力强、发展速度快、带动能力突出优势，以其为产业关键节点，打造具有区域特色的产业链。在具有区域特色的产业集群打造过程中，要发挥科技服务业的支撑作用，加强京津冀科技创新资源共享力度，优化创新资源在京津冀间科学配置，提升区域创新能力，推动区域制造业转型升级。这就要求三地产业布局、创新布局要统筹谋划，健全完善协同发展体制机制和政策体系，彻底打破三地行政壁垒，构建高效统一的区域创新网络和服务体系。

对于北京来说，要充分发挥北京科技创新资源丰富优势，在整合自身科技服务基础设施及产业服务平台基础上，打造区域化、平台化、全周期、"一站式"科技服务业模式，通过"开放合作、广泛链接"，赋能区域内各市场主体，为区域制造业创新发展提供重要支撑。

第四节　本章小结

工业革命以来，全球制造业得到了突飞猛进的发展，在把人类社会从农业时代带入工业社会的同时，也形成了世界各国分工协作的发展格局。审视当下，全球科技革命步入一个新的周期，前沿科学不断延伸，学科和领域交叉融合加速。在新技术革命的驱动下，产业价值链深度分解，工业化和信息化深度融合，制造与服务相互渗透，新兴产业不断涌现，正在重塑着全球制造体系，全球制造业进入了新一轮的创新发展周期。

全球制造业发展变革对北京创新发展提出新要求。后工业化时代，制造业仍然是全球经济持续发展的基础，是实现技术创新的根本动力，仍是全球经济竞争的制高点。为抢占新一轮产业主导权，欧美发达国家纷纷提出了重返制造业、振兴装备制造业、实行新的工业化

第五章 京津冀协同发展背景下的北京制造业发展趋向

发展计划,美国制订了"再工业化""先进制造业伙伴计划";德国制订了以智能制造为主导的"工业4.0"战略,提出新工业革命;日本开始实施"再兴战略"等,意欲加快制造业升级,重塑本土制造业竞争优势。面对外部压力,依靠创新重塑国际竞争优势,实现中国从制造大国向制造强国转变,是增强我国综合国力、提升国际竞争力、保障国家安全的战略选择。北京作为国家首都,科技资源富集、创新基础雄厚,在服从与服务国家战略方面肩负更大责任、做出重大贡献是应有之义。鉴于此,《中国制造2025》对北京的科技创新中心建设提出明确要求,要在实现"中国制造向中国创造转变,中国速度向中国质量转变,中国产品向中国品牌转变"的过程中发挥创新引领作用,要落实两化融合战略,突出智能制造主攻方向,在制造业创新发展方面要走在全国前列。

从国家战略期待看,北京制造业发展水平还有待提高。一是制造企业研发投入总量相对不足。《中关村上市公司竞争力报告(2018)》显示,2017年披露研发费用的281家中关村上市公司平均研发强度为3.31%,高于A股公司的平均研发强度1.5%。然而,国际经验表明,企业的研发强度达到2%才能基本生存,达到5%才具有竞争力,Apple、Google、Cisco、Facebook、Intel、Oracle、华为等10家公司2017年的平均研发强度在10%以上。二是制造企业创新能力亟待加强。2017年,中关村境内上市公司专利申请量排名前10位的企业,共申请专利6776件,占当年总申请量的76.5%。集中度如此之高,意味着大多数企业专利不多,甚至没有专利,创新能力仍较弱。三是科技创新与产业发展脱节。科技创新引领产业变革、产业发展"反哺"科技升级的良性循环通道尚未充分贯通,产业发展需求与科技创新成果供给存在严重脱节。四是高技术制造业发展有弱化倾向。从高技术产业占GDP比重看,自2008年以来,也逐渐呈下降趋势,从28.56%逐渐下滑到2016年的14.31%,意味着高技术产业在北京产业结构中的地位在逐渐弱化。

新时期首都城市功能定位调整,使北京制造业发展面临新挑战。2014年2月,习近平总书记视察北京,明确了新时期北京的城市功能定位。新功能定位下，北京在产业发展方面显然面临着新形势、新要求。2015年出台的《京津冀协同发展规划纲要》《"十三五"时期京津冀国民经济和社会发展规划》要求把京津冀作为一个区域整体统筹规划，努力形成京津冀目标同向、措施一体、优势互补、互利共赢的发展新格局，并重新调整三地功能定位。其中，"全国先进制造业基地"落地天津，北京则定位于"全国科技创新中心"，明确要求北京加快科技服务业等高端服务业发展，构建高精尖经济结构，向全球价值链高端延伸。立足首都城市战略定位，着眼建设国际一流的和谐宜居之都，一方面，对北京制造业发展提出严控新增产能、转移淘汰现有中低端产业等新要求；另一方面，也对制造业如何支撑创新中心建设提出新诉求、新期待。

京津冀协同发展背景下北京制造业发展的战略选择。一方面，坚持高质量发展，探索高精尖产业发展新路径。统筹考虑国家建设制造强国目标和要求，把握好国家"做强制造"和北京"去生产制造环节"的辩证统一关系，聚焦"产品创造"环节，着力解决制造业的自主创新能力问题，加快从北京制造向北京创造转变，切实担负起北京作为全国科技创新中心的使命。另一方面，依托区域资源与产业优势，重塑协同发展新格局。深刻把握城市功能定位和担负的历史使命，坚持问题导向，在服务国家制造强国战略的同时，依托北京科技研发优势，在风险投资、科技中介、创新孵化、成果转化等领域，面向津冀地区开展创新服务，促进北京制造业先进技术、品牌、管理、服务、模式等向津冀地区输出，推动区域层面制造业与科技服务业的有机融合，提升区域内产业创新能力和竞争力，形成京津冀协同发展的新格局。

第六章

京津冀制造业与科技服务业融合发展现状分析

自京津冀协同发展战略实施以来，国家相关部委及三地政府积极探索推动京津冀产业融合发展的顶层设计机制，深化产业对接合作。

2015年，为推动京津冀协同发展，促进资源要素合理流动，优势互补、合作共赢，国家财政部会同国家税务总局出台了《京津冀协同发展产业转移对接企业税收收入分享办法》，初步构建了区域产业合作对接和利益分享机制。

2016年，工信部会同京津冀三地共同发布了《京津冀产业转移指南》，明确了京津冀产业协同发展的重点方向和主要推进路径。

2017年，三地共同研究制定了《关于加强京津冀产业转移承接重点平台建设的意见》，明确要构建一批区域产业发展平台，作为推动京津冀产业融合发展的物理载体。产业平台的构建，为区域内产业转移对接提供了行动指南。

2018年，为进一步贯彻《京津冀协同发展规划纲要》，打造京津冀协同创新共同体，三地签署了《关于共同推进京津冀协同创新共同体建设合作协议（2018—2020年）》，突出强调科技创新在京津冀产业融合发展中的引领作用，聚焦共建创新要素与资源共享平台，提出深化京津冀区域分工与布局、促进三地高校院所企业协同创新等若干战略举措。

2019年，为了进一步探索京津冀产业链引资合作模式，围绕重点产业开展引资合作，实现信息和资源共享，三地聚焦智能科技、先进制造等重点产业，签署了产业链引资战略合作框架协议，以更好推动区域创新链和产业链互动发展和完善贯通。

在一系列协同发展政策推动下，经过几年发展，如今京津冀区域分工格局日趋明朗，区域内产业结构逐渐得到优化、产业融合程度不断得到提升。

第一节 京津冀制造业与科技服务业融合发展现状

一 非首都功能性产业有序疏解，产业跨区域布局加速推进

（一）一般制造业疏解成效明显

2015年，中央出台了《京津冀协同发展规划纲要》，明确指出推动京津冀协同发展，是重大国家发展战略，核心是有序疏解北京非首都功能。5年多来，围绕协同发展纲要，京津冀三地分别从疏解、承接等不同角度，出台了多项政策和推进方案，确保了非首都功能疏解的有序进行。在"控增量、优存量"思想指导下，继2014年北京市出台《北京市新增产业禁限目录》后，随后几年连续多次对该目录进行修订完善，进一步规范、细化相关措施和实施细则，以提高可操作性和实施效果。津冀为有力有序承接北京非首都功能项目，使承接项目能引得来、留得住、发展好，两地先后出台多项承接工作意见，如天津的《天津市承接非首都功能的工作意见》《河北省承接地批发市场建设工作方案》等，全力打造高质量承接和发展平台。

在中央顶层设计指导下，三地以协同发展纲要为准绳，积极推进、密切合作，有效地推动了北京非首都功能疏解工作，如今取得了显著的成效。一般制造业企业增幅呈现明显下降趋势，如纺织服装服饰业、金属制品业、食品制造业、家居制造业、通用设备制造业、非

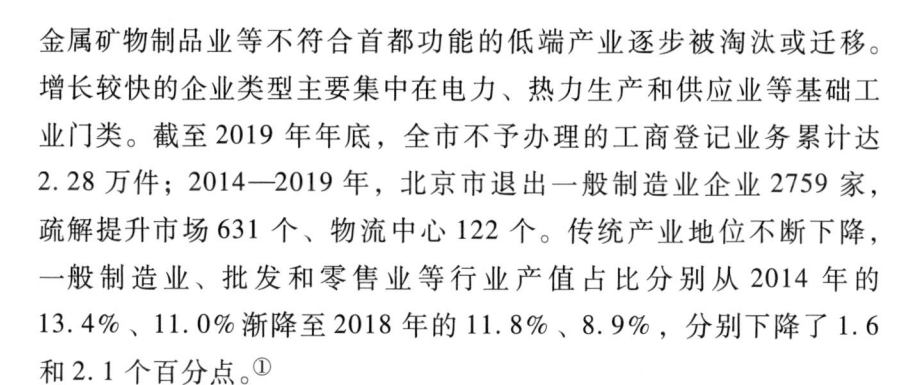

金属矿物制品业等不符合首都功能的低端产业逐步被淘汰或迁移。增长较快的企业类型主要集中在电力、热力生产和供应业等基础工业门类。截至2019年年底，全市不予办理的工商登记业务累计达2.28万件；2014—2019年，北京市退出一般制造业企业2759家，疏解提升市场631个、物流中心122个。传统产业地位不断下降，一般制造业、批发和零售业等行业产值占比分别从2014年的13.4%、11.0%渐降至2018年的11.8%、8.9%，分别下降了1.6和2.1个百分点。[①]

（二）京津冀产业新增投资持续活跃

近年来，京津冀区域产业新增投资主体、投资规模及产业合作项目呈扩增趋势。在一批重大产业合作项目带动下，北京作为核心城市的辐射带动效应逐步显现，对津冀投资呈现"井喷"态势，2015—2018年年均增速在30%以上，累计认缴出资额超过7000亿元；中关村企业加速在津冀两地布局，累计设立分支机构近8000家，科技创新网络编织愈发密集，科研成果跨区转化开始加速，北京流向津冀技术合同成交额接近1000亿元，跨区域产业创新链初步形成。大量新增企业，为京津冀协同发展注入了活力，从企业功能定位看，具有显著的协同发展特征。北京、天津、河北依次形成了研发设计、资本运作、市场流动、生产制造为梯度的协同发展体系和产业链配套框架。

（三）"2+4+N"产业承接平台建设加快，一批重大产业项目顺利落地

2017年12月，为进一步引导三地产业有序转移与精准承接，发挥北京创新资源丰富、河北空间广阔、天津制造业突出等优势，打通创新链、贯通产业链、延伸园区链，京津冀联合出台《加强京津冀产业转移承接重点平台建设的意见》，明确搭建"2+4+N"产业承接

---

① 《北京六年来减量中实现集约高效发展》，中国新闻网，http://www.chinanews.com/cj/2020/02-24/9103107.shtml。

平台①，加快了产业协同发展步伐。经过几年的打造，"2+4+N"产业承接平台不断完善，在产业承载空间打造、重点项目示范、协同创新等方面取得明显成效。

两个集中承载地建设逐渐加快，对高端产业要素吸引力不断增强：北京城市副中心聚焦文化创意融合、高端商务和科技创新三大高精尖领域，不断推进科技平台搭建和营商环境优化，围绕总部经济、文化旅游、尖端芯片、智能制造等七大千亿级产业集群建设；河北雄安新区立足高端高新产业定位，重点围绕大数据、物联网、云计算、航空航天、机器人、新材料、高端现代服务业，加快打造实体经济、科技创新、现代金融、人力资源协同发展的现代产业体系。四大战略合作功能区产业合作项目相继落地，示范带动效应初显：到2018年，曹妃甸协同发展示范区累计签约北京项目130余个，其中亿元以上项目74个，总投资603.87亿元，截至年底完工项目49个；天津滨海新区以五大载体平台为依托，积极承接产业转移、科技创新和研发转化等。N个专业化特色化承接平台建设有序推进，协同创新领域，宝坻京津中关村科技城重点打造人工智能与智能制造、新能源与新材料、生物医药与医疗器械及高端装备制造四大产业集群，已与近百家企业达成合作意向；现代制造业领域，北京亦庄·永清高新区的永清智能控制产业园围绕"智能制造装备"产业链，吸引智能机器人、高端数控机床、物联网设备等领域的众多高新技术企业和项目落户，带动产业上下游技术研发和配套制造，高速飞行列车模拟器等一批科技创新成果实现产业化。

---

① "2"即北京城市副中心、河北雄安新区。围绕北京城市副中心、河北雄安新区功能定位，吸纳和集聚创新资源要素，打造创新产业集群，促进产城融合、职住平衡；"4"即曹妃甸协同发展示范区、新机场临空经济区、张承生态功能区、天津滨海新区四大战略合作功能区。截至2018年年底，曹妃甸协同发展示范区累计签约北京项目百余个，张北云计算产业基地多个数据中心投入运营。北京新机场临空经济区相关规划已编制，天津滨海－中关村科技园管委会自揭牌以来新增注册企业累计达四百余家。"N"即一批高水平协同创新平台和专业化产业合作平台。京津合作示范区、武清京津产业新城和沧州、正定、保定等特色园区加快建设，集聚效应和示范作用逐步显现。北京·沧州渤海新区生物医药产业园吸引百余个项目落户，其中签约北京医药企业近80家。

第六章 京津冀制造业与科技服务业融合发展现状分析

二 京津冀区域产业分工格局日趋合理

围绕优化区域制造业发展布局，提升区域制造业创新能力，打造世界级先进制造业发展集群，京津冀相继出台了《京津冀产业转移指南》《京津冀产业协同规划》《京津冀协同发展交通一体化规划》等政策，受益于政策驱动，区域产业链优化重组进程日益加快，资源配置状态日趋合理，三地制造业协同发展进入了一个新的发展阶段。

（一）北京产业高端化趋势明显

1994年，北京市服务业产业增加值占地区生产总值比重为48.9%，首次超越工业产业增加值，位列国民经济第一大支柱产业。自此，北京服务业快速发展，多年以来一直在首都经济社会发展中居主导地位。2018年年末，北京工业、服务业法人单位数量分别为6.1万家和92.8万家，其中服务业占比高达93.9%，比全国78.8%的平均水平，高出了15个百分点；相比京津冀的82.1%占比，也高出了10个以上百分点。

而从第三产业内部结构看，高技术服务业、文化产业发展呈现出明显的加速势头。2018年末，科技服务业、信息技术服务业、文化体育和娱乐业的法人单位占非农产业比重分别为15.6%、7.8%和5.5%。相比之下，2013年为11.3%、7.6%、4.3%，提升效果明显，尤其是科技服务业增速位居前列，凸显了北京作为全国科技创新中心的优势地位。

相比之下，北京传统的服务产业，如批发和零售业、租赁和商务服务业发展势头开始减缓，法人单位数量分别占非农产业比重为25.0%和15.9%；2013年分别为27.7%、18.7%，普遍下降了3个百分点左右。

（二）天津第三产业快速发展

从经济社会发展阶段看，天津处于工业化发展中期向后期的过渡阶段，这一时期，一般来说，这一时期服务业具有较高的增长速度。2018年，天津服务业、工业共有法人单位29.13万家，其中服务业法人单位数量为23.3万家，占比超过80.0%，相比2013年的74.6%，提升幅度超过了5个百分点。

从服务业内部结构看，以科技服务业、信息技术服务业为代表的现代服务业快速发展势头显著，法人单位数量分别占天津第二、第三产业法人单位比重为8.9%和6.1%。相比2013年的7.8%、3.7%，增长幅度都在2个百分点左右。

(三) 河北先进制造业迅猛发展

从经济社会发展阶段看，河北仍处于工业化中期，制造业仍占有较高比重。2018年，河北工业、服务业共有法人单位115.33万家，其中工业企业法人单位数量为31.6万家，占比为27.4%。相比之下，全国平均水平为21.2%，河北工业企业法人单位数量占比比全国平均水平高出了6.2个百分点。

制造业转型升级速度开始加快，高技术制造业发展呈现出一定加速态势。2018年，京津冀高技术制造业共有法人单位1.33万家，其中河北高技术制造业法人单位0.7万家，占比超过了50%。从高技术制造业内部结构看，化学原料和化学制品制造业、电气机械和器材制造业、医药制造业占比较高，分别占京津冀区域的65.0%、64.1%和58.8%。

三 区域产业结构不断优化，转型升级趋势明显

(一) 法人单位数量持续稳步增长

2013年，京津冀三地从事工业、服务业的法人单位数量为23.09万家，2018年这一数字激增至243.11万家，增长幅度超过了90%，产业转型升级态势显著。从内部结构看，京津冀的第二、第三产业法人单位数分别为98.90万家、29.11万家和115.09万家，而2013年分别为42.03万家、18.27万家、31.1万家，京津增幅在50%左右，而河北增幅超过了150%，成为区域经济转型升级的重要助推力量。

从京津冀协同发展角度看，三地法人单位增设不再局限于各自辖区内，跨省（市）活动呈显著增长态势。2018年，京津冀区域内产业活动单位总量29.09万家，三地开展跨区活动的累计1.61万家，占比超过了5%，相比2013年，增长幅度接近200%。

(二) 高技术制造业快速发展

三地高技术制造业呈快速发展态势，从规模以上高技术制造业增加值占规模以上工业增加值比重看，2018年北京占比为23.81%，相

比 2013 年的 19.09%，增幅接近 5 个百分点；河北省一定程度上受发展基数较低缘故，高新技术产业增加值变化更为显著，2018 年规模以上高技术制造业增加值占规模以上工业增加值比重，较 2014 年提高了 6.40 个百分点。其间，高技术产业投资保持快速增长态势，增长幅度为 79.15%，在京津冀三地处于领先地位。2018 年，天津市的高技术产业增加值也实现了 4.40% 的同比增长，占规模以上工业增加值的比重为 13.29%，发展势头稳中有升。

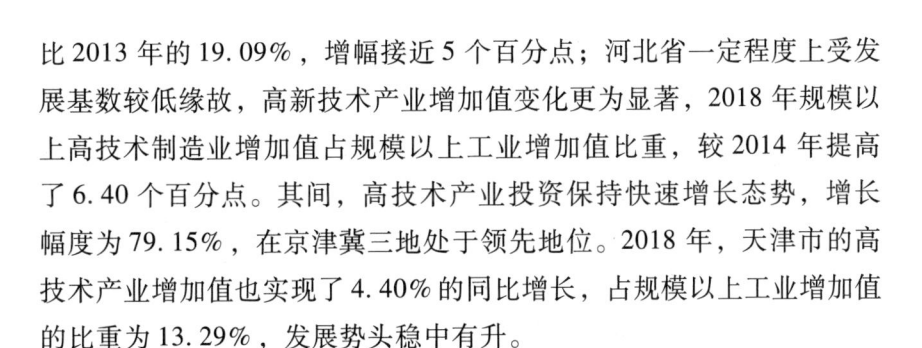

（三）服务业成为京津冀区域发展的重要支撑

2018 年，京津冀区域内第二、第三产业共有法人单位 243.10 万家，其中工业企业法人单位为 43.49 万家，服务业法人单位为 199.60 万家，占比分别为 17.89% 和 82.11%，如图 6-1 所示。相比之下，全国第三产业法人单位占比为 78.80%，京津冀三地的第三产业法人占比高出全国 3 个多百分点，服务业发展驱动高于全国平均水平，这一特征在北京、天津尤为显著。2018 年，北京市第三产业对经济增长贡献率为 87.90%，2014 年为 46.20%，相比之下，2018 年比 2014 年增幅超过了 40 个百分点。

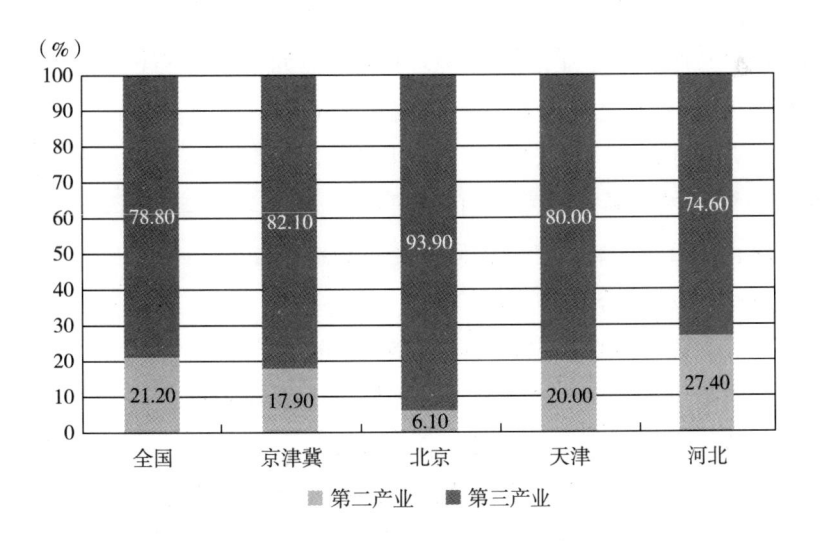

图 6-1 京津冀区域第二、第三产业法人单位占比情况

资料来源：国家统计局。

（四）科技服务业发展保持较强活力

2018年，京津冀区域内第二、第三产业法人单位共有243.10万家，其中租赁和商务服务业、科学研究和技术服务业及信息传输/软件和信息技术服务业，法人单位为32.40万家、23.19万家和13.41万家，占比分别为13.30%、9.52%和5.50%。相比之下，全国同行业平均水平仅为11.70%、5.90%、4.20%。可以看出，京津冀的现代服务业发展相比全国，具有较高的集聚度和发展水平。

表6-1　　　京津冀区域法人单位占比排前六位的行业　　　单位：%

	批发零售业	租赁和商务服务业	制造业	科学研究和技术服务业	建筑业	信息传输/软件和信息技术服务业
京津冀区域行业占比	29.20	13.30	11.70	9.50	5.90	5.50
全国同行业占比	29.80	11.70	15.00	5.90	5.60	4.20

资料来源：国家统计局。

其中，科学研究和技术服务业一直保持快速发展。2018年，京津冀新增科技服务业企业注册资本11114.4亿元，相比之下，服务业平均水平为2326.0亿元，是行业平均水平的4倍左右。而且，占京津冀新设企业注册资本的比重也不断提升，达到了23.9%，相比2014的12.5%，增长幅度超过了11个百分点。

四　京津冀区域内产业协同程度不断提升

（一）产业融合态势基本确立

产业融合发展是京津冀协同战略的推进重点。几年下来，在协同发展战略指引下，三地产业分工愈加清晰，区域之间产业合作日益紧密，三地法人单位纷纷打破京津冀行政樊篱，跨区开设分支机构，三地企业资源、创新资源在京津冀范围内进一步得到了优化。

2017年，北京的法人单位在津冀设立分支机构新增4378家，同比增长超过10%，相比2007年的446家，增幅接近10倍，呈爆发式增长。尤其是在2014年之后，在京津冀协同发展战略指引下，三地跨区开设分支机构增速进一步提升，大幅高于之前年份的增幅，如图6－2所示。①

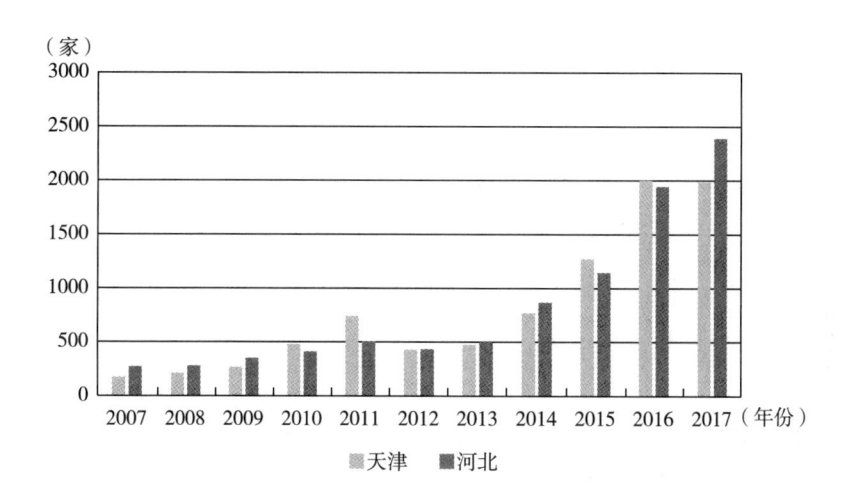

图6－2　2007—2017年北京企业在津冀设立子公司的数量

相比津冀，北京企业在津冀地区设置分支机构，跨区开展产业活动的单位数量处于绝对领先地位。以2017年为例，北京企业在津冀地区设置分支机构1.2万家，占京津冀跨区产业活动单位数量的比例接近80%，远大于天津的0.3万家、河北的0.1万家。不难看出，北京对津冀地区具有极强的溢出效应。

（二）创新资源共享与合作逐步深化

基础研究是创新发展的源泉和基础，为更好地提升京津冀基础研究发展水平，三地有意识加强了基础研究合作。2014年，三地科技主管部门打破行政区划限制，创造性地提出了京津冀基础研究合作专项项目，初步构建了京津冀三地基础研究合作交流平台，率先在基础研究领域实现协同发展。同年，京津冀三地科技主管部门还共同签署了《京津冀协同创新发展战略研究和基础研究合作框架协议（2014—

---

① 祝合良、叶堂林：《京津冀发展报告（2019）》，社会科学文献出版社2019年版，第110页。

2017）》，以加快建立和完善三地基础研究信息交流、工作对接、科技资源与成果开放共享的长效机制。2018年，协议到期后，三地再次签署新的基础研究合作协议，开启了新一轮、更高层次的创新合作。新的合作协议加大了对基础研究的资助力度，深化了三地基础研究合作协同机制，进一步强化了创新合作交流平台对整合和盘活区域科技资源的支撑作用。

近年来，京津冀围绕协同创新共同体建设，一方面，发挥北京创新资源密集、科研基础设施完善优势，进一步加大北京科技资源的区域开放力度，促进区域科研仪器、设备、科技成果等资源共享。2018年三地共同签署《京津冀科技创新券合作协议》，形成首批互认开放实验室目录，共遴选出首批753家提供开放共享服务的科技服务机构作为接收异地创新券的合作"实验室"，联手打造"胜券在握、资源互通、互利共赢"的创新券合作机制。合作协议将进一步引导三地企业围绕自身需求，跨区域利用科技资源开展创新活动，从而进一步促进区域层面的产学研深度融合。创新券重点支持企业利用异地科技资源开展测试检测、合作研发、委托开发、研发设计、技术解决方案等科技创新活动，以服务合同和收支凭证作为资金兑现依据。创新券制度在有效提升三地科技资源共享程度的同时，也促进了中小微企业的创新能力和科研机构服务能力的提升。另一方面，积极促进区域共建创新要素与资源共享平台构建，全面推广首都科技条件平台区域合作站和北京技术市场服务平台合作模式，促进北京科技资源向津冀辐射转化。资源要素共享平台的建立，有助于发挥北京科技资源密集的优势，进而带动区域战略性新型产业集群发展，实现京津冀产业转型升级、协同发展目标。

专栏6-1 京津冀科学资源创新服务平台

为进一步实现京津冀科技资源信息共享，推动协同创新，2018年7月2日，北京市科学技术情报研究所、天津市科学技术信息研究所、河北省科学技术情报研究院等机构牵头成立了京津冀科技资源创新服务平台。平台以理顺京津冀产业发展链条，形成区域间产业合理分布和上下游联动机制为大目标，着力解决京津冀优势科技服务资源整合问题，推动三地高端科技资源共享、共用、共建，提升京津冀三地科技创新整体水平，促进协同发展战略向纵深推进。

平台实现了京津两直辖市和河北省11个地级市全覆盖，汇集涵盖了科技机构、科技人才、科技成果、科技项目等9大类70多个子类的500多万条数据，面向三地政府、企业、科研人员提供信息和咨询服务，旨在打通京津冀科技资源经络，促进三地科技资源的开放共享。

京津冀科技资源数字地图是平台的核心板块，由"一库三系统"组成，一库是京津冀科技资源数据库，三系统包括数字地图查询系统、数据可视化分析系统和辅助决策支持系统，通过对科技机构地址的地理编码，得到机构资源的空间分布。并以机构为纽带，将相关的人员、项目、成果、仪器设备等信息呈现在地图上，可供用户进行科技资源信息查询、统计分析、可视化分析等。其中，数据可视化分析系统可根据一定的主题和划定区域，通过图层管理对不同类别数据进行统计分析和空间关联分析，满足多样化的科研需求。

京津冀科技资源创新服务平台的推出，为加快推进三地科技资源汇聚、科技协同创新、科技成果供需对接、科技服务示范应用等工作奠定了坚实基础，为推进京津冀协同创新共同体和全国科技创新中心建设提供了有力支撑。[1]

（三）协同创新成效日益显著

三地企业联合创新成果增长强劲。从京津冀合作专利数量看，2007—2017年三地累计20717件。其中，2017年三地联合专利授权

---

[1] 《京津冀一体化，高端科技资源开放共享》，中国日报网，https：//baijiahao. baidu. com/s？id＝1616893268764230878。

量5691件，2007年仅为107件，增加了几十倍[①]，呈爆炸式增长态势。其中，2017年，京津联合专利授权量为3224件，京冀联合专利授权量为2238件，北京的龙头带动作用显著，协同创新发展网络格局初步形成。从发展趋势看，2014年京津冀协同发展战略提出是一个分水岭，后一阶段相比前期，联合创新呈现出明显加速状态。具体如图6-3所示。

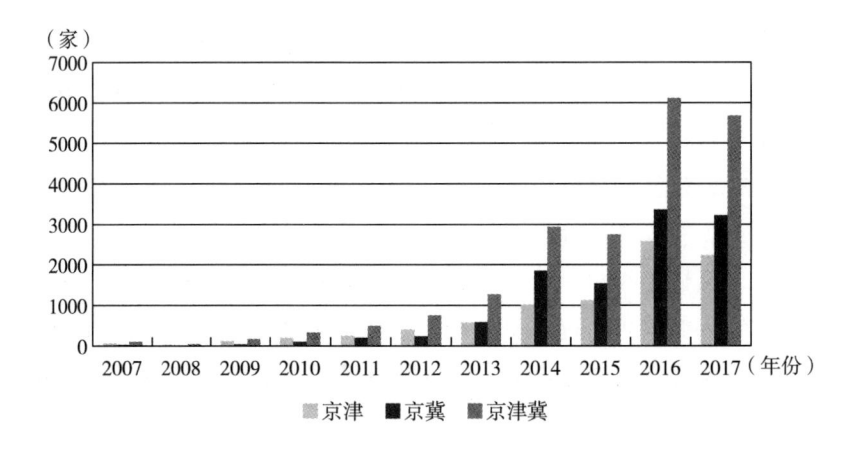

图6-3 2007—2017年京津冀三地企业联合专利授权量

资料来源：龙信企业大数据。

北京创新要素加速向津冀地区流动。通过举办创新资源对接、加大首都科技创新平台的区域服务纵深、高新技术企业在津冀开设分支机构等措施，北京向津冀的科技辐射能力大幅得到提升。2013—2017年，北京输出津冀技术合同成交额共计552.8亿元，年均增速达到30%以上。其中，2017年达到203.5亿元，同比增长31.5%[②]，科技成果转移转化"灯下黑"状况明显改善。如图6-4所示。

[①] 祝合良、叶堂林：《京津冀发展报告（2019）》，社会科学文献出版社2019年版，第110页。

[②] 《北京输出津冀技术合同成交额达552.8亿元》，新华网，http://www.xinhuanet.com/2018-12/12/c_1123840985.htm。

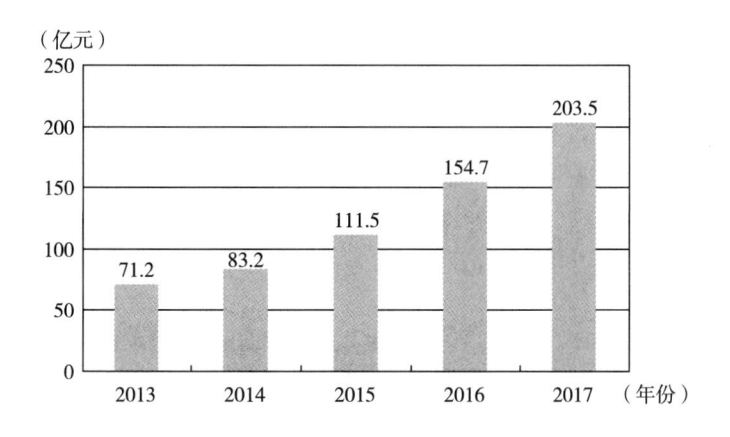

图 6-4 2013—2017 年北京流向津冀技术合同成交情况

资料来源：《北京技术市场统计年报》。

中关村科技园区，创新资源密集，作为国家重要科技创新源头和引擎，创新资源向津冀扩散呈现出良好态势，是北京科技资源向津冀进行辐射的重要源泉。截至 2020 年年底，北京输出到天津、河北的技术合同成交额累计超过 1200 亿元，年均增速高达 30% 以上。中关村园区企业围绕"4+N"重点区域，累计在津冀地区设立了 8816 家分支机构[1]，其中包括 3969 家分公司和 4847 家子公司。中关村科技园区的孵化效应，有力地促进了京津冀科技园区创新链的构建，推动了区域创新链和产业链的进一步融合，加快了区域产业协同发展、创新发展步伐。

（四）北京的产业引领能力在逐步加强

2014 年以来，京津冀围绕协同创新共同体建设，积极促进区域共建创新要素与资源共享平台，建立京津冀地区互相衔接的创新券合作机制，在科技服务资源、科技运营机构等多方面开展创新合作，积极促进北京科技资源向河北辐射转化。五年来，北京向津冀输出技术合同成交额年均增长超过 30%，进一步夯实了北京在京津冀发展过程中

---

[1] 叶堂林等：《京津冀发展报告（2021）：产业链与创新链融合发展》，社会科学文献出版社 2021 年版，第 257 页。

的产业引领能力。

从细分产业领域看,一是围绕创新水平要求高、行业技术更迭快的新兴领域,三地通过组建产业技术创新联盟的方式实现联合开发,以降低成本抢占先机。比如,为抢占大数据发展制高点,中关村示范区与滨海新区牵头成立了"中关村—滨海大数据创新战略联盟",联合区域内多家大数据领域的知名企业,全面推进大数据在互联网、金融、交通、医疗等领域的示范应用,促进京津冀大数据走廊建设;再如,中关村华清石墨烯产业技术创新联盟、东旭光电、天津大学、河北工业大学等联合成立"京津冀石墨烯产业化发展联盟",联合攻关石墨烯工业应用技术,扩大石墨烯工业应用,推动全产业链发展。二是围绕传统行业领域转型升级,成立产业联盟、研究院等推动创新合作。比如,为整合京津冀钢铁生产企业、节能减排科技企业、高校院所和金融机构等全链条资源,加快科技成果在京津冀转化,2015年三地科技部门推动成立了京津冀钢铁行业节能减排产业技术创新联盟。2016年成立了京津冀钢铁联盟(迁安)协同创新研究院,开展钢铁行业科技研发、技术转化及产业化、高新技术企业孵化、科技服务等工作,促进新技术成果落地转化。此外,京津冀三地围绕农业科技、生物医药等领域,也积极加强产业技术领域的对接合作。例如,在农林科学研究方面,三地成立了农业科技创新联盟,在创新平台资源共享、科研联合攻关、项目联合申报等方面展开全方位深层次合作。

第二节　产业融合发展存在的不足及原因分析

受经济发展水平和产业发展阶段制约,三地创新资源、创新水平存在较大落差,致使北京的很多创新成果在津冀无法落地,在一定程度上制约了北京的科技创新溢出。北京的创新资源要素在服务津冀、推动京津冀产业融合发展方面,还有较大的发展空间。

第六章 京津冀制造业与科技服务业融合发展现状分析

一 产业融合发展存在的主要问题

(一) 京津冀地区内部创新资源配置失衡

高校、科研院所作为重要创新资源要素载体，大多集中在京津两地，其中北京尤为密集。相比之下，河北的洼地效应明显，科研人员的数量分布可以清晰地反映这一创新资源配置格局。2017年，北京科研机构研发人员数量高达11.94万人，占京津冀研发人员总数比例为83.5%。相比之下，津冀两地合计仅2.36万研发人员，其中河北1.04万人，不及北京1/10。另外，京津冀绝大部分的研发经费投入都集中在北京。从科研经费投入看，北京的研发支出也远远高于津冀两地，2017年支出总额为1579.65亿元，津冀两地仅459.2亿元、452.6亿元。从研发投入强度看，北京市科研经费支出占GDP的比重一直保持在5%以上，津冀两地则长期在2%上下徘徊。

创新资源配置差距导致创新产出也比较悬殊。2017年，北京市国内申请专利数达到185928件，天津为86996件，河北为61288件，差距都在2倍以上；在科技论文发表方面，北京市高校、科研机构也遥遥领先，累计发表论文185601篇，是津冀两地论文发表合计的5倍之多。此外，在高新技术产品销售收入方面，北京市的优势也相对显著，2017年为1756.85亿元，占京津冀三地高新技术产品销售收入的半壁江山。

京津冀科技服务业发展不平衡。科技服务业是制造业创新发展的助推剂，北京高新技术产品收入占比之所以较高，与北京创新资源密集、科技服务业相对发达不无关系。相比之下，河北省科技服务业发展最为滞后，从增加值角度看，2016年仅为404.2亿元，仅为北京的1/4左右。

表6-2 　　　　　　2017年京津冀三地创新产出比较

地区	国内专利申请数（件）	科研机构科技论文发表数（篇）	高校科技论文发表数（篇）	高技术产业新产品销售收入（亿元）
北京市	185928	57924	127627	1756.85
天津市	86996	2857	28644	1210.04

续表

地区	国内专利申请数（件）	科研机构科技论文发表数（篇）	高校科技论文发表数（篇）	高技术产业新产品销售收入（亿元）
河北省	61288	2763	37524	483.33
京津冀	334212	63594	193795	3450.22
北京占比（%）	55.63	91.16	65.86	50.92

资料来源：《中国科技统计年鉴（2018）》。

（二）企业与高校、研究机构的互动水平较低

从高校专利所有权转让及许可收入看，相比江浙沪、广东等地区，北京具有较为明显的优势，凸显了北京作为全国科技创新中心的优势地位。然而，从产学研互动角度看，京津冀的高校院所与企业的互动水平较低，科学研究与实体经济脱节问题比较突出。以高校研发经费支出为例，京津冀地区企业资金占比为29.22%，比江浙沪地区低了3个百分点左右。而研究机构研发经费支出中，企业资金占比3.24%，还不及全国的平均水平，距离广东省的6.80%差距更是显著。以上数据表明，京津冀地区的产学研合作远不够充分，产学研一体化水平还有较大提升空间。

表6-3　2017年京津冀、江浙沪与广东各主体创新产出比较

地区	高校专利所有权转让及许可收入（万元）	研究机构专利所有权转让及许可收入（万元）	高校R&D经费内部支出中企业资金占比（%）	研究机构R&D经费内部支出中企业资金占比（%）
京津冀	50828	43746	29.22	3.24
江浙沪	40309	20637	32.63	2.79
广东	2615	1774	20.2	6.80
全国	196382	88725	28.47	3.77

资料来源：《中国科技统计年鉴（2018）》。

（三）北京科技服务业的区域辐射能力亟待提升

北京创新资源富集，作为全国科技创新中心，辐射全国、带动京

津冀是应有之义。然而，从现实看，北京对津冀的科技辐射带动作用还亟待加强，大数据、人工智能、航空航天等高新技术产业发展方面，三地产业发展落差较大，融合程度较低。此外，受制于产业配套严重不足，很多科技创新成果难以就地转化，三地融合发展还有很多难题需要破解。

2019 年，北京市流向津冀的技术合同成交额占流向外省市技术合同成交额的比重仅为 9.86%[1]，90% 以上流向津冀以外地区，尤其是流向长江经济带省区市的比重较高，近年来占比一直保持在 50% 左右。技术市场"四技"（技术开发、技术转让、技术咨询、技术服务）合同登记数据显示，近年来北京技术输出到京津冀地区合同成交额呈现较快增长势头，但京津冀特别是津冀地区对北京技术的吸纳能力与长三角和珠三角地区相比不占优势。具体分析如下。

1. 北京技术输出外溢分析

输出到长三角地区情况。2014—2018 年，北京流向长三角地区技术合同成交额总计达到 1874.6 亿元，年均增长率达到 30.5%，每年占北京全市输出技术成交额的比重在 10% 左右。2018 年，北京输出到长三角地区技术合同成交额 577.5 亿元，比上年增长 51.9%。从技术领域来看，主要集中在核应用、电子信息、现代交通和新能源与高效节能领域，占北京输出到长三角地区技术成交额的 79.8%。从合同类型来看，主要以技术开发和技术服务为主，成交额共计 561.0 亿元，占 97.2%。从买方主体来看，企业是购买北京技术的最大群体，长三角地区购买北京技术前十位的买方合计成交额 322.9 亿元，占比 55.9%，其中企业为 9 家。

输出到珠三角地区情况。2014—2018 年，北京输出到珠三角地区技术合同成交额总计达到 1092.5 亿元，年均增长率达到 35.6%，每年占北京全市输出技术成交额的比重在 5% 左右。2018 年，北京输出到珠三角地区技术合同成交额 338.0 亿元，比上年增长 11.9%。从技

---

[1] 叶堂林等：《京津冀发展报告（2021）：产业链与创新链融合发展》，社会科学文献出版社 2021 年版，第 263 页。

术领域来看，主要集中在电子信息、现代交通、城市建设与社会发展和新能源与高效节能领域，占北京输出到珠三角地区技术成交额的93.3%。从合同类型来看，主要以技术开发和技术服务形式为主，成交额共计330.6亿元，占97.8%。从买方主体来看，企业是购买北京技术的最大群体，珠三角地区购买北京技术前十位的买方合计成交额228.2亿元，占比67.5%，全部为企业。

输出到京津冀地区情况。2014年2月，京津冀协同发展上升为重大国家战略，2015年4月，国家出台《京津冀协同发展规划纲要》，进一步推动京津冀协同发展，打造新的全国经济增长极。自2014年起，北京输出到京津冀地区技术合同成交额总体呈现增长态势，五年来累计成交额达到5667.3亿元，年均增长率达16.0%，每年占北京全市输出技术成交额的比重在30%左右，北京技术为京津冀协同创新发展提供较强动力。

其中，北京技术输出到津冀地区成交额总体呈现较快增长态势，五年来累计成交项数20534项，成交额780.3亿元，成交额年均增长率达28.6%。2018年，北京输出到津冀地区技术成交额227.4亿元，比上年增长11.8%。从技术领域来看，主要集中在城市建设与社会发展、新能源与高效节能、电子信息和现代交通领域，占北京输出到津冀地区技术成交额的79.8%，与天津、河北的主导产业并不相符，因此对当地的产业发展和技术进步带动作用有限。从合同类型来看，主要以技术开发和技术服务为主，成交额共计218.8亿元，占96.2%。从买方主体来看，企业是购买北京技术的最大群体，津冀地区购买北京技术前十位的买方合计成交额100.5亿元，占北京流向津冀地区成交额的44.2%，全部为企业。

2. 北京技术在津冀、长三角和珠三角地区交易情况比较分析

从成交金额来看，北京技术流向津冀的成交额低于流向长三角及珠三角区域的成交额，在北京技术合同成交额中占比较低；从增长速度来看，近五年来，北京技术输出到津冀地区年均增长率略低于输出到长三角地区，低于珠三角地区7个百分点，如图6-5所示。

从吸纳领域来看，津冀地区吸纳北京技术主要集中在城市建设与

社会发展、交通、环保等应用领域，与天津、河北的主导产业并不相符，因此对当地的产业发展和技术进步带动作用有限。相比之下，长三角和珠三角主要集中在核应用、电子信息等产业领域，在承接北京的科技创新成果转化更具优势。

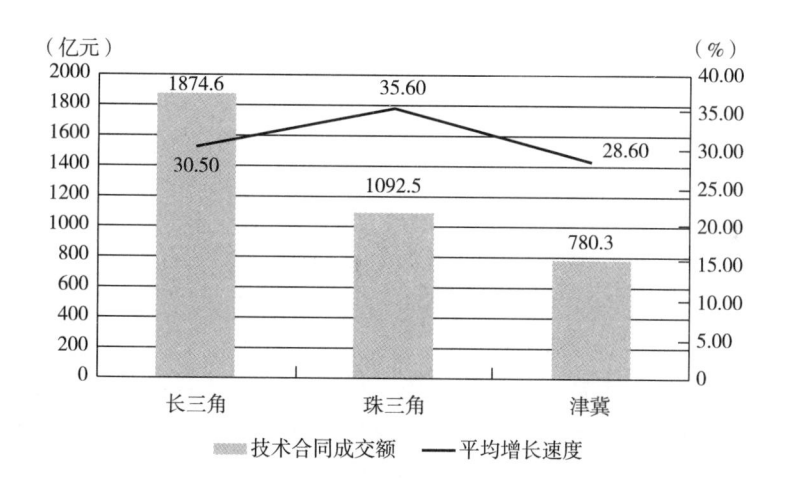

图 6-5　2014—2018 年北京技术输出不同地区的成交金额和平均增速

资料来源：根据《北京技术市场统计年报》整理。

从吸纳主体来看，三地吸纳北京技术的主体均为企业，但津冀地区排名前 10 的企业成交额占比低于长三角和珠三角，反映津冀地区行业龙头企业技术吸纳能力不如长三角和珠三角地区。

从北京流向外省市的技术合同成交数据看，北京作为我国科技创新中心，正悄然在全国范围内发挥着创新引领作用，支撑着长三角、珠三角乃至成渝经济圈等更多地区的经济发展。然而，从京津冀层面看，受制于发展阶段、创新资源配置差异，北京的创新辐射、科技服务能力还远未发挥出应有的作用，未来的创新协同、产业融合依然具有广阔的发展空间。

二　产业融合发展的主要制约因素

总的来看，原因是多方面的，涉及经济总量、产业发展阶段、创新能力、政策环境等因素。

从经济总量来看，2018年，长三角、珠三角地区GDP总量分别达到19.5万亿元和9万亿元，均远超过津冀地区（5.2万亿元）。

从产业发展阶段看，长三角、珠三角地区信息、通信、智能制造等产业较为发达，产业配套较为完善，对新技术需求较为旺盛。津冀地区还处在产业转型升级阶段，钢铁、冶金、石化等传统产业占比较大，对新技术承接能力相对较弱。

从创新能力看，长三角、珠三角地区R&D投入分别达到5296.5亿元和2343.6亿元，超过津冀地区（910.7亿元），专利授权量分别达到57.2万件和33.3万件（2017年数据），超过津冀地区（7.7万件）。截至目前，长三角地区国家高新技术企业达到50363家，珠三角地区国家高新技术企业达到49457家，均超过津冀地区（10882家）。

从市场化程度看，长三角、珠三角地区市场化程度高，民营经济发达，资本吸附能力强，企业创新意识和能力较为突出，新技术在长三角、珠三角地区的流通、扩散速度和转化效率与京津冀地区相比更高。

从政策环境看，长三角、珠三角地区营商环境改革成效突出，市场配置资源的决定性作用和政府作用发挥较为充分，在机制创新、政策配套、平台搭建、人才引进、项目引入等方面力度较大，对新技术吸引力与津冀地区相比更强。制约因素具体如下。

（一）三地间整体经济落差较大，产业链衔接难度偏高

区域内部发展水平差异是京津冀产业融合发展的最大障碍。从发达国家创新发展历程看，人均GDP1.7万美元是要素驱动向创新驱动转变的"分水岭"。2018年北京市人均GDP达2.13万美元，位居全国31个省（区、市）第一位，显然已脱离要素驱动增长阶段，提早进入了创新型社会。相比之下，2018年，河北省人均GDP4.73万元人民币，仅为全国平均水平的73.4%，距离创新驱动门槛还有较大差距。自2014年京津冀协同发展战略实施以来，三地产业协同指数有显著上升，然而经济发展差距并没有显著缩小。国家统计局数据显示，2018年，北京市地区生产总值占京津冀的比重为35.6%，较

2014年提高了近4个百分点;天津市下降了1.6个百分点,河北下降最多,为2个百分点。

从产业结构和发展水平上看,三地经济发展落差更是显著。根据表6-4 2017年京津冀区域及全国三次产业比重比较,北京第三产业比重为80.6%,同期天津为58%,河北为43.7%,北京把津、冀两地远远甩在了后面。再从第一产业看,北京的第一产业占三次产业比重为0.4%,已达到欧美发达国家水平,明显进入了后工业化时期;河北第二产业高达46.8%,仍为第一大主导产业,第三产业占比仅为43.7%,比全国平均水平低了近7个百分点。天津发展阶段、三次产业结构比例处于北京、河北之间,第二产业占比仍超过了40%,位于全国平均水平。

表6-4　　　　2017年京津冀区域及全国三次产业比重比较　　　　单位:%

	北京	天津	河北	全国
第一产业	0.4	1.2	9.5	7.9
第二产业	19	40.8	46.8	40.5
第三产业	80.6	58	43.7	51.6

资料来源:国家统计局。

从三次产业结构占比数据看,三地显然处在不同的发展阶段。具体来讲,北京率先步入了后工业化阶段,服务业占比高达80%以上;制造业占比虽然较低,然而却以高端制造为主,产业附加值较高。相比北京,天津仍处于向后工业化阶段转变过程中,服务业虽然为第一大产业,然而绝对占比仍未超过50%,制造业仍是国民经济发展重要支柱,从产业类型看,主要以黑色金属冶炼和压延加工业、专用设备制造业等行业为主。从发展阶段看,河北发展最为滞后,仍处于工业化中期,中低端传统制造业占有较大比重,如装备制造业、非金属矿物制品业、钢铁等。通过比较不难看出,三地产业结构、类型、发展阶段具有显著的差异,相似度较低,上下游关联度不高,产业梯度处于空白状态,致使存量产业难以形成上下游的有机融合,形成基于产业链的分工与协作。

（二）产业链与创新链发展不协同，严重影响创新成果落地

从京津冀创新资源、产业分布看，北京创新、津冀转化是三地实现有机融合、协同发展的重要途径。然而，从现实看，产业链、创新链巨大落差，致使津冀在创新承接、产业转化、成果落地方面存在重大障碍，制约了三地协同发展。

从创新链看，三地未能围绕产业链进行同步部署，存在较大落差，难以形成有效协同。以创新投入为例，2017年北京的R&D人员数量是津冀的2倍；R&D经费内部支出额是津冀的3.44倍；高校和研发机构数量分别是天津的1.61倍、6.41倍，是河北的0.76倍、4.89倍。从投融资环境看，2007—2017年，北京吸纳风险投资（VC）、私募股权投资（PE）额约占全国的1/8，而津冀分别仅占4%和2.7%。从创新产出看，2017年北京国内专利授权量为106948件，占京津冀的比重为58.1%；科技论文数量57974篇，占京津冀的比重为91.2%；出版科技著作2274种，占京津冀比重为92.2%，北京的科技创新产出水平遥遥领先。[①] 协同创新鸿沟，致使三地的创新能力和水平不在一个维度上，难以进行有机衔接，形成基于产业链的创新研发，对三地协同发展、创新发展形成了关键制约。

从产业链看，三地处于不同发展阶段，产业落差较大，彼此发展难以实现有效互动，无法实现有机融合。目前，北京已经进入后工业化阶段，服务业占比突破80%，工业中的主导产业为汽车制造业，以及计算机、通信和其他电子设备制造业等高端制造业；而天津市工业的主导产业为黑色金属冶炼和压延加工业、专用设备制造业、化学原料和化学制品制造业等行业，河北省工业的主导产业为黑色金属冶炼和压延加工业、非金属矿物制品业、黑色金属矿采选业等行业。三地产业结构相似度较低，产业梯度落差过大，产业链存在断链、缺链现象，导致较难形成基于产业链的创新流动和技术合作。以汽车制造业

---

① 叶堂林、祝尔娟：《京津冀科技协同创新的基本态势》，http://www.rmlt.com.cn/2019/0511/546606.shtml。

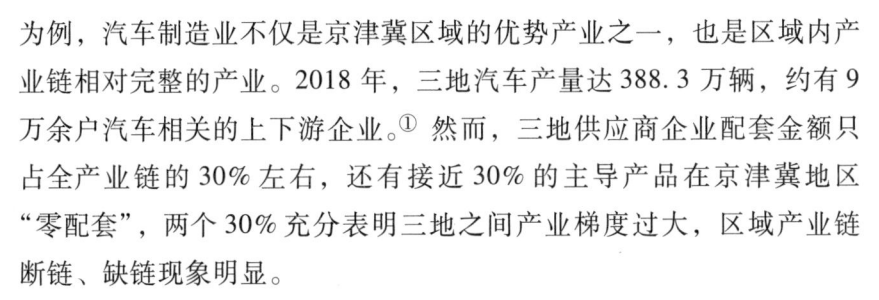

为例，汽车制造业不仅是京津冀区域的优势产业之一，也是区域内产业链相对完整的产业。2018年，三地汽车产量达388.3万辆，约有9万余户汽车相关的上下游企业。① 然而，三地供应商企业配套金额只占全产业链的30%左右，还有接近30%的主导产品在京津冀地区"零配套"，两个30%充分表明三地之间产业梯度过大，区域产业链断链、缺链现象明显。

此外，从创新成果与产业结构匹配看，也可以看出京津冀在产业链、创新链融合发展方面还存在较大提升空间。专利是重要的科技创新成果，近年来北京的专利申请更多集中在计算机、通信、仪器仪表等高技术制造业。然而，天津制造业更多以黑色金属冶炼、压延加工为主，偏向于重化工业；而河北的制造业产业结构也偏向于钢铁、石化、汽车制造等重化工业。显然，显著的结构差异，致使北京的科技创新和津冀的产业难以发生有效互动，北京的创新成果难以在津冀落地，大幅削弱了北京科技创新的辐射带动作用。北京的创新输出与河北、天津的主导产业并不相符，更多创新成果只能流向长江经济带、大湾区等便于产业化对接的地区。

（三）三地产业政策衔接不畅，产业对接面临诸多障碍

围绕产业融合发展，国家及京津冀三地相继出台了一系列协同发展政策，特别是随着京津冀全面创新改革试验区建设，三地产业对接合作政策取得很多突破，但跨区域产业转移与科技成果转化仍面临诸多"瓶颈"。

首先，三省市创新政策梯度差异显著。从三地科技创新政策关键词的关联分析看，三地的政策关注点存在较大差异，很多不在一个维度上，致使三地产业政策无法有效对接，形成协同发展合力。北京的产业政策，更关注自主创新、高端制造、现代服务业等方面；天津的关注点仍停留在众创空间、高新技术、科技园区、先进制造等方面；河北则主要以"三农"、新兴工业化、产业集群、产业转型升级等为

---

① 《共同书写京津冀协同发展的"历史答卷"》，北京政协网，http://www.bjzx.gov.cn/mtbd/201910/t20191022_24934.html。

主。可见，受三地自身发展阶段、发展规划的制约，三地在产业政策层面对创新协作的关注严重不足，相似政策关键词出现频率较低。[①] 例如，当前北京的产业政策重点侧重于支持企业创新、完善创新创业生态体系。比如，中关村持续完善"1+4"政策，对企业、人才、科技服务机构、园区载体运营机构进行多层次支持，涉及创新环境营造、新兴产业发展等十个领域；海淀区为科技企业提供了全生命周期、全产业链条的融资服务，已形成40余支总规模达580亿元的"海淀创新基金系"。相比之下，北京周边有些地区的产业政策仍集中在土地优惠、税收减免、人才补贴等方面，与北京产业政策形成较大落差。

其次，三地创新政策衔接断层，阻碍创新资源的跨区域流动。以创新券制度为例。一方面，中小微企业受自身发展实力制约，在科技研发活动中无力购置相关仪器设备，也很难获得其他外力支撑。另一方面，许多财政资助的科研单位，比如重点实验室、工程技术服务中心等，科研设施大都比较齐备，人才、设备等"软、硬"件资源丰富，普遍存在利用率不高的问题。为了促进中小微企业能借助公共创新资源设施开展科技创新活动，加强两者对接，北京率先提出了创新券制度，通过向具有创新需求的中小微企业发放创新券，企业可凭券向科研单位购买服务，科研单位在服务完成后，可持券到政府相关部门兑现。该制度显然有利于提高科技资源共享，持续推进全社会层面的科技创新。目前，该政策已在京津冀三地得以全面推广，科技资源购买已不再局限于各自辖区，已扩大到整个区域。然而，三地创新券政策在适用范围、适用条件方面存在显著差异，致使创新资源跨区流动仍受到较大障碍：北京针对科技创新券实施，资助力度较大，首次申请金额在5万元以内，全额给予资助；相比之下，天津、河北均设置了较严格的筛选条件，而且对入围企业资助比例仅为50%。资助力度差异，降低了区域创新资源的共享力度、利用效率，抑制了创新资

---

① 毛维娜：《基于文本数据关联分析的京津冀科技创新政策的研究》，《情报工程》2019年第8期。

源的跨区流动成效。

最后,三地间企业资质认证的对接机制不畅,企业面临重复认证问题。资质认证能对市场主体进行有效筛选,确保获得认证的市场主体有能力按标准要求完成相应的工程任务。一般来说,认证机构都是国家认可的,认证流程都符合国家相关标准、规范,因此,认证资质应该具有加强的通用性。然而,受地方保护主义思想影响,三地企业资质还不能进行全面互认,企业发生跨区搬迁后,若想在当地开展业务,首当其冲面临资质无效问题,而重新申请,审批周期较长,而且具有很强的不确定性,对疏解企业的正常经营构成了严重影响。显然,在三地协同发展过程中,如果不能打破地方保护壁垒,有效解决政策衔接互认问题,那么只会带来短期的京津冀地区产业转移,距离真正意义上的协同创新与融合发展还要有很长的路要走。

(四)创新要素缺少统筹,资源要素共享水平亟待提升

实现创新资源的科学配置、优化统筹,是全球各区域创新中心发展的典型特征。市场引导、政府主导均是重要实现手段,其目的在于发挥各市场主体合力,为创新要素自由流动、资源共享创造条件,以提高经济发展效率。然而,目前三地在协同发展过程中,各自为政情况依然比较突出,创新协同很难实质性推进。

目前,在北京非首都功能疏解以及科技创新成果在周边区域转化过程中,由于缺乏大区域统筹考虑和全面布局,除一部分批发市场集中转移到白沟等地、北京医药产业转移到沧州集群布局外,其他大部分领域多以单个产业项目的形式零散地向周边区域疏解和转移,且部分转移项目并不具备引导同类产业集聚的能力,因此对转移区域也没有产生集群效应,在京津冀区域尚未形成有影响力的跨区域产业链。在北京的科技成果转化落地方面,依旧延续以往态势,面向全国开展跨区域创新合作,转移到长三角、珠三角等其他地区,并没有很好的辐射津冀,发挥创新支撑、产业引领作用。

在科技资源共享方面,京津冀创新资源富集,北京拥有超过2/3的两院院士、1/3的国家重点实验室和1/4的国家重点大学,但受行政体制机制壁垒约束,京津冀三地在科技孵化、产品中试、设备共

享、人力资源、技术咨询等方面,"各家自扫门前雪"问题还比较突出。以科技仪器资源共享为例,尽管当前京津冀三地加大了科技资源共享力度,但共享的对象还主要局限于本区域之内,省(市)际之间科技资源共享的深度与广度尚未达到预期目标。2015年,京津冀三省市大型科学仪器设备中,参与共享的仪器设备有16341台(套),占仪器总量的82.9%,但参与外部共享,即对本单位以外开放共享的仪器仅为8479台(套),占比43%,其中北京市参与外部共享的大型科学仪器设备比例最高,为45.6%。[①] 京津冀单位大型科学仪器设备共享情况如图6-6所示。

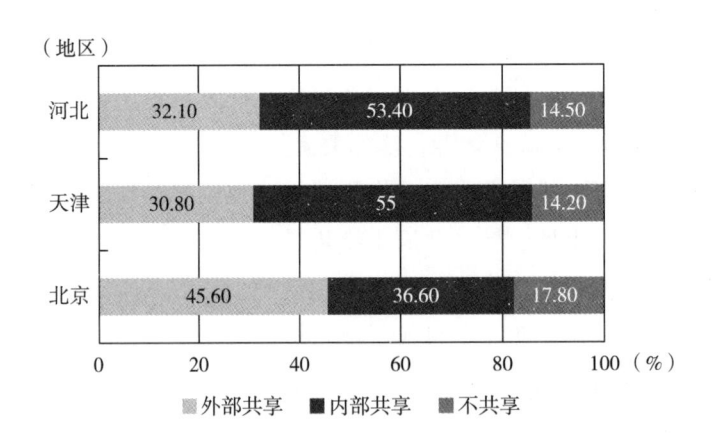

（地区）

地区	外部共享	内部共享	不共享
河北	32.10	53.40	14.50
天津	30.80	55	14.20
北京	45.60	36.60	17.80

图6-6 京津冀单位大型科学仪器共享情况

科研资源共享,可以减少仪器设备的重复购买,有利于实现财政资源的优化配置。毫无疑问,资源共享具有显著的社会收益,然而受体制机制制约,个人收益几乎为零,再加上行政壁垒制约、求人不如求己,反正财政经费购买试验仪器是合法合理的,因此,科技创新项目重复申报、科技服务设施重复建设,也就不难理解了。促进创新要素跨省市流动,提高科技创新要素利用效率,整合区域科技创新资

---

① 解静:《京津冀科技资源共享现状、问题及对策》,《化学分析计量》2019年第8期。

源，显然还需要做进一步的探索。

（五）产业协同推进机制有待进一步健全与完善

在京津冀产业对接合作过程中，国家及三地各级政府部门通过出台产业转移规划与意见、搭建政产对接沟通机制、推动共建产业园区与对接合作平台建设，基本形成了京津冀产业融合发展的机制框架。但总体上看，尚未形成常态化的产业深入融合机制，京津冀三地政府层面的区域协调机制还有待推进和完善。

首先，产业协同对接缺乏具体推进机制。2016 年工信部会同京津冀三地共同制定了《京津冀产业转移指南》，2017 年三地共同研究制定了《关于加强京津冀产业转移承接重点平台建设的意见》，2019 年三地签署产业链引资战略合作框架协议，虽然从宏观层面进行了统筹谋划，然而尚未围绕协同发展制定统一的考核评价体系，三地各级政府的考核评价办法仍围绕本地的利益展开，区域协同发展的整体利益，尚未成为京津冀三地社会经济发展的共同目标，京津冀协同发展利益共同体亟待建立。例如，在产业转移承接方面缺少全局性、战略性的合作，京津冀三地的发改委、工信（经信）、科技等部门以及中关村管委会等园区，在产业对接合作中围绕共建园区、重大项目转移、专业平台建设等方面都有各自的部署，覆盖面虽广，但扶持资金和项目资源分散，不利于特色化产业集群和跨区域产业链的形成，产业合作效应未能得到有效发挥。

其次，三地产业创新园区缺乏清晰的产业发展定位，承接平台布局分散。为落实 2015 年《京津冀协同发展规划纲要》，三地出台了多个承接平台打造文件，涉及平台数量、分布一直处于动态调整过程中，2015 年 4 月最早提出了"4 + N"功能承接平台，随后 11 月，又划定了 20 个产业转移承接示范园区；2017 年"4 + N"功能承接平台扩至"2 + 4 + 46"，天津市提出重点打造"1 + 16"承接平台，河北省又提出了 37 个特色个性化专业平台。几年下来，承接平台数量上百，碎片化、同质化明显，彼此之间缺少有机联系。除了少数园区具有明显特色产业，如北京中关村、天津滨海新区等，具有一定发展优势外，大部分园区还处于"跑马圈地"状态，招商引资缺乏规划，产业发展方向、特色不明。在河北省，很多园区产业多以资源消耗型和小规模制造企业为主，技术含量低、生产方式落后；市级的生产力促进中心、众创空间等孵化器发展水平较低，仍停留在"瓦片"经济阶段，依靠收取房租维持基本生存，所能提供的创业创新增值服务十分有限。总体而言，大部分产业园区规模较小、分布松散、杂乱，低端化、同质化发展，产业园区之间缺乏关联，集群效应不显著，致使三地难以形成良好的协同发展态势。

最后，产业转移承接服务不到位，致使一部分轻资产项目出现回流现象。在北京市经信局调研中了解到，迁至白沟经营的大红门商户中，约有420家陆续退铺回流北京，占签约商户总数的近四成，多数散入北京其他市场继续经营；承接朝阳区西直河石材市场转移的香河石材城也出现了类似的回流现象。尽管津冀在吸引产业转移项目落地方面有一定的吸引力，部分地区未能充分考虑自身比较优势，盲目追求"高端"项目，对承接的一般制造业发展扶持比较消极，服务流于形式，致使北京不少疏解企业出现了回流。尤其是对于河北来讲，它希望北京转移一些高技术企业，然而由于自身产业配套基础薄弱、支撑能力较弱，根本无法进行有效承接，客观上也造成了北京制造业外迁疏解过程中，一部分企业最终离开了京津冀，而选择了其他地区。据北京市市场监管局报告显示，2018年北京外迁的780家企业，仅有1/4落户津冀。[①] 显然，今后津、冀两地在加强承接企业"引得来""留得住""发展好"，形成新的特色产业集群等方面还要做很多系统性工作。

（六）市场机制作用较弱，产业平台的承接效应仍不显著

京津冀协同发展是国家战略，然而产业转移、集聚，最终还是要遵循市场规律，发挥市场在资源配置中的决定性作用，否则会造成产业"转的出"，但"留不住""养不活"的尴尬局面。能否顺利转移承接，积极的承接意愿、完善的上下游产业价值链构建至关重要。然

[①] 叶堂林等：《京津冀发展报告（2021）：产业链与创新链融合发展》，社会科学文献出版社2021年版，第255页。

而，京津冀三地产业仍存在产业自成体系、技术转移困难、创新主体异地合作不足等问题，究其原因，行政区划和体制机制等因素依然是主要制约。例如，在税收共享，促进产业跨区域转移方面，近年来京津冀三地进行了积极探索，并出台了《京津冀协同发展产业转移对接企业税收收入分享办法》，但门槛条件是要求企业必须是整体搬迁，且"三税"达到或超过 2000 万元，现实中大多数企业是将生产制造环节搬迁或者扩张产能，政策标准难以满足，在很大程度上，导致政策空转。

其次，相比长三角、珠三角等地区，京津冀创新活动的空间关联性、市场化发育程度较低，虽然已建成了一些技术交易平台、科技资源共享平台等，但受行政和市场体制分割，区域内技术交易市场未能充分发展，而且市场更多处于割裂状态，人才、资金等创新要素的自由流动、跨区技术交易、产权保护、产业有序转移承接等工作推进缓慢，更多停留在政策层面。例如，在人才自由流动、政策衔接方面，三地很早就签署了《专业技术人员职称资格互认协议》，就互认人力资源从业资格证书方面达成了共识，以扫清人员流动过程中在职称晋升、岗位聘用、服务保障等方面的制度性障碍。然而，由于政策缺乏强制性手段和明确实施细则，很多用人单位依然延续以往做法，资格互认仍存在较大障碍，二次认证情况在部分用人单位仍屡见不鲜，致使人力资本要素协同缺乏实质性进展，对区域人才流动、优势互补、协同创新构成深度制约。

最后，三地产业承接平台的公共服务能力和水平较低，制约了承载力的提升。由于产业承接平台规划建设需要一定的周期，短时间内位于天津、河北的很多园区、基地等平台载体的基础设施、公共服务等配套功能还不够完善，集中表现在交通不便，缺乏生活配套设施，教育、医疗等公共服务品质不高等方面，很大程度上制约了京津冀产业转移对接与融合发展。以医保为例，虽然三地已经开展跨区域直接结算，津冀参保人员在北京住院医疗费用也可以执行北京的医疗保险药录和诊疗项目目录，实现了支付范围的统一，但医保基金起付标准、支付比例、最高支付限额等仍执行津冀医疗保险政策，与北京存在较大差距，难以享受北京更高的医疗保障水平。配套政策衔接跟不上，在承接地无法享受和转出地同样的优质服务，大幅降低了生活质量，导致北京很多有意愿转移到周边布局的企业面临着"一搬迁，人才就流失"的严峻挑战，企业员工尤其是管理人员、研发人员随迁的意愿很低，进一步影响了三地的产业融合进程。

第三节 本章小结

自京津冀协同发展战略实施以来，国家相关部委及三地政府积极探索推动京津冀产业融合发展的顶层设计机制，深化产业对接合作。经过多年发展，如今京津冀区域分工格局日趋明朗，区域内产业结构逐渐得到优化、产业融合程度不断得到提升。

京津冀制造业与科技服务业融合发展现状。一是非首都功能性产业疏解成效显著。一般制造业企业增幅呈现明显下降趋势，如纺织服装服饰业、金属制品业、食品制造业、家居制造业、通用设备制造业、非金属矿物制品业等不符合首都功能的低端产业逐步被淘汰或迁移。二是京津冀区域产业分工格局日趋合理。北京产业高端化趋势明显，2018年年末，北京第三产业占比达到93.9%，比京津冀区域平均水平高11.8个百分点。天津服务业快速提升，第三产业增幅较大，2018年第三产业法人单位增幅比北京和河北高3.3个和6.4个百分点。河北先进制造业迅猛发展，高技术制造业快速发力，化学原料和化学制品制造业、电气机械和器材制造业、医药制造业法人单位数量分别占京津冀区域的65.0%、64.1%和58.8%。三是区域产业结构不断优化，转型升级趋势明显。2018年北京、河北规模以上高技术制造业工业总产值占规模以上工业总产值的比重，相比2014年分别提高了4.8、6.5个百分点。新增科技服务业企业注册资本占京津冀新设企业注册资本比重不断提升，比2014年提高了11.4个百分点。四是京津冀区域内产业协同程度不断提升。在协同发展战略指引下，三地产业分工愈加清晰，区域之间产业合作日益紧密，三地法人单位纷

第六章 京津冀制造业与科技服务业融合发展现状分析

纷打破京津冀行政樊篱，跨区开设分支机构，三地企业资源、创新资源在京津冀范围内进一步得到了优化。

京津冀产业融合发展存在的主要不足。受经济发展水平和产业发展阶段制约，三地创新资源、创新水平存在较大落差，致使北京的很多创新成果在津冀无法落地，在一定程度上制约了北京的科技创新溢出。北京的创新资源要素在服务津冀、推动京津冀产业融合发展方面，还有较大的发展空间。一是京津冀地区内部创新资源配置失衡。高校、科研院所作为重要创新资源要素载体，大多集中在京津两地，其中北京尤为密集。相比之下，河北的洼地效应明显，科技服务业发展最为滞后，从增加值角度看，2016年仅为北京的1/4左右。在科技创新产出、高新技术产品销售收入方面，三地悬殊也较大，2017年北京高技术产品销售收入1756.85亿元，占京津冀三地高新技术产品销售收入的50%左右。二是企业与高校、研究机构的互动水平较低。以高校研发经费支出为例，京津冀地区企业资金占比为29.22%，比江浙沪地区低了3个百分点左右。而研究机构研发经费支出中，企业资金占比3.24%，还不及全国的平均水平，距离广东省的6.8%差距更是显著。三是北京科技服务业的区域辐射能力亟待提升。2018年，北京市流向津冀的技术合同成交额占流向外省市技术合同成交额的比重仅为7.5%，而同期流向长江经济带省区市的比重则达到50.6%。技术市场"四技"（技术开发、技术转让、技术咨询、技术服务）合同登记数据显示，近年来北京技术输出到京津冀地区合同成交额呈现较快增长势头，但京津冀特别是津冀地区对北京技术的吸纳能力与长三角和珠三角地区相比不占优势。显然，北京对津冀的科技辐射带动作用还亟待加强。

京津冀产业融合发展的主要制约因素。一是三地间整体经济落差较大，产业链衔接难度偏高。三地产业结构、类型、发展阶段具有显著的差异，相似度较低，存量产业难以形成上下游的融合，构成了京津冀产业融合发展的主要障碍。二是产业链与创新链发展不协同，严重影响创新成果落地。从创新链看，三地尚未形成基于产业链的高效的创新研发体系。从产业链看，三地处于不同的发展阶段，三地之间产业梯度过大，区域产业链断链、缺链现象明显。三是三地产业政策衔接不畅，产业对接面临诸多障碍。三地科技创新政策关注点存在较大差异，很多不在一个维度上，致使三地产业政策无法有效对接，形成协同发展合力。北京更关注自主创新、高端制造、现代服务业等方面；天津仍停留在众创空间、高新技术、科技园区、先进制造等方面；河北主要以"三农"、新兴工业化、产业集群、产业转型升级等为主。受三地自身发展阶段、发展规划的制约，三地在产业政策层面对创新协作的关注严重不足。四是创新要素缺少统筹，资源要素共享水平亟待提升。以科技仪器资源共享为例，2015年，京津冀三省市大型科学仪器设备中，参与共享的仪器设备有16341台（套），占仪器总量的82.9%，但参与外部共享，即对本单位以外开放共享的仪器仅为8479台（套），占比仅为43%。五是产业协同推进机制有待进一步健全与完善。尚未围绕协同发展制定统一的考核评价体系，三地各级政府的考核评价办法仍围绕本地的利益展开，区域协同发展的整体利益尚未成为京津冀不同地区社会经济发展的共同目标。六是市场机制作用较弱，产业平台的承接效应仍不显著。京津冀创新活动的空间关联性、市场化发育程度较低，虽然已建成了一些技术交易平台、科技资源共享平台等，但由于受区域内要素流动、技术交易、产权保护、产业转移等技术交易长效机制缺失制约，促进产业融合发展的效果至今仍不显著。

第七章

发达国家或地区科技服务业发展模式比较与借鉴

20世纪中后期，随着全球化浪潮的持续推进，世界经济快速发展，技术创新层出不穷，新技术、新材料催生了一系列产业革命，信息技术服务业、科技服务业发挥了重要作用。美国、德国、日本等发达国家，各自根据自身产业发展特点和产业结构演进规律，有效地处理好了政府引导与市场主导之间的关系，有力地促进了科技服务业与制造业的融合发展。经过多年实践，形成了各具特色的科技服务体系，构架了与本国产业发展模式相一致的科技服务业发展模式。

第一节 美国科技服务业的发展模式与特征

2012年，美国专业科学和技术服务业增加值11922.9亿美元，占GDP比重达到7.6%，相比2000年增长了80%，年均增长率高达5%，在第三产业中仅次于房地产（12.3%）、金融保险业（7.9%），也远高于信息服务业4.4%的占比[①]，是美国经济发展的重要支柱产业。

美国的科技服务机构由来已久，自第二次世界大战以后就陆续建

---

① 李佳佳：《发达国家科技服务业发展态势》，《学习时报》2015年5月15日第7版。

立了一些非营利机构，集聚了大量创新服务资源，旨在促进区域创新创业、推进科技成果转移转化。政府主导、非营利性质是其主要特征，缺点是服务能力专业化、市场化程度不足，无法满足瞬息万变的技术变革需要。20世纪90年代，这一情况开始发生改变，1993年美国诞生了第一家市场导向的企业孵化器，其价值为业界普遍认可。2000年后，尽管纳斯达克泡沫破灭，然而资本市场的狂热催生了新的服务模式和盈利模式，科技服务机构运营主体日益多元化，服务业态更加全面、协同，一大批新的具有时代特征的科技服务机构应运而生，如专利运营公司、加速器、孵化器、创业媒体等，为科技成果转化提供管理咨询、价值评估、市场交易、商业网络构建等高附加值服务。这一时期，市场力量完全主导了美国科技服务业发展，市场成为科技创新资源优化配置的决定性因素。正如2002年美国"商业科技管理部门的总统预算"指出，政府的价值在于创新环境的营造，从法治、政策、资金等方面，为国内的科技创新提供保障。总体而言，美国科技服务业发展模式及主要特点具体如下：

一是注重科技创新政策的顶层设计。1990年，老布什（乔治·赫伯特·沃克·布什）政府公布的《美国的技术政策》，是政府制定的第一项全面技术政策，首次把加强工业研究和开发纳入国家技术政策；1994年，克林顿政府发布的《科学与国家利益》、1996年发布的《技术与国家利益》，强烈体现了科技创新服务于国家目标的宗旨，成为政府对新时期美国科技政策的总体设计；2006年1月，乔治·沃克·布什总统在其国情咨文中公布的"美国竞争力计划"，以通过科技促进美国经济政策发展和提升国家竞争力为目标，大幅度提高了支持物质科学研究的关键联邦机构的预算，是美国国家层面对其总体科技政策和发展战略的一次重大宏观设计。此外，美国政府还成立了专门机构，加强了对科技创新工作的统筹管理，例如在白宫层面设立总统科技咨询委员会和白宫科技政策办公室，在联邦政府层面设立国家科学技术委员会、联邦实验室研究和技术应用办公室、联邦实验室技术转让联合体等，为美国科技创新提供政策咨询、宏观指导和发展建议，对众多科研机构的科技创新活动进行统筹协调。

第七章　发达国家或地区科技服务业发展模式比较与借鉴

二是保持较高强度的财政投入。高额研发经费投入，是美国科学技术以及高新技术产业多年在世界处于领先地位的基础保障。"二战"时美国政府组织的"曼哈顿工程"是美国科学进步的"熔炉"，当时的美国政府投入了巨额资金，汇集了全世界最优秀的科学家，共同参与此工程。战后，美国政府在科技研发中继续保持高额投入，研发支出总量一直居于全球领先地位。根据世界银行统计，2016年美国研发支出5203亿美元，是我国研发投入总量的2倍多，其中美国大量科研经费投入了包括地球开发与利用、环境保护、空间开发与利用等基础研究和应用研究领域。此外，美国政府还高度重视教育和人才培养工作，先后出台了《国际教育法》《美国2000年教育战略》《为21世纪而教育美国人》《移民法》等多项法规，以促进美国科技人才培养、国际创新型人才引进工作。在教育经费投入方面，美国教育经费占比长期保持在GDP的7%左右，是世界上教育经费支出最高的国家，高额教育经费投入，大幅提高了美国的中等教育、职业教育、高等教育普及率和发展水平，为美国科技人才培养发挥了重要作用。

三是完善的制度和立法体系。在科技创新方面，美国高度重视知识产权保护，早在1789年，美国就出台了《美利坚合众国宪法》，是世界上第一个对科技创新进行立法保护的国家。此后，又在此基础上出台了《专利法》《联邦商标法》，进一步完善知识产权保护制度；1980年颁布了《史蒂文森—怀特技术创新法》，以立法形式鼓励政府实验室的研究成果向民间转移；1996年又对联邦政府资助的科研成果向社会转移的细节进行了明确，在进一步强调技术转让是国家实验室的一项法定任务基础上，还要求联邦实验室要拿出预算的0.5%，用于科技成果转移转化支出，以更好地为科技成果转移转化提供资金保障。同时，还进一步强化了技术转移转化的激励机制。例如，授权所有联邦实验室与工业界进行长期合作，政府出资搭建有利于各联邦实验室联系的通讯网，国家实验室科研成果的技术转让费归各实验室所有，无须上交国库等。至此，美国的技术转让工作得到了前所未有的发展，美国航空航天工业应用中心、联邦实验室联盟情报交换站、管理技术研究院等技术转移转化机构相继建立。自此，20世纪80年代之前的科技成果转化不利的情况大为改观。尤其是《拜杜法案》颁布后，美国高校院所等研究机构纷纷设立独立的技术转移转化机构，专门负责科研成果的市场化、商业化事宜，如今很多技术转移机构已成为有全球影响力的组织，典型如斯坦福大学技术许可办公室，每年380多项技术成果披露，为学校创收超过15亿美元。[①] 2012年，美国发布《国家制造创新网络战略计划》，更加注重产学研协同创新，计划用10年时间打造45个制造业创新中心，确保美国在全球高科技领域的优势地位和卓越竞争力。

四是高校深度参与科技成果转化。重视科技成果转化，学以致用，培养"有用的人"，是美国很多高校的办学理念。在实践中，很多高等院校注重高端应用性强的技术开发，并依托本校的技术转移服务机构，有意识加强科研人员和企业的对接，来推动科技成果转化，把科技创新变成有形产品，实现其经济价值，造福社会。在促进校企合作、畅通成果转化通道方面，美国高校有一系列配套制度予以保障。例如，教师可以在每周工作日的任意一天去企业从事咨询工作或参与其他活动，学生既可以全日制上课也可以半日制上课，也允许休学一段时间以后再回校复课学习等，这些制度全方位助推了美国高校参与科技服务业的发展进程。校企合作是美国高校参与科技服务业发展的常用模式，借助校企合作平台，教师、学生、企业研发人员相互交流学习。一方面，企业带来的经验知识有助于高校师生提高自身学术水平；另一方面，企业研发人员通过在平台的学习，也能拓展学术视野，提高自身的研究能力。此外，美国高校还有大量的集教学、科研和生产"三位一体"的科技园区，典型如斯坦福国际研究院，它依靠斯坦福大学雄厚的知识、技术资源，吸引了各种类型的企业、机构入园，成功孵化出一大批在全世界具有广泛影响力的企业，带动了园区周围地区高技术工业的发展。

五是重视中小型企业创新发展。美国高度重视创新型中小企业的

---

① 《北京市促进科技成果转化条例释义》编委会：《北京市促进科技成果转化条例释义》，中国法制出版社2021年版，第80页。

第七章　发达国家或地区科技服务业发展模式比较与借鉴

发展，并量身定制了诸多创新政策，在资金支持、技术援助、管理咨询、市场开拓等方面给予倾斜。例如，为更好地推进科研成果转化为技术创新和商业应用，1982年美国通过了《小企业创新研究法》，法令规定，凡是科研经费超过1亿美元的政府部门，必须无条件地要从科研经费中扣除1.25%，用于资助小企业，为它们的技术创新提供必要的支持。1992年，又进一步加大了资助力度，资助比例由原来的1.25%上调至2.5%[①]；2000年以后，美国联邦政府又新出台了《小企业再授权法》，进一步延长了上述资助期限。在科技成果商业化、市场化等创新链后端，美国联邦政府也加大了对中小企业的扶持力度，在政府采购、促进中小企业出口方面，都采取了一系列措施促进中小企业的市场开拓，如政府采购"分拆购买"制度，将政府采购合同化整为零，提高中小企业中标率；为中小企业出口提供短期出口信贷，设立出口服务中心，帮助其扩大出口、开拓国际市场等。此外，美国政府还专门设立了小企业管理局（SBA）、小企业发展中心（SBDC）、退休工商领袖服务团（SCORE）和商务信息中心（BIC）等一系列服务于中小企业创新发展的服务机构，提供各种资金支持以及信息、咨询和技术服务。其中，小企业发展中心在联邦政府以及各州的支持下，得到了快速发展，遍及美国50多个州，近1000个分中心，已形成了庞大的全国性服务网络，广泛为中小企业提供设立、管理、营销、贸易等全方位服务，有力地促进了美国中小企业的繁荣与发展，成为推动美国科技成果转移转化和经济持续增长的重要力量。

专栏7-1　大学技术经理人协会

北美大学技术经理人协会（Association of University Technology Managers，AUTM）是推动高校科研院所知识产权管理与技术转移的国际化组织，致力于促进大学和企业之间的技术转移。该协会由

[①] 顾乃华：《科技服务业发展模式研究》，暨南大学出版社2019年版，第47页。

1974 年成立的大学专利管理者协会（the Society of University Patent Administrators，SUPA）演化而来。

在 20 世纪 70 年代，美国法律规定，凡是政府资助的科学研究，政府对研究成果具有完全的产权，包括处置权、收益权等。对于科研人员来讲，创新属履职行为，额外收益权在法律中没有任何体现，因此科研人员的成果转移转化的积极性不高，降低了全社会的成果转化效益。为改变这一状况，1980 年，美国通过了促进科研成果转化划时代的法律——《拜杜法案》，该法案明确规定：一般情况下，联邦政府资助的科技创新成果，研究机构自动拥有完全的知识产权，并且该法律还明确了科研机构具有成果转化、商业化的责任和义务。知识产权权益归属的变更，极大地刺激了美国大学从事技术转移的热情，打破了美国的科技成果转移转化不利僵局。法案出台后，各大学纷纷成立了专门的技术转移转化机构，1989 年，SUPA 认识到"专利管理"职能远远不能满足科技成果转化工作的需要，运营规模、职能进一步得到拓展，并正式更名为大学技术经理人协会（AUTM）。

AUTM 的具体职责包括：一是通过知识传授、技巧培训提升会员的专业服务能力，培训内容涉及技术转移操作技巧、公司创始阶段业务开发、许可方面的先进经验等；二是出版发行物，通过 AUTM 的通讯杂志、技术转移手册，让会员了解商业开发、许可、专利和研究开发方面的最新信息，以及重大的立法及法律问题；三是搭建技术转移网络信息平台[1]，向技术转移利益相关方提供最新的技术、政策、法律等信息；四是通过举办年会等，与合作伙伴保持密切联系，并对美国大学政府资助的项目，从发明披露、专利授权、技术许可等方面进行年度调查，确认是否充分履行了技术转移的义务。

---

[1] 胡冬云：《美国 AUTM 对我国高校科技成果转化的启示》，《科技进步与对策》2007 年第 1 期。

第七章 发达国家或地区科技服务业发展模式比较与借鉴

目前，AUTM 拥有来自全球 800 多所大学、研究机构、医院、公司和政府组织的 3000 多位成员，他们大多是在技术转移领域取得突出贡献的专家学者、世界一流大学的技术经理人以及知识产权领域的专业人员等。成员与商业伙伴密切合作，将研究成果转移转化，每年能创造出数以千计的产品、服务和初创企业，并带来数百万美元的经济效益。AUTM 已经成长为培养职业技术经理人、统筹全球技术转移工作的主要机构之一，作为北美大学技术转移服务方面富有影响力的重要组织，在技术资源和技术需求间搭建了很好的桥梁，为促进国民经济发展、国家竞争力提升发挥了重要作用。

专栏 7-2 技术转移办公室

在美国，技术转移办公室的发展模式和运行机制并非一成不变，也经历了一个不断实践、不断探索、不断改进的过程。早在 20 世纪 70 年代之前，美国高校并没有专门成立技术转移办公室，而是采取第三方代理模式，全权委托给中介公司，负责处理本校的技术许可事务。然而，技术转移转让是一项专业性极强的工作，对中介机构的科技素养、资金保障具有较高的要求。事实上，社会上大多数中介机构难以胜任这一工作，20 世纪 70 年代以后，美国一些高校逐渐摒弃了这一委托代理模式，开始构建自己专门的技术转移办公室。在美国高校当中，斯坦福大学的技术转移办公室起步最早，1970 年就已建成，是美国历史上第一个技术许可办公室（Office of Technology Licensing，OTL）。

事实证明，抛弃委托代理的做法是正确的，自建技术转移办公室，有利于降低交易成本，而且专业化要求也容易得到满足。1980年，美国通过法律形式要求高校构建自己的技术转移办公室。目前，该类机构几乎遍布美国高校，全权负责科研成果转移转化工作。

技术转移办公室的功能定位。技术转移办公室主要有八项职能，分别为：①专利、版权许可；②知识产权保护、管理；③为发明披露过程提供便利；④资助研究和为发明人提供帮助；⑤公共服务（推广、信息、技术）；⑥与产业部门的关系；⑦经济发展（地区、州）；⑧创业和创办新公司。[①]

技术转移办公室的人员构成。技术转移办公室设置的职位主要有六类，分别为：①办公室主任、副主任；②技术许可官、副技术许可官、技术许可员、技术许可助理、技术许可联络人；③专利代理人、专利管理员；④会计、财务管理员；⑤行政管理人员、行政助理；⑥合规经理、信息系统管理人员等其他人员。技术转移办公室工作人员作为沟通政府、企业、学校之间的桥梁，是提高成果转化率的核心力量。因此对工作人员尤其是技术许可人员在专业背景、从业经验及职业技能方面均有较高要求，不仅需要具备与技术相关的自然科学知识，也需要具备经济、管理、法律等方面的知识。如斯坦福大学的技术许可人员超过人员总数的一半，每一位技术许可助理均要求在生命科学或自然科学领域有专长，且多数人员从事过研发或市场开发工作，通晓法律事务、合同管理、财务审计等知识。麻省理工学院的技术许可办公室以8名技术许可官为核心，分管特定领域的项目，均具有工业界工作经验和专业背景，并且熟悉技术转移及商业化的全过程。

技术转移办公室的运行程序。技术转移办公室的运行程序由于功能定位不同略有差异，主要包括发明披露、技术评估及专利申请、签订专利许可协议、创办新公司等。

技术转移办公室的收益分配。主要分配给发明人、发明人所在院系、学校以及技术转移办公室四个主体。例如，斯坦福大学推行了"三三制"，即对转化收入作必要的费用扣除后（机构运转费用，一般在15%左右），余下的大部分收益被分为三部分，1/3归

---

① 陈旖旎等：《美国大学技术转移办公室的发展及启示》，《中国高校科技》2013年第8期。

> 发明者，1/3 归发明者所在的系，1/3 归发明者所在的学院。在美国，高校的技术转移办公室很少能得到联邦财政支持，其经费来源更多是本校的技术转移转化收益。
>
> 　　总之，科研成果只有完成从科学研究、实验开发到推广应用，才能真正实现其创新价值。建设技术转移办公室为科技成果转移转化提供专业服务，不仅能使研究人员把精力集中于科研，也提高了成果转化效率，降低了投资风险，是美国科技长时间保持繁荣发展的重要制度支撑。

第二节　日本科技服务业的发展模式与特征

　　日本在第二次世界大战后，经济快速复苏，进而重新跻身世界经济、科技强国行列，与其建立市场导向的产业技术开发体系和技术服务支撑体系，积极发展科技服务业密不可分。政府主导，是日本科技服务业的重要特征。政府通过重大战略牵引，强调"产、官、学、研"紧密联合，积极引导和扶植科技服务业发展，打造多层次的科技服务体系，为日本的产业振兴提供全方位支撑。日本的科技服务业发展模式和主要特点如下：

　　一是制度和政策保障。"二战"后，日本的产业政策可以分为两类，一类是"引进、消化、吸收、再创新"，通过引进国外的先进技术，并通过一定关税保护，为本国制造企业创造必要市场，以促进经济发展；另一类是鼓励自主创新，大力发展科技服务业，在政策、资金等方面通过立法予以保障，如《科学技术基本计划》《中小企业现代化促进法》，充分发挥科技创新对制造业高质量发展的支撑作用。立法涉及企业重组、知识产权保护、企业融资等多个方面，可以说为创新型企业发展提供了全方位支持。新兴产业投资大、回报周期长、不确定性高，属于高风险行业，为此《中小企业现代化促进法》鼓励社会资本进入该领域，对企业进行优化重组。对于创新型中小企业发展初期，大多存在资金短缺、融资困难等问题，一定程度上对企业发展形成掣肘，日本政府专门制定政策，对科技型中小企业的科技服务中介费用可以进行减免，减少其支付压力，对于资金短缺，还可以通过风险融资担保途径予以解决。为充分发挥高等院校在推进知识创新和技术创新方面的引领作用，1998年日本专门制定了《大学技术转移促进法》，要求高等院校成立专门的技术转移转化机构，畅通高等院校的科技成果向中小企业转化通道，一方面可以促进中小企业生产效率和市场竞争力提升，另一方面可以开拓新的产业，促进国民经济健康发展。此外，日本政府还高度重视知识产权保护，大力推行"知识产权立国战略"，并颁布了《知识产权战略大纲》《知识产权基本法》等多部法律，从知识产权创造、使用、人才培养等多个角度对国内知识产权产业进行扶持，希望通过知识产权保护，知识产权服务业的繁荣发展，助力日本产业国际竞争力提升。

二是建立多层次的科技服务体系。从体制机制看，日本的科技服务机构可划分为政府主导、市场主导两类，分别具有不同的政策目标。政府主导的科技服务机构主要包括日本科学技术振兴事业团和中小企业综合事业团，它们分别接受自己上级部门领导，承担具有一定公益性质的科技创新服务工作。日本的科技服务体系由多个层次构成，各自具有不同的职能。一是政府认定的事业法人机构。它依法承担政府委托的事业，为中小企业提供全方位的事业支援，行使部分政府职能，典型代表如科学技术振兴事业团（JST）、中小企业事业团（JASMEC）等。二是民间的科技中介机构。主要针对行业内或相关领域提供多层次的科技服务，如（株式会社）NTT经营研究所、富士通研究所、大阪的木村经营研究所等。三是外资系统和银行系统的大型咨询机构。主要为政府各部门、大中型事业集团和跨国集团提供决策、技术、工程和管理等咨询服务。四是科学城和技术城。由日本中央政府、地方政府支持建立的科技园区，区内大多建有孵化器、技术中心和信息中心。五是技术交易市场，由通产省建立，主要利用计算机网络提供技术买卖资料,进行科技中介服务。①

三是重视人才培养。人才是科技服务业发展的灵魂,与欧美发达国家一样,日本科技服务业发展过程中,非常重视人才培养,尤其是科技成果转化人才的培养,在2003年日本的《科技白皮书》中,科技成果转化人才与企业经营管理人才、专业技术人才并列,都位居日本人才培养计划前列。为了促进年轻科研人员成长,充分发挥青年科研人员的创新才能,日本高校对中高级科研人员推行年薪制,大幅提高面向青年科研人员的终身制岗位。此外,为提高人才培养的针对性,日本政府还加大了教学改革力度,对教学内容、方法、方式不断优化,加强校企互动,以培养适应经济发展需要、能够从事科技创新工作的人才。学生毕业后,还必须接受企业特定的培训,以真正满足企业创新发展的需要。在对高校院所的研发资助方面,日本政府一直保持较大的支持力度。2012年日本各级政府预算中,投入高等教育的研发基金达到7956.68亿美元,占政府研发预算的比例近30%。在满足科技服务业发展人才需要方面,日本政府采取了多种灵活的政策,例如,通过"中途录用"、"产学官合作"、"临时租借"、聘请国外年轻的科学家等措施②,满足企业快速发展时期的人才需求。为了扩大创新人才队伍,日本政府除了加强本土人才培养外,还加大了对海外优秀科技创新人才的吸引力度,例如修改移民法与出入境条例,为高层次创新人才引进破除法律障碍;大幅提高海外人才在日工作期间收入水平、福利待遇,优先解决子女教育、医疗保障等方面存在的困难,为海外高层次创新人才在日本开展科学研究提供便利,创造良好工作环境。

四是重视对创新型企业的财政金融支持。在创新投入方面,日本政府通过经济资助包括国家直接投入、财政补贴、税收优惠和贷款优惠等方面给予创新企业各方面的支持,为后者进行技术创新创造良好环境和条件。第二次世界大战之后,日本还成立了包括"两行、十

---

① 曹丽燕:《发达国家建设科技服务体系的经验》,《科技管理研究》2007年第4期。
② 顾乃华:《科技服务业发展模式研究》,暨南大学出版社2019年版,第44页。

库、一局"等在内的政策性金融机构,为企业技术创新提供低成本的融资服务。近年来,日本科技投入占GDP比重一直保持上升态势,2016年占比高达3.28%,位居世界前列。在扶持科技服务业发展方面,日本政府的手段灵活,政策多样,成效显著。例如,为提高小微型科技服务企业的国际竞争力,政府对企业海外调研费、国际差旅费以及专利申请费进行补贴;在企业研发投入方面,制定了特别折旧政策,规定技术创新企业在购买设备后,每年都可以按一定比例获得资产税减免,同时对从事科技创新项目的企业,可按照加提55%的特别折旧率计提折旧;在为中小创新型企业融资方面,组建了国民金融公库、中小企业投资扶持株式会社、中小企业金融公库以及中小企业信用保险公库等多个融资服务机构,不仅可以向中小型企业提供低息贷款,还可以为企业提供融资担保,对特定类型的科技型初创企业,甚至可以提供无须抵押和担保的贷款,贷款期限以中长期为主,一般情况下在5年左右,较好地满足了企业的需求。

五是政府提供行政指导。行政指导是日本特有的政府干预经济的手段,在科技服务业发展初期,日本政府通过发布优先发展的产业目录,选择政府想要发展的行业,并对其发展过程进行监督,以更好扶持产业成长。日本有大量的政府委托服务机构,其中最为著名的是日本科学振兴机构,它以科技创新为目标,为从基础研究到应用研究的全面研发和技术转移提供服务,以促进高校科研成果产品化、产业化。日本政府还创办了"高科技市场",筛选科技市场所在辖区高校中技术相对成熟、转化成功率高的技术产品,进一步为它们的商品化、市场化提供资助。此外,日本政府充分运用政府与市场手段,为不同发展阶段的日本科技服务业发展创造有利条件。在科技服务业发展初期,为了保护国内企业和市场,不鼓励外商在日本直接投资,甚至对境外直接投资还有所限制,以为本国企业的发展留出一定的时间和空间。2013年,日本科技服务业发展逐渐步入正轨,日本政府为了吸引投资和国外人才,相继出台了《国家战略投资法案》,大幅减少对外商投资的限制,构建国际研究网络,以更好地促进企业积极引进、消化、吸收国外资金和技术。

专栏 7-3　日本科学技术振兴机构 JST

日本的科技中介机构不下千余家，其构成主要有两类。一类是国立、公立机构，如日本中小企业事业团、日本科学技术振兴机构（Japan Science and Technology Agency, JST）、日本中小企业风险投资振兴基金会等；另一类则是民营、私营机构，如先进科学技术孵化中心、关西 TLO 公司等。其中，JST 在日本的科技成果转化体系中发挥着重要作用，是日本最重要的科技信息机构，也是亚洲最具活力的科技成果转移转化机构之一。该机构成立于 2003 年，由原日本科学技术振兴事业团改革重建，宗旨是通过科技情报交流和其他科学技术基础建设振兴科学技术。

JST 的主要职能。一是集中产、学、官各方力量，大力推进基础研究、高新技术研究和应用开发研究；二是建立牢固的科研基础设施和信息网；三是招聘国内外高水平的学者到国立研究机构工作；四是推进技术转移和开展研究支援活动。

JST 的主要具体工作。一是捕捉世界科技信息。JST 收集来自日本国内以及全世界各地的约 1.6 万种期刊、技术报告、会议资料、公共资料和征求意见报告等科学技术文献，并出版科学技术文献快报、资料收藏目录、科学技术翻译伙伴 for Windows 等。二是建立必要的数据库。JST 相继建立了旨在支持研究开发的"综合目录数据库""研究成果应用综合数据库""研究人才数据库""研究信息数据库"等。三是向社会各界提供专利、技术信息。包括建设研究成果应用综合数据库、举办新技术说明会、建立失败知识数据库、技术人员 Web 学习系统、研究成果应用广场等。四是技术转让援助。JST 技术转让窗口在大学、研究机构和企业之间架起桥梁，免费向大学、研究机构、企业等提供有关各省厅实施的技术转让信息咨询和企业推广服务。五是提供官产学合作信息。为了促进大学、研究机构、企业、技术转移机构等进行官产学合作，JST 建

> 立了官产学合作网站和官产学合作数据库，向社会免费提供官产学合作方面的信息。[①]

第三节　德国科技服务业的发展模式与特征

2016年，德国科技服务业产值达3164亿欧元，占德国GDP的10.1%，占欧盟科技服务业总产值的21.5%，科技服务业产值连续5年稳步上升，是欧盟科技服务业发展的龙头。实行社会市场经济是德国经济的显著特点，受这一经济特点影响，德国的科技服务业发展呈现半政府主导、半市场化的发展模式，即科技服务业在政府和市场的共同作用下发展。德国国家创新体系由政府、高等院校、科研机构及企业四大主体构成，形成了政产学研协同创新的发展格局，在德国的科技竞争、教育改革和经济发展中处于极其重要的地位。在分工上，该体系覆盖了基础研究、应用研究和产品开发，服务功能十分强大，而且能够有效促进各创新主体之间的良性互动，是德国科技创新的基石。总体上讲，德国科技创新体系具有以下特征。

一是重视创新市场环境构建。德国崇尚科学自治、研究自由，秉承企业是技术创新的主体，技术路线的选择应该由市场进行选择的发展理念认为，政府唯一能够做的就是为企业的创新发展提供良好的政策环境。为此，2012年德国联邦议院通过了《科学自由法》，给科技服务机构在财务和人事决策、投资、建设管理等方面更多的权利。关于财政资助，联邦政府通常不会对特定的产业技术进行直接补贴，而是通过对创新型企业的税负减免、对企业聘用研发人员的资助、对技术创新转让和技术咨询进行支持，来为企业发展创造良好环境。例如，在研发投入方面，联邦政府主要资助那些具有重大意义、市场失灵

[①] 程永明：《日本科技中介机构的运行机制及其启示——以JST为例》，《日本问题研究》2007年第1期。

的领域，社会上大部分应用研究开发经费主要由企业投入。《联邦研究与创新报告（2016）》数据显示，德国年度研发总投入839亿欧元，接近德国GDP的3%，其中企业投入高达570亿欧元，远超政府投入，占总研发投入的2/3。[1] 在科技创新园区开发运营方面，导入期政府进行政策扶持、投资引导，吸引更多社会资本投入到园区建设中来，伴随园区步入正轨，政府会逐步退出，实现园区运营的市场化管理。

二是高度重视科技中介服务机构发展。科技中介服务机构是科技成果转化的重要参与主体，在科技成果转化中发挥着重要作用，科技中介机构的质量在很大程度上决定了科技成果转化效率。基于此，德国政府高度重视科技服务中介机构发展，在全国建立了370家史太白基金会技术转让中心，形成了以德国柏林技术中介服务机构为中心，分布全国16个州政府首府的分中心模式，为各类中小型科技企业提供创新支撑服务。同时，德国政府还要求高校和科研机构也设立技术转让办公室，专门从事成果转移转化咨询、服务工作。此外，德国联邦政府还注重发挥行业协会对科技创新成果转化的积极促进作用。德国行业协会比较发达，门类众多，其中德国雇主协会、德国工业联合会、德国工商协会的规模较大，中介服务功能强大，可以为科技成果转化提供科技信息收集、研究开发、管理咨询、价值评估、成果鉴定、教育培训等一系列创新增值服务。在科技中介机构的发展方面，德国政府也给予了大力扶持，例如出台法律法规，鼓励各创新主体开展研发活动，并对后期的成果转化进行必要资助。明确了包括行业协会在内的非营利机构享受税收优惠的门槛条件；对于重大科技项目攻关，德国政府会从政策、资金等角度给予重点援助，对于涉及的一些中介服务费用进行减免，减轻企业的压力。对科研人才的引进，一直持鼓励支持态度，凡是企业聘用的符合政策条件的科研人员，政府都会给予相应的奖励。此外，德国政府还注重科技服务资源交流平台的构建，以加强科技服务中介之间的交流、信息沟通、资源共享，以便进一步提升德国科技服务机构的整体竞争能力和水平。

---

[1] 顾乃华：《科技服务业发展模式研究》，暨南大学出版社2019年版，第30页。

三是重视科技创新、成果转化的法治保障。科技创新本质上是知识创造、转换和应用的过程，也是价值产生、创造、分配的过程，合理调整创新链条各环节的利益关系，并提供强有力的法治保障，是畅通科技创新、成果转化通道的关键。德国一直高度重视科技成果转化工作，先后出台了多部法律法规，为高校院所的科技成果转化保驾护航。例如，为促进德国大学科技研究和国际竞争力提升，培养年轻科研后备力量，德国联邦政府2005年出台了《大学卓越计划》，按照一定标准，选出一定数量的科研精英，由政企联合出资培养，加强产学研的密切合作；为协调企业雇员与企业之间在发明权属方面的矛盾和纠纷，2009年出台了《雇员发明法》，明确了独立发明人享有自由支配其发明的权力，规范了企业和雇员在技术创新、知识产权保护方面的义务、责任关系。为加强德国东西部创新合作，促进东西部地区协同发展，德国联邦政府2012年出台了《2020年创新伙伴计划》，计划投资5亿欧元，对东西部联合开发共同体进行资助，打造具有国际影响力的新型技术创新机构。为更好推动新产品、新技术的开发，确保企业在国际竞争中保持领先优势，德国联邦政府2014年出台了《联邦政府高科技战略》，加大对校企合作的支持力度，促进应用型研究和试验发展型研究的开展，为企业创新发展提供持续动力。

四是出台政策，重点扶持创新型中小企业发展。中小企业是德国重要的经济支柱，在德国工业产值创造中发挥着不可忽视的作用，与德国政府对中小企业发展一直高度重视密不可分。中小企业在企业发展初期，资金、人才、研发等受自身实力制约，与中大型企业相比处于弱势地位。然而，德国政府认为，中小企业是德国发展的基石，没有中小企业的繁荣，就不会有德国制造的繁荣发展。很多中小企业中，不乏一些具有国际战略眼光及全球视野的企业家，如果能够得到必要的支持和资助的话，这些企业会很快脱颖而出，迅速成长为一批具有竞争力的企业。因此，联邦政府专门出台了《中小企业法》《中小企业组织原则》等多部法律，明确了中小企业是科技服务机构的主要服务对象，为中小企业创新发展、健康成长提供了坚实的法律支撑。例如，对创业阶段的中小企业实行税收减免政策；对新建企业所

第七章 发达国家或地区科技服务业发展模式比较与借鉴

消耗的不动产投资，免征 50% 所得税；对有的国家级大型科研项目甚至规定，项目申报中至少要有一个中小企业参加，否则不予批准；设立科技创新风险投资基金，引导科技成果向中小企业转化，支持中小企业发展；鼓励科技服务机构对中小企业提供创新咨询服务，帮助其解决自身发展中存在的一系列难题，提升创新能力和竞争力，降低企业发展风险。服务提供结束后，中介机构可凭借合同获得政府高达合同金额 50% 左右的补贴。据统计，德国每年约有 430 万个咨询合同成功申请补贴，联邦政府每年提供补助金额约在 250 万欧元左右。[①] 2008 年，德国联邦政府对中小企业资助政策进行了整合，推出了升级版的资助方案：中小企业资助核心创新计划（Zentrales Innovationsprogramm Mittelstand，ZIM），专门对有新产品、新技术、新工业开发需求的中小企业提供资金支持，以进一步提升中小企业的创新能力和竞争力。该项目启动于 2008 年，到 2010 年联邦政府的资助金额已达到 22 亿欧元。上述措施和规定，都为促进德国中小企业发展创造了良好的发展环境，同时也给德国科技服务业提供了广阔市场和发展空间。

专栏 7-4　德国史太白技术转移中心

德国史太白技术转移中心成立于 1983 年，其前身分别是史太白基金会、史太白经济促进基金会，主要职能是对青少年进行技术和商业能力培训，为大学的技术转移提供咨询服务，为中小企业提供研究与开发支持。1983 年，史太白技术转移中心成立后，业务中心进一步向技术咨询、研究开发、成果转化转移。目前，史太白技术转移中心是全球最大的技术转移机构之一，在多个国家设立代表处，拥有技术转移中心近 1000 家，雇员超过 5000 名，构建了集人才、技术、资金于一体的技术转移全链条服务体系。

史太白技术转移中心的宗旨是促进知识和技术的转移、科学技术与产业发展的有机融合。服务对象主要以科技型中小企业为主，

[①] 顾乃华：《科技服务业发展模式研究》，暨南大学出版社 2019 年版，第 45 页。

每年的服务规模都保持在1万名以上，签约技术转移项目在5000个左右，完成率接近100%，服务内容包括咨询服务、研究开发、技术评估、人力培训、国际合作等，产业领域主要集中在汽车、机械制造、航空航天、能源和环境等德国传统优势产业。主要做法和特点如下：

一是技术转移模式产学研结合特征显著。高校、研究机构大量的未曾转化的科研成果，很多具有很强的商业化潜力，史太白技术转移中心通过搭建产学研沟通合作平台，为知识、技术的传播提供了有效沟通渠道。科研人员可以通过兼职方式，对技术转移中心的运营进行管理，技术转移过程充分体现市场导向，可以保证研究开发与市场需求的紧密结合，有助于科技成果的顺利转移转化。

二是正确处理政府与市场的关系。德国是社会市场经济的创造者，政府与市场作为资源配置手段，各有利弊，有效平衡好两者的关系，有助于实现创新资源的优化配置。在发展初期，德国政府更多的是发挥政府力量，从税收优惠、拨款资助、采购服务等方面，对技术转移机构进行扶持。除了税收优惠之外，在有些州还能够获得政府的创新奖励资助。进入20世纪90年代后，技术转移中心的业务模式相对稳定，发展进入了成熟期，自1999年起，史太白技术转移中心市场化程度进一步提高，进入了发展的"快车道"。

三是推行扁平化管理模式。史太白技术转移中心分支机构众多，作为总部难以对下属机构事无巨细地进行管理，充分放权，实行扁平化管理，彼此之间建立有效的沟通机制，是该中心管理模式的重要特征。总部制定统一的服务规则和业务准则，为下属技术转移中心的运营提供指导。各技术转移中心的运行，均遵循价值规律，按照市场化准则行事，一般的经营、管理事务无须向总部请示，具有独立处理的权力。充分放权，有助于充分释放各技术转移中心活力，统一的服务规则又能为技术转移服务质量提供保证。

四是因地制宜，充分发挥德国科技资源优势。巴符州是德国科技强州，拥有众多优势产业和研发资源，史太白技术转移中心充分

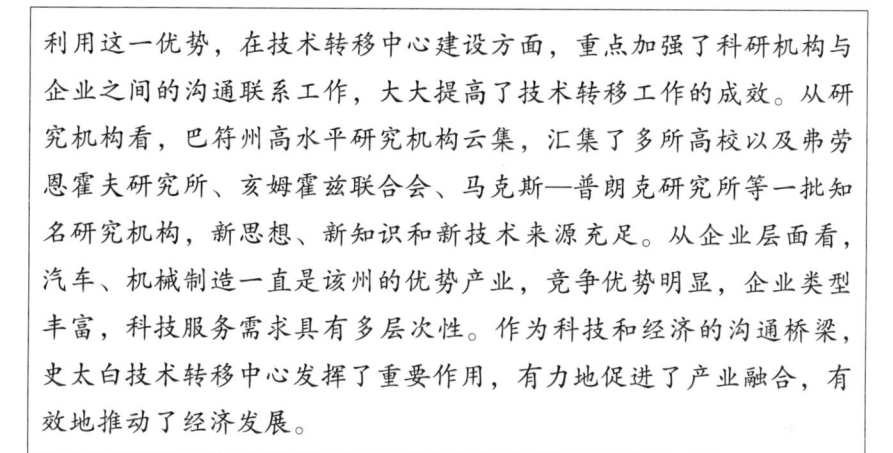

利用这一优势,在技术转移中心建设方面,重点加强了科研机构与企业之间的沟通联系工作,大大提高了技术转移工作的成效。从研究机构看,巴符州高水平研究机构云集,汇集了多所高校以及弗劳恩霍夫研究所、亥姆霍兹联合会、马克斯—普朗克研究所等一批知名研究机构,新思想、新知识和新技术来源充足。从企业层面看,汽车、机械制造一直是该州的优势产业,竞争优势明显,企业类型丰富,科技服务需求具有多层次性。作为科技和经济的沟通桥梁,史太白技术转移中心发挥了重要作用,有力地促进了产业融合,有效地推动了经济发展。

专栏7-5　弗朗霍夫学会

弗朗霍夫应用研究促进学会(以下简称"弗朗霍夫学会")成立于1949年,是德国最大的应用科学研究机构,与马普学会、赫姆霍茨研究中心联合会和莱布尼茨科学联合会一起构成了德国重点支持的四大科研机构。弗朗霍夫学会在德国各地设有多个研究所,分别致力于不同应用领域的研究开发工作。弗朗霍夫学会的研发以工业共性技术为主,主要为广大中小企业开发新技术、新产品、新工艺,协助企业解决自身创新发展中的瓶颈问题。协会的主要做法和特点如下:

一是资金筹措渠道多元。作为公共研究机构,研究经费来源、数量、应用方向,与机构发展密切相关。弗朗霍夫学会的研究经费来源大致分为两类:公益类和竞争类。公益类资金主要包括德国联邦政府和各州政府的财政拨款,用于国家或地方层面的公共事务、前瞻性研究开发。竞争类资金,主要来自企业,一般通过招标获得,主要用于解决资助企业特定的技术发展难题,直接面向市场。两类经费的比例关系近年来大致保持3∶7左右。

二是人才队伍具有活力。学会对科研人员的管理非常灵活,对科研人员的选拔不拘一格。由于研究所大都设在大学内部,教师、高年级学生都是研究人员的重要来源。同其他研究机构相比，学会的科研人员具有年轻化、流动化、项目化等特征。科研队伍由于高年级学生的加入，平均年龄大幅降低，一般不超过40岁，相对比较年轻；在管理机制上，学会研究人员以兼职为主，大多采取项目制，项目结束后，双方的合作也基本终止，除非有新的科研项目能够接续。因此，学会的科研人员流动性极强。年轻教师、高年级学生的加入，大大提高了协会科研队伍的活力。

三是合作模式便捷高效。合同科研，是弗朗霍夫学会为企业提供科技服务的主要合作模式。一般来说，企业就一些具体的技术难题，向学会提出明确要求，寻求解决方案，并支付费用。学会利用自身雄厚的研发积累、高水平的科技服务能力，可以有效地化解企业发展遇到的一系列技术改进、产品开发难题。合同科研坚持问题导向、针对性强，很多方案能够实现量身定制，事实证明这是一种有效的技术转移转化途径。当然了，合同科研，并不意味着学会不可以为政府服务，事实上它也可以面向政府，在联邦政府资助下从事前沿基础研究。

四是鼓励创新创业的文化。鼓励创新创业，是弗朗霍夫学会重要的制度文化。学会从创建伊始，就鼓励支持科技人员创新创业。由于创新创业风险较高，宽容失败、为遇到挫折的科研人员提供支持显得尤为必要。因此，学会规定，两年之内，学会可以为创业人员保留身份，如果失败后想重回科研机构，不存在制度性障碍，这样免去了很多创业者的后顾之忧。为了帮助年轻人创新创业，学会还专门成立"创业支持小组"，从市场研究、营销策划、企业管理等方面提供帮助。除此之外，还有资金支持，多以投资入股形式，给予创业者必要的启动经费，日后如果企业发展顺利，再择机退出。

五是积极开展全球合作促进创新。"开放式创新"正在逐渐成为全球科技创新的主导模式，为了保持其在技术转移转化领域的竞争力，弗朗霍夫学会非常重视吸收和利用国际科技资源，为己所用，

第七章 发达国家或地区科技服务业发展模式比较与借鉴

> 确保学会的发展始终能够处于世界科技创新的主赛道之中。因此,很多年以前,弗朗霍夫学会就已在欧美亚等多个国家设立了分支机构。截至目前,弗朗霍夫学会设立了欧洲联络办公室,在美国有6个学会研究中心,并在日本、中国、印尼、韩国、俄罗斯和阿联酋分别设立了学会代表处。

第四节 韩国科技服务业的发展模式与特征

韩国作为"四小龙"国家之一,如今人均GDP已超过2万美元,跻身世界发达国家行列。而且,近年来研发投入持续保持高强度,很多年份均超过了4%,研发投入总量也位居世界前列,具有创新型国家的典型特征。韩国,可以说是经济赶超的典范。然而,韩国的产业发展,早期奉行"拿来主义",通过引进消化国外技术,促进本国经济发展,一度把韩国从低收入国家送入中等收入国家行列。然而,这种发展模式的弊端是,产业发展根基不稳,对国外技术依赖严重,产业发展的自主性受到很大限制。为此,1988年韩国推行"科技立国"战略,重视产业技术研发的自主性问题,经过多年发展,逐渐形成了以企业为创新主体,国家承担基础研究,产、学、研有机结合的创新体系。主要做法和特点如下。

一是制订明确的战略规划。"二战"后,韩国发挥自身劳动力丰富、低成本优势,大力发展劳动密集型产业,坚持出口导向,经过二十多年发展,到20世纪80年代初步完成工业化,成为一个新兴的工业化国家。然而,由于产业发展科技含量较低,致使产业附加值也较低,人们的生活水平改善相对比较缓慢。尤其是亚洲金融危机后,韩国劳动密集型产业优势渐失,产业转型升级的压力陡增。顺应这种发展变化,1997年韩国政府制订了"科学技术革新五年"计划,大幅提高政府科研投入,旨在通过技术创新,把韩国的劳动密集型产业升级为知识密集型产业。1998年,韩国政府在"科学技术革新五年"

计划基础上，又发布"2025年科学技术长期发展计划"，提出了今后10—20年的科技发展目标，提出到2015年成为亚太地区主要研究中心。2003年对科技立国战略进行了再次修订，新的战略更加注重战略前沿技术的研发，明确了"建设以科技为中心的社会"的政策取向。

二是全力打造支持自主创新的服务支撑体系。韩国的科技创新之所以能够取得成功，与其注重吸收国际先进经验，始终把培养和增强自主创新能力作为国家的基本政策具有密切的关系。韩国的技术转移转化服务体系，主要由韩国产业发展管理局、产业技术发展中心、前沿产业技术研究院、国立产业技术研究所以及11个地区性科研机构组成。除此之外，还包括一些非营利机构，如各种类型的产业协会等。从体制机制角度看，韩国的科技服务机构可分为两类，政府主导和民间主导，但以民间主导为主，大部分为非营利性机构。其中，韩国的技术转移中心（Korea Technology Transfer Center，KTTC）是韩国全国性的科技服务机构，是韩国科技成果转移转化、产业竞争力提升的重要平台和载体。

三是完善的法律支撑保障体系。从20世纪60年代起，韩国政府先后颁布了《科学技术促进法》（1972年）、《技术开发促进法》（1982年）、《科技革新特别法》（1997年）、《技术转移促进法》（2000年）等一系列法律。为更好地推进科技创新战略，加速科技成果的转移转化，韩国政府每年都会制订科技创新发展年度促进计划，每三年制定科技创新中期发展目标，同时辅以资金预算、机构设置、人员调整等保障措施。相比欧美发达国家，韩国中小企业数量较少、发展活力相对不足，对未来韩国产业发展构成了一定隐患。为此，2016年韩国政府专门出台了《政府资助研究机构所属中小、骨干企业扶持方案》，提出要重点扶持一批有发展潜力的科技型中小企业，以进一步优化韩国大中小企业的比例关系，实现均衡发展。完善的科技立法，为韩国的科技创新活动提供了一个相对稳定的发展环境，客观上也为韩国经济的飞跃奠定了坚实的基础。

四是持续加大研发投入。在劳动密集型产业发展阶段，韩国的研

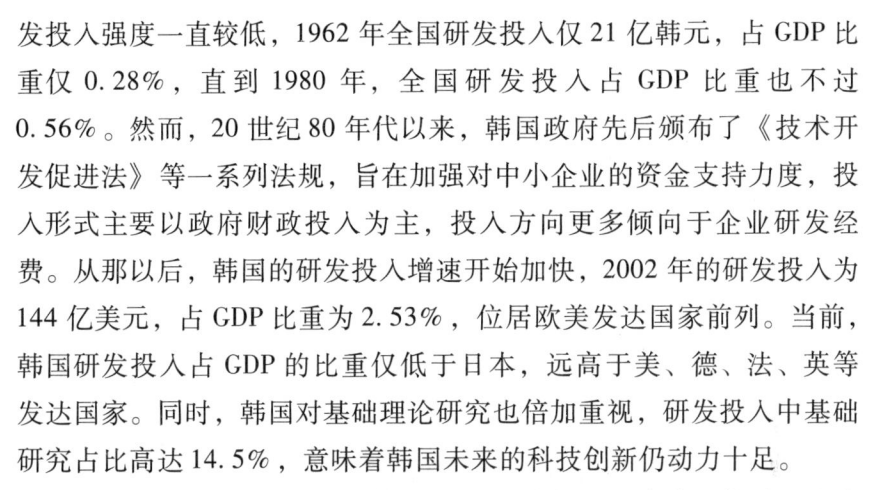

发投入强度一直较低，1962年全国研发投入仅21亿韩元，占GDP比重仅0.28%，直到1980年，全国研发投入占GDP比重也不过0.56%。然而，20世纪80年代以来，韩国政府先后颁布了《技术开发促进法》等一系列法规，旨在加强对中小企业的资金支持力度，投入形式主要以政府财政投入为主，投入方向更多倾向于企业研发经费。从那以后，韩国的研发投入增速开始加快，2002年的研发投入为144亿美元，占GDP比重为2.53%，位居欧美发达国家前列。当前，韩国研发投入占GDP的比重仅低于日本，远高于美、德、法、英等发达国家。同时，韩国对基础理论研究也倍加重视，研发投入中基础研究占比高达14.5%，意味着韩国未来的科技创新仍动力十足。

五是重视创新人才培养。伴随着韩国科技立国战略的推进，人才短缺问题时不时困扰着韩国的创新发展，为此，韩国早在1999年就制订了相应的人才培养计划，有意提高了对高学历科研人员的资助金额，旨在重点培养高科技领域的领军人才。2003年又投资775亿韩元实施"地方创新人力资源培养计划"，着眼于中长期新兴产业发展，对相应的人才需求进行预测，然后联合多个部门制订培养计划。为了开拓韩国科研人员的国际视野，充分吸收欧美发达国家的先进知识和技术，2009年韩国提出了"全球化青年人才"培养计划，选拔优秀学生赴欧美学习，以满足未来新兴产业各领域的人才需要，利用全球资源为韩国的创新立国战略护航。

专栏7-6 韩国技术转移服务机构KIST和KTTC

韩国科技服务机构主要以韩国科学技术研究院（Korea Institute of Science and Technology，KIST）和韩国技术转移中心（Korea Technology Transfer Center，KTTC）为中心。KIST是韩国科技发展的重要领导机构，致力于创新型和原创型技术的研发。技术转移转化工作则由下属的技术转移办公室负责。技术转移办公室的业务流程包括：一是向企业界公开技术资料，对有产业应用前景的技术成果进行挖掘与转移，组织相关技术委员会及评价机构对原创技术进行价值评价、二次开发、专利调查、市场调查、转移路线设计、专利地图制作等;二是根据企业提出的技术转移委托开展现行技术开发、技术转移、产业化及技术转移过程的事后管理,包括争取产业化所需资金、开展经营咨询等;三是通过追加研发及公共研发等多样化的技术转移计划,最大可能地实现原创技术的产业化。

KTTC也称韩国技术交易所,是韩国技术转移的中枢,属下有8个地方技术转移中心,与政府研究所、技术评价机构、高校、企业等构成韩国科技服务的支持网络;国外支持网络则由亚洲、美洲、欧洲和大洋洲等海外技术交易中心构成。KTTC的主要业务包括:搜集分析各类技术交易信息;组建技术交易市场;组织技术交易活动;开展技术转移仲裁;管理登记技术交易人员和民间技术转移机构,并提供经费支持;和地方政府联合启动"先导性技术转移办公室支援项目",资助大学、研究院所及区域技术贸易所共同参与技术转移项目,辐射带动各地区公共研究机构和私营科技服务机构的发展。

第五节　中国台湾地区科技服务业的发展模式与特征

中国台湾地区的科技研发活动体系由推动机构和执行机构两大系列组成。推动机构主要是台湾地区相关主管部门,其中,台湾地区科技主管部门负责台湾地区科技政策制定,台湾地区教育主管部门、"台湾中研院"负责基础研究、应用研究,台湾地区经济主管部门负责推动技术开发及商业化应用。台湾地区"国科会"主管的实验研究院和台湾地区经济主管部门主管的工业技术研究院,是台湾地区创新服务机构的典型代表,是台湾地区最重要的科技信息服务机构和研发机构;执行机构体系由大学、科研院所、财团法人、企业等组成,负责开展应用研究、技术开发、成果应用及商业转化。

在科技研发互动体系的支撑下，台湾地区已经形成了涵盖研发、生产、营销、创业、信息等领域的科技服务体系。其中，科技信息服务体系在台湾地区扮演着"科技智库"的角色，它由科技网（STICNET，汇集了学术会议、科技报告、研究计划、电子期刊等资源）、学术网["台湾学术网"TANet，由台湾地区各大学及其他网络（如HiNet、SEEDNet、"政府网际服务网"及各网络交换中心等）构成的资信交流与应用的互联网系统]等网络信息资源组成，支撑单位包括科技资料中心、高等院校和公共图书馆等。科技信息服务体系实现了科技信息在各创新主体间的互联互通、共享共用，大大提升了创新知识的利用效率。

台湾地区的科学工业园区在创业孵化、培育科技型中小企业方面发挥着重要作用。目前，台湾地区已经建立新竹、南部和中部三大科学工业园区，形成台湾地区"西部科技走廊"。新竹科学工业园区被称为"台湾硅谷"，是世界十大科学工业园区之一。园区有六大科技产业，分别为集成电路、电脑及配套设备、通信、光电、精密机械、生物科技，培育出许多知名的科技企业，如台积电、鸿海、联发科技等；台湾地区南部科学工业园区主要产业包括光电、集成电路、生物技术、通信、精密机械等，其中以光电与集成电路两大产业为主，这两大产业的企业数量占企业总数的一半以上，营业收入占97%；中部科学工业园区地处台中县大雅乡与台中市西屯区交界处，环境优美，被称为观光型的科学工业园区，主要产业包括纳米精密机械、生物技术、通信、光电、航空、纳米材料应用六大产业，是全世界最大的12英寸晶圆厂聚集地。

专栏7-7 中国台湾工业技术研究院

台湾工业技术研究院是台湾最大的产业技术研发机构，成立于1973年，位于台湾省新竹县。自成立以来，工研院秉承"以科技研发，带动产业发展"理念，致力于强化科技创新与产业发展之间的联系，大力推进台湾地区科技服务业发展。业务范围涉及创新研发、技术引进、人才培育、创业孵化、技术转移、企业育成等多个领域，培养CEO超过百名，新创及育成企业近300家，累计申请专利3万多件，为台湾地区产业发展贡献了众多关键技术，对台湾地区产业发展发挥着举足轻重的作用。其主要做法和特点如下：

（1）主要职责。工研院的研究以应用研究为主，基本不涉及基础研究。应用研究依据研发的着眼点不同，大致可分为三类：一类是偏向中长期的应用研究，包括前瞻性、创新性、尖端性技术等。另一类是偏向短期的应用研究，该类研究主要根据产业发展的特定需求，提供相应的改良改善服务，比如制程改良、产品开发、小试中试等，解决好技术转移转化的最后一步问题。除此之外，还有一类是从事工业服务，主要帮助中小企业进行产品技术升级，增强其在国际市场的竞争力。

（2）运作模式。台湾工业技术研究院采取依法设院，政府支持，企业化管理。尽管是企业化管理，但工研院是非营利性机构。非营利性并非意味着工研院的成果转移转化服务不收取任何费用，而是只收取必要的成本费，以维持工研院的正常运转。加速科技成果的转移转化是工研院的首要职责和最终目标。工研院是一个非常开放的系统，非常注重与企业间的合作，很多研究课题都是企业出卷，工研院答题。紧密的合作，有助于增强科技服务的针对性，提高科技成果转化的成效。

（3）运营特点。一是政府提供资金支持。在技术引进和研发、设立示范工厂阶段，都是政府出资并承担全部风险。比如，1983—1987年，台湾地区实施超大规模集成电路计划，财政预算资金高达7400万美元。在技术攻关成功、示范工厂运作良好之后，政府又大力支持"衍生公司发展，投入1亿美元资本金，参与发起成立台积电公司，并占48.3%的股权"。在企业发展壮大后，经过多次增资扩股和股权交易，政府资金逐步退出。二是通过人才输出与扩散，形成产业社群网络。到2002年年底，工研院离职员工共计15877人，大多数扩散到产业界，主要担任研发及经营管理职务。

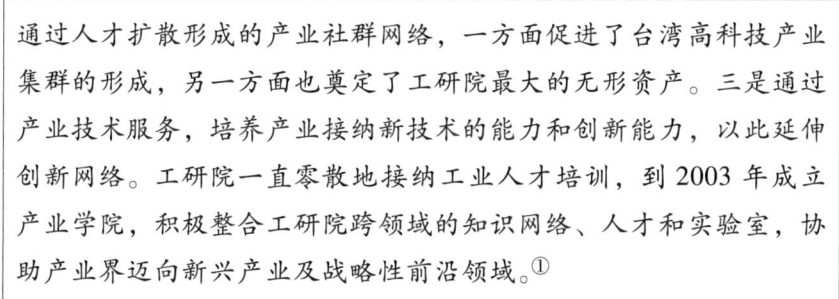

通过人才扩散形成的产业社群网络，一方面促进了台湾高科技产业集群的形成，另一方面也奠定了工研院最大的无形资产。三是通过产业技术服务，培养产业接纳新技术的能力和创新能力，以此延伸创新网络。工研院一直零散地接纳工业人才培训，到2003年成立产业学院，积极整合工研院跨领域的知识网络、人才和实验室，协助产业界迈向新兴产业及战略性前沿领域。[①]

当前，工研院以快速拼图方式对准国际趋势与产业需求，链接上、中、下游企业与国际先进科技资源，以工研院的核心技术为基础打造创新研发平台。推动创新研发集聚并发展前瞻技术与智能化系统，积极孕育高科技含量的创新公司，培育青年创新创业，并深耕绿色科技产业，以科技创新践行"智能生活、健康乐活、永续环境"的发展理念。

第六节 本章小结

纵观世界发达国家或地区科技服务业发展，发现都是根据自身产业发展特点和产业结构演进规律，有效地处理好了政府引导与市场主导之间的关系，有力地促进了科技服务业与制造业的融合发展。经过多年实践，形成了各具特色的科技服务体系，构架了与本国经济阶段、发展水平相匹配的科技服务业发展模式。尽管它们的科技服务业发展模式各具特色，但总的来讲还是有一些共性特征和经验值得我们借鉴参考，具体如下。

一是注重顶层设计和产业发展战略规划。加强科技服务业发展的顶层设计，有助于准确把握科技服务业的产业发展内涵，明确科技服务业发展目标和方向，提高产业发展活力和竞争力，从而提高科技创

[①] 丁云龙：《台湾工业技术研究院的成功经验》，《中国高校科技与产业》2006年第11期。

新成果转化效能。例如，1990年，乔治·赫伯特·沃克·布什政府公布的《美国的技术政策》，是政府制定的第一项全面技术政策，首次把加强工业研究和开发纳入国家技术政策，是美国国家层面对其总体科技政策和发展战略的一次重要宏观设计。20世纪90年代，韩国为应对本国产业附加值较低、出口乏力等问题，1997年制订了"科学技术革新五年"计划，大幅提高政府科研投入，旨在通过技术创新，把韩国的劳动密集型产业升级为知识密集型产业；1998年发布"2025年科学技术长期发展计划"；2003年对科技立国战略进行了再次修订，明确了"建设以科技为中心的社会"的政策取向。

二是重视科技服务业发展过程中的法治保障。健全完善的法律法规，能够稳定市场预期、保护各类市场主体合法权益，对促进创新创业、加速科技成果转化具有重要支撑作用。美国、日本等国家或地区的科技服务业发展，都有意识强化了创新立法工作，以充分发挥法治固根本、稳预期、利长远的保障作用。在知识产权保护方面，美国高度重视知识产权保护，早在1789年，美国就出台了《美利坚合众国宪法》，是世界上第一个对科技创新进行立法保护的国家；在加快科技成果从实验室向市场转化方面，美国1980年颁布了《史蒂文森—怀特技术创新法》，通过立法形式确定了国家实验室的成果转化义务，并对转移细节进行了明确；日本通过立法（《科学技术基本计划》《中小企业现代化促进法》）形式，对本国科技服务业发展的政策、资金等予以保障，立法涉及企业重组、知识产权保护、企业融资等方面，为创新型企业发展提供了全方位支持；德国为营造良好的创新市场环境，2012德国联邦议院通过了《科学自由法》，赋予科技服务机构在财务、人事、投资等方面多项权利。韩国为更好地推进科技创新战略，加速科技成果的转移转化，韩国政府每年都会制订科技创新发展年度促进计划，每三年制定科技创新中期发展目标，同时辅以资金预算、机构设置、人员调整等保障措施。

三是重视科技服务中介机构建设。科技中介服务机构是科技成果转化的重要参与主体，在科技成果转化中发挥着重要作用，科技中介机构的质量在很大程度上决定了科技成果转化效率。例如，德国政府

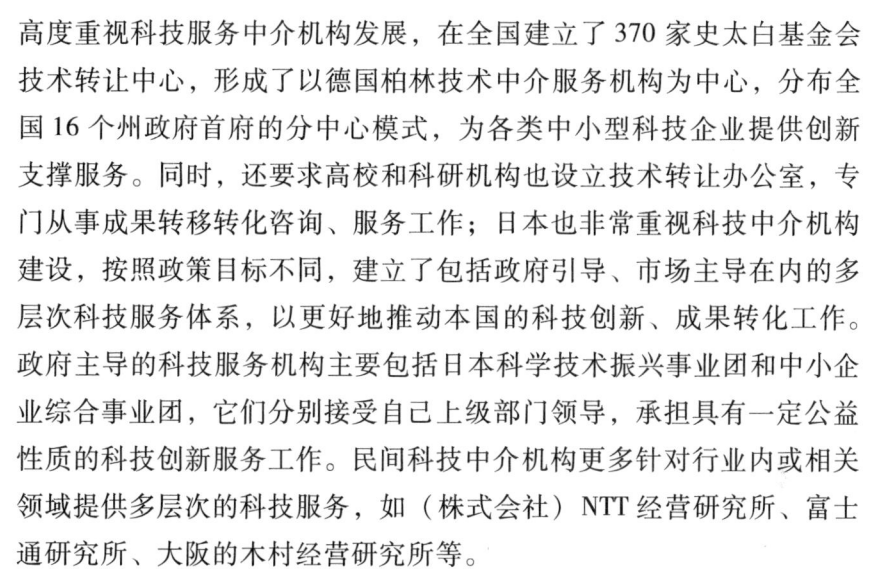

第七章　发达国家或地区科技服务业发展模式比较与借鉴

高度重视科技服务中介机构发展，在全国建立了370家史太白基金会技术转让中心，形成了以德国柏林技术中介服务机构为中心，分布全国16个州政府首府的分中心模式，为各类中小型科技企业提供创新支撑服务。同时，还要求高校和科研机构也设立技术转让办公室，专门从事成果转移转化咨询、服务工作；日本也非常重视科技中介机构建设，按照政策目标不同，建立了包括政府引导、市场主导在内的多层次科技服务体系，以更好地推动本国的科技创新、成果转化工作。政府主导的科技服务机构主要包括日本科学技术振兴事业团和中小企业综合事业团，它们分别接受自己上级部门领导，承担具有一定公益性质的科技创新服务工作。民间科技中介机构更多针对行业内或相关领域提供多层次的科技服务，如（株式会社）NTT经营研究所、富士通研究所、大阪的木村经营研究所等。

四是为科技服务业发展提供必要财政金融支持。加大科技创新财政投入，形成稳定的财政投入机制，是美国、日本、韩国等国家或地区创新驱动发展的重要措施，是它们的科学技术以及高新技术产业多年在世界处于领先地位的基础保障。例如，第二次世界大战之后，美国政府在科技研发中继续保持高额投入，研发支出总量占全球比例长期在30%以上，大量投入包括地球开发与利用、环境保护、空间开发与利用等基础和应用研发领域。日本则成立了包括"两行、十库、一局"等在内的政策性金融机构，为企业技术创新提供低成本的融资服务。而且，扶持科技服务企业的手段灵活，政策多样：为提高小微型科技服务企业的国际竞争力，政府对企业海外调研、国际差旅费以及专利申请费进行补贴；在企业研发投入方面，制定了特别折旧政策，规定技术创新企业在购买设备后，每年都可以按一定比例获得资产税减免，同时对从事科技创新项目的企业，可按照加提55%的特别折旧率计提折旧。20世纪80年代以来，韩国的研发投入增速开始加快，2002年的研发投入为144亿美元，占GDP比重为2.53%，位居欧美发达国家前列。

五是重视中小企业发展。为更好推进科研成果转化，1982年美国通过了《小企业创新研究法》，规定凡是科研经费超过1亿美元的政府部门，必须无条件地从科研经费中扣除1.25%，用于资助小企业，为它们的技术创新提供必要的支持。日本在为中小创新型企业融资方面，组建了国民金融公库、中小企业投资扶持株式会社、中小企业金融公库以及中小企业信用保险公库等多个融资服务机构，不仅可以向中小型企业提供低息贷款，还可以为企业提供融资担保，对特定类型的科技型初创企业，甚至可以提供无须抵押和担保的贷款，较好地满足了企业的需求。德国联邦政府专门出台《中小企业法》《中小企业组织原则》等多部法律，从法制角度为中小企业发展创造良好环境。例如，对创业阶段的中小企业实行税收减免政策；对新建企业所消耗的不动产投资，免征50%所得税；对有的国家级大型科研项目甚至规定，项目申报中至少要有一个中小企业参加，否则不予批准。

第八章

结论与政策建议

第一节 结论

《京津冀协同发展规划纲要》《"十三五"时期京津冀国民经济和社会发展规划》要求把京津冀作为一个整体统筹规划，努力形成目标同向、措施一体、优势互补、互利共赢的发展新格局，并重新调整了三地功能定位。其中，"全国先进制造业基地"落地天津，北京则定位于"全国科技创新中心"，明确要求构建高精尖经济结构，加快信息技术服务、商务服务等高端产业发展，加速科技服务业与制造业的有机融合，推动北京制造业向产业价值链高端延伸。

显然，强化北京全国科技创新中心的地位，需要加快北京科技服务业发展，疏解非首都功能及相关产业，促进京津冀协同发展。这便产生了新问题，北京制造业该何去何从？今后北京到底还要不要发展制造业，该如何发展，出路在哪儿？在文献综述、理论分析、实证研究基础上，本书研究主要结论如下。

一 北京要坚持创新驱动，推进制造业高端化发展

后工业化时代，制造业仍然是全球经济持续发展的基础，是全球经济竞争的制高点。2008 年国际金融危机后，欧美发达国家为抢占新一轮产业主导权，纷纷提出"再工业化"战略，意欲加快制造业升

级，重塑本土制造业竞争优势。面对外部环境变化，依靠创新重塑国际竞争优势，实现从制造大国向制造强国转变，是增强我国综合国力、提升国际竞争力、保障国家安全的战略选择。北京作为国家首都，科技资源富集、创新基础雄厚，在服从与服务国家战略方面肩负更大责任、做出重大贡献是应有之义。鉴于此，《中国制造2025》对北京的科技创新中心建设提出明确要求，要在实现"中国制造向中国创造转变，中国速度向中国质量转变，中国产品向中国品牌转变"的过程中发挥创新引领作用，要落实两化融合战略，突出智能制造主攻方向，在制造业创新发展方面要走在全国前列。

二　北京制造业的专业化高端化发展面临较大制约

一是制造企业研发投入总量相对不足。《中关村上市公司竞争力报告（2018）》显示，2017年披露研发费用的281家中关村上市公司平均研发强度为3.3%，高于A股公司1.5%的平均研发强度但与世界一流创新型企业相比存在较大差距。二是制造企业创新能力亟待加强。2017年，中关村境内上市公司专利申请量排名前10的企业，共申请专利6776件，占当年总申请总量的76.5%。大多数企业专利不多，甚至没有专利，创新能力仍较弱。三是科技创新与产业发展脱节。科技创新引领产业变革、产业发展"反哺"科学研究的良性循环通道尚未充分贯通，产业发展需求与科技创新成果供给存在严重脱节，高技术制造业发展有弱化倾向。科技服务业发展专业化、市场化程度不足，对制造业创新发展支撑乏力，尤其是含金量较高的科技成果价值评估、投融资咨询、信用评价等机构发育迟缓，对科技成果转化的纵深服务能力亟待加强。

三　新时期北京制造业高端化发展面临的新挑战

2014年2月，习近平总书记视察北京，明确了新时期北京的城市功能定位。2015年出台的《京津冀协同发展规划纲要》《"十三五"时期京津冀国民经济和社会发展规划》要求把京津冀作为一个整体统筹规划，重新调整三地功能定位，全力打造协同发展新格局。其中，"全国先进制造业基地"落地天津，北京则定位于"全国科技创新中心"，明确要求北京加快科技服务业等高端服务业发展，构建高精尖经济结构,向全球价值链高端延伸。立足首都城市功能战略定位,着眼建设国际一流的和谐宜居之都,一方面,对北京制造业发展提出严控新增产能、转移淘汰现有中低端产业等新要求;另一方面,也对制造业如何支撑创新中心建设提出新诉求、新期待。

四 京津冀协同发展背景下北京制造业高端化发展的战略选择

一方面,坚持高质量发展,探索高精尖产业发展新路径。统筹考虑国家建设制造强国目标和要求,把握好国家"做强制造"和北京"去生产制造环节"的辩证统一关系,聚焦"产品创造"环节,着力解决制造业的自主创新能力问题,加快从北京制造向北京创造转变,切实担负起北京作为全国科技创新中心的使命。另一方面,依托区域资源与产业优势,重塑协同发展新格局。深刻把握城市功能定位和担负的历史使命,坚持问题导向,在服务国家制造强国战略的同时,依托北京科技研发优势,在风险投资、科技中介、创新孵化、成果转化等领域,面向津冀地区开展科技创新服务,促进北京制造业先进技术、品牌、管理、服务、模式等向津冀地区输出,推动区域层面制造业与科技服务业的有机融合,提升区域内产业创新能力和竞争力,形成京津冀协同发展的新格局。

五 区域层面的制造业融合发展面临主要约束条件

北京制造业高端化发展必然需要周边地区的强有力支撑,然而从现实条件看,一些客观因素制约着京津冀制造业的融合发展。一是三地间整体经济落差较大,产业链衔接难度偏高,存量产业上下游难以有机融合。二是三地产业政策衔接不畅,政策关注点存在较大差异,很多不在一个维度上,致使三地产业政策无法有效对接,形成协同创新发展合力。三是创新要素缺少统筹,资源要素共享水平亟待提升。以科技仪器资源共享为例,2015 年,京津冀三省市大型科学仪器设备中,参与共享的仪器设备有 16341 台(套),占仪器总量的 82.9%,但参与外部共享,即对本单位以外开放共享的仪器仅为 8479 台(套),占比仅为 43%。四是产业协同推进机制亟待健全完善。三地各级政府的考核评价办法仍围绕本地的利益展开,区域协同发展的整体利益尚未成为京津冀三地经济社会发展的共同目标。五是市场机制作用较弱，创新活动的空间关联性、市场化发育程度较低，产业平台的承接效应仍不显著。

第二节 政策建议

在京津冀协同发展背景下，北京制造业与科技服务业融合发展，一方面，北京制造企业要主动打造创新文化，培育创新生态，创设研发机构，引进创新人才，增加研发投入，向差异化竞争和科技创新型企业转变；另一方面，要以京津冀协同发展为契机，加快区域内产业链与创新链对接重构步伐，积极构建科技创新资源共享平台，打造区域产学研科技联盟，从区域层面实现优势互补、合作共赢，从而更好地推动京津冀协同发展。

一 强化京津冀三地产业融合发展的顶层设计

（一）进一步强化京津冀三地产业发展定位

三地应立足于京津冀协同发展，在厘清潜在收益、发展障碍、制约因素基础上，进一步强化各自功能定位，综合考虑自身产业基础、资源禀赋、发展潜力等客观条件，充分发挥各自比较优势，统筹考虑中长期发展需要，坚持京津冀"一盘棋"发展理念，各自聚焦特定的产业发展方向和重点，加强产业对接协作，重构区域产业发展格局，实现分工合理、目标一致、优势互补、互利共赢、错位发展，推动区域经济转型升级，实现持续稳定增长。

在产业链、创新链部署方面，要坚持问题导向，秉承合作共赢发展理念，遵循经济发展客观规律，分阶段进行产业协同发展布局，共同打造产学研有序对接、多方参与、协同共治的创新创业网络，形成三地间上中下游联动的产业分工、协同创新发展格局，在进一步提升区域创新能力和产业竞争力基础上，构建具有区域特色的产业发展集群。

天津应围绕"全国先进制造研发基地"建设，抓住协同发展契机，加速北京科技成果向本地转化，坚持创新驱动，不断提升自身产业竞争力；河北一方面应抓住北京非首都功能疏解机会，发挥资源禀赋和后发优势，积极承接北京相关产业，打造一批具有区域特色的产业发展平台；另一方面，要持续增加科技创新投入，加大传统制造业改造提升力度，加快创新发展、绿色发展步伐，持续推进制造强省建设。在这一过程中，北京要强化"四个中心"定位，重点发展知识经济、服务经济、绿色经济，加快构建"高精尖"经济结构，同时还要充分发挥国家科技创新中心的辐射引领作用，鼓励科技创新资源走出去，依据区域产业协同发展规划，统筹科技创新资源，围绕区域发展重点产业链部署创新链，加强区域层面的科技创新和成果转化合作，形成"北京创新策源、天津先进制造、河北产业配套"产业格局。通过构建分工合理、合作有序的协同发展生态，改变以往三地产业发展各自为战、自成体系、缺少互动、衔接断层发展状况，在区域科技创新共同体、产业发展共同体目标推动下，加快特色鲜明、分工合理、优势明显的区域特色产业发展集群构建进程，加快区域经济转型升级步伐。

（二）统筹推进京津冀三地产业链、创新链部署

双链融合部署，应以加强产学研合作、构建区域创新发展集群为突破口，开展多种形式的跨区合作、联合攻关、园区共建等，实现创新要素、产业要素的优化配置，以全要素生产率的提升带动区域经济发展。

一是以共建园区、双创平台为载体，构建跨区域科技创新生态系统。中关村需要通过品牌输出、共建园区或基地、建立创新中心等多种方式，将中关村的成功经验移植推广至津冀地区。比如中关村形成的以保定·中关村创新中心为代表的技术品牌服务输出、以天津滨海—中关村科技创新园为代表的两地共建共管等园区合作建设模式。天津、河北也应从土地、平台空间等方面提供便利条件，共同推动与中关村园区共建合作。通过园区共建、创新对接，能够有效整合区域创新资源，有助于加强创新要素扩散，提升区域整体创新能力和水平。

二是依托中关村大型科研机构，在津冀地区建设孵化转化基地，促进科技创新成果转化。围绕津冀产业发展趋势和企业需求，以"带

土移植"的模式，搭建起适宜创新人才集聚、科技成果落地发展的服务平台。比如中科院廊坊战略性新兴产业孵化基地、清华大学重大科技成果中试孵化基地、京津冀协同创新孵化基地等孵化项目建设，成为推动廊坊新兴产业发展的重要力量。围绕高端装备、信息技术、航空航天等高技术制造业，三地应加强跨区域产业合作，持续推进补链、强链工程，完善产业配套，提升产业链完整度，打造区域特色优势产业，构建区域产业发展竞争新优势。

三是坚持三地政府和市场共同发力，依托京津冀合作共建的重点产业园区，以点带面，联合打造一批优质的产业中试基地或平台，引导中关村重点产业中试环节通过服务合作、品牌输出等方式，优先进行区域转移转化布局，推动产业链和创新链深度融合。此外，还要在中试基地资质互认、项目立项程序优化、人才跨区域交流便利化等方面，进一步加强政策创新，探索合作共建中试基地好的思路和做法，打破科技成果转化的"最后一公里"，为京津冀科技创新、成果转化、高技术企业孵化等提供有力支撑，从而进一步提升京津冀整体创新发展水平。

四是探索建立津冀与中关村科技成果转化对接机制。发挥国家重大科技成果产业化项目的引领带动作用，聚焦新一代信息技术、新能源、生物技术等战略性新兴产业领域，探索建立公共实验设施开放共享机制，与京津冀企业建立合作关系，推动一批国家重大科技成果优先在天津、河北等周边地区孵化转化，打造若干具有全国乃至全球影响力的跨区域产业链。此外，津冀还应围绕重大科技成果转化落地，加大与北京优质服务资源对接力度，进一步强化技术转移服务机构、专业技术转移队伍建设，加快本地相关科技服务业发展，为高科技成果在津冀转化落地创造有利条件。

（三）进一步调整优化北京制造业发展空间布局

在把握全球产业发展和技术创新前沿趋势的基础上，立足我国未来产业发展的方向，紧密结合京津冀区域产业基础和资源特色，聚焦重点产业领域上下游合作，贯彻落实《北京城市总体规划（2016—2035年）》以及《京津冀协同发展规划纲要》的要求，强化京津冀三

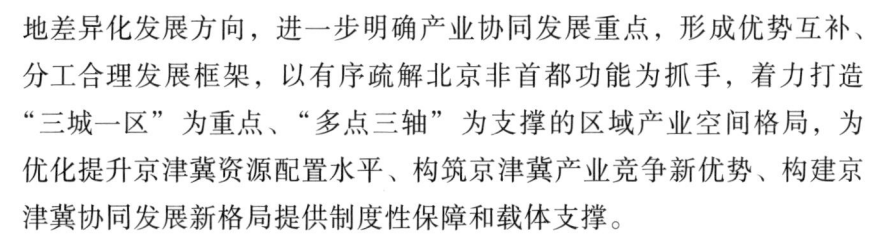

地差异化发展方向，进一步明确产业协同发展重点，形成优势互补、分工合理发展框架，以有序疏解北京非首都功能为抓手，着力打造"三城一区"为重点、"多点三轴"为支撑的区域产业空间格局，为优化提升京津冀资源配置水平、构筑京津冀产业竞争新优势、构建京津冀协同发展新格局提供制度性保障和载体支撑。

1. 三城——制造业高质量发展动力之源

北京全国科技创新中心建设，有三大重要载体，分别是中关村科学城、怀柔科学城、未来科学城，各自承担着不同的发展职能和战略任务。其中，中关村科学城科技创新资源丰富、基础雄厚，要聚焦关键核心技术，在大数据、人工智能、操作系统、集成电路设计等领域加强技术攻关、创新布局。怀柔科学城以中科院为基石，承载的是国家战略的科技创新。作为科学仪器研发基地和产业中心，创新基础设施构建起点高、规格高，各种大型科学装置在业内处于领先水平，应充分发挥这一独特优势，在提高我国基础研究和前沿交叉领域的源头创新能力方面要有所突破。未来科学城，从产业链位置看，在三城一区中承上启下，是北京科技创新链条的重要一环，未来科学城要立足自身优势，加强上下游合作，推动产、学、研有机衔接，与中关村科学城、怀柔科学城实现错位发展、协同发展。

（1）中关村科学城。中关村科学城科技创新资源富集、创新能力突出、成果丰硕，是我国科技创新的摇篮和重要策源地。未来，要充分发挥创新资源要素密集优势，依托众多科研院所、知名高校和企业，加强原始创新和重大技术创新，不断提升制造业关键共性技术和战略前沿高技术研发能力，力争在世界科技前沿、国家战略需求重点领域涌现一批原创成果，成为北京制造业高质量发展的自主创新主阵地。此外，还要着力提高北京对全球创新资源的开放和聚集能力，以提升全球顶尖创新能力为抓手，形成一批具有全球影响力的国际标准、技术创新中心，致力于世界一流科学城建设，打造全球知名的创新资源汇聚高地。

（2）怀柔科学城。怀柔科学城定位为"世界级原始创新承载区"，未来要聚焦关键产业发展领域，依托有关科研院所、高校和企业，聚集全球高端创新要素，凝聚世界一流领军人才和高水平研发团队，集中建设一批国家重大科技基础设施①，打造一批先进交叉研发平台，创造世界一流创新成果，引领新兴产业发展，提升基础前沿领域的源头创新能力和科技综合竞争力，建成与国家战略需要相匹配的世界级原始创新承载区。要重点加强前瞻性基础研究和战略前沿高技术研发能力，强化目标导向，构建从基础设施、基础研究、应用研究、成果转化到商业化产业化的创新链。

（3）未来科学城。面向国家重大战略领域，集聚高水平企业研发中心，突破关键共性技术、前沿引领技术、现代工程技术、颠覆性技术，形成全球领先科技创新成果。以技术原创为核心功能，完善基础研究、新兴产业功能，推动创新链各环节有机互动；汇聚一流企业、科研院所、高校，形成多元主体协同创新局面。强化人才吸引、培育、服务功能，打造重点领域全球创新人才策源地，集聚全球高水平科技创新人才、工程技术人才、创新创业人才。构建创新创业生态系统，营造有利于创新创业的文化氛围以及制度环境，集聚创新创业团队及服务机构，建成全球领先的技术创新高地、协同创新先行区、创新创业示范城。

2. 一区——制造业高质量发展主阵地

北京经济技术开发区。坚持制造业高端化发展方向，发展新一代信息技术、新能源智能汽车、生物技术和大健康、机器人和智能制造等新兴产业，突破一批具有全局性、战略性的关键共性技术；进一步推动产城融合发展，加强高端制造业和现代服务业、科技服务业良性互动，加快科技成果向现实生产力转化，以重大项目为牵引，积极承接"三城"科技创新成果，培育未来产业，构建具有全球竞争力的特色产业集群，打造"高精尖"经济结构，加快"亦庄制造"向"亦庄创造"转变，为全国科技创新中心建设做贡献。

---

① 大型科技基础设施和大型科研仪器是用于探索未知世界、发现自然规律、实现技术变革的复杂科学研究系统，是突破科学前沿、解决经济社会发展和国家安全重大科技问题的技术基础和重要手段。

3. 多点——制造业高质量发展支撑点

依托顺义区、大兴区、房山区、昌平区、海淀区等重点区的产业园区，以各区功能定位和产业基础为导向，因地制宜，突出特色，加快与"三城一区"深度对接，围绕创新成果产业化、产业链的构建和产业生态培育，打造创业创新公共平台，完善产业服务环境，提升产业链配套能力和区域间协同发展水平，为北京制造业高质量发展提供有力支撑。

4. 三轴——京津冀产业协同发展辐射轴

以京津、京保石、京唐秦等轴线为区域合作方向，加强跨京津冀区域的园区之间产业链对接，实现与津冀园区资源共享、产业联动、协同发展。

（1）京津发展轴。发挥北京经济技术开发区、顺义区辐射带动作用，以廊坊永清产业协同发展示范、天津经济技术开发区等为对接载体，打造京津冀地区科技研发转化和高端制造业发展带。推进北京经济技术开发区新一代信息技术、智能装备、生物医药、新能源智能汽车等领域的成果转化、生产制造和关键配套环节向津冀园区延伸布局。

（2）京保石发展轴。发挥丰台区、房山区辐射带动作用，以保定国家高新技术产业开发区、石家庄高新技术开发区、石家庄经济技术开发区、邯郸经济技术开发区等重点园区为对接主体，强化科技创新资源向南部辐射，发挥区域交通、土地、劳动力、农产品资源等优势，促进相关产业在区域内合理布局，打造京津冀地区重要的先进制造业发展带。

（3）京唐秦发展轴。发挥海淀区、顺义区辐射带动作用，以曹妃甸协同发展示范、唐山高新技术开发区、秦皇岛经济技术开发区、滦南大健康产业园等重点园区为对接载体，聚焦新材料、新能源智能汽车、智能装备以及生物医药等重点领域，打造京津冀地区产业转型升级发展带。

二　切实提升北京制造业创新发展能力与水平

北京制造企业研发投入不足、创新能力较弱，在众多关键技术领域缺少话语权，显然，北京制造业的发展水平还有较大提升空间。提升北京制造业发展质量，一方面要推动制造业高质量再造工程，优化现有产业链布局，构建高质量发展标准和控制体系。另一方面，加强产业政策优化统筹，强化政策保障，着力破解科技创新、产业发展"两张皮"难题，贯通科技创新引领产业变革、产业发展"反哺"科学研究的良性循环通道。

（一）推动制造业质量变革

推动建立体现高质量发展要求的行业技术标准、服务标准，鼓励制造企业增强品牌意识，增加优质产品供给，建立示范引领全国的"北京质量"。

一是培育"北京创造"产业品牌。推动"北京制造"向"北京创造"转型。统筹推动产业结构升级（高端产业）和产业内升级（产业链高端环节）的双重升级，变在北京全链条布局为跨区域协同布局，变1—N规模拓展为0—1价值拓展，变追求全领域为抓住关键点，变注重产业链延伸为注重生态圈打造。实施高精尖产品培育及品牌建设行动，支持龙头企业升级发展以产品设计、品牌运营、产权经营、集成服务等为主的业态，将不符合首都功能定位的制造环节委托外埠生产，提高品牌、知识产权等无形资产占比，以轻资产推动大经营，构建新的增长机制。

二是实施产品品质提升工程。着眼于北京未来重点打造的高端制造业，如新能源汽车、芯片、智能装备等重点领域，开展产品质量、美誉度与用户满意度调查，寻找差距，同时对标相应的国际知名品牌，提出具体改进实施方案。瞄准国际先进制造标杆水平，实施质量攻关、技术改造，支持企业全面推广应用先进技术和工艺，加强可靠性设计、试验与验证技术开发应用，提升重点行业关键生产环节过程控制水平，使产品的性能稳定性、质量可靠性和安全性等指标达到国际同类产品先进水平。

三是加强产品质量监督管理。推进全面质量管理，支持企业开展质量风险分析与控制、质量成本管理、质量管理体系升级，提高质量在线监测、在线控制和产品全生命周期质量追溯能力，提高制造业发展的精细化水平。鼓励龙头企业加强供应链质量管理，动态提升产品质量标准，推动全产业链质量水平协同提升。创新质量监管模式，探索大数据、区块链等信息技术手段在质量监管体系建设的应用，加强重点产品质量安全追溯体系建设。严厉惩处质量违法行为，健全质量违法行为失信惩戒机制，推进质量全民共治。

四是加快建设"北京质量"标准体系。积极推行制造业标准化战略，坚持政府与市场"双轮"驱动，打造国家主导、市场主导相互结合、相互补充、共同发展的标准体系。探索以中关村国家技术标准创新基地建设为核心，在智能装备、集成电路等重点领域创建一批国家技术标准创新基地。支持企业主导或参与行业及地方标准制订修订工作，积极参加国家级团体标准试点工作，打造北京制造的标准品牌；支持重点行业或企业开拓国际市场，参与国际标准化工作，培育以技术、标准、质量为核心的竞争优势，提升北京制造在全球价值链中的地位，推动北京制造业高质量发展。

（二）增强制造业创新发展新能力

一是加大传统制造业转型力度。深入推进"疏解整治促提升"，坚决推动不符合首都功能定位的一般制造业疏解，全面清理工业大院，严格执行禁限目录，合理设计制造业项目准入条件。按照北京城市总体规划空间布局的要求，推动存量制造业企业有序向顺义、昌平、大兴、房山等平原新区以及工业园区集中发展，引导不具备比较优势的制造业企业进一步向津冀地区转移。支持传统优势企业改造升级，推动企业向智能化、绿色化、高端化方向发展。利用新业态优化企业组织形式，支持互联网企业与传统制造企业开展跨界合作，加快向服务化制造、平台化经营和个性化服务方向转型。

二是加快高精尖产业引进和培育。坚持疏解提升一体谋划，在疏解中谋发展，聚焦"绿色、集约、智能"产业发展方式和"减重、减负、减量"的发展要求，聚焦具有高研发投入强度和自主知识产权、低资源消耗特征以及对地区科技进步发挥重要引领作用的高精尖产业。支持行业龙头企业实施兼并重组及跨境并购，引进先进技术、战略资源，实现产业升级和做强做优。重点围绕行业领军龙头企业合作研究设立产业基金，支持其以京津冀为重点完善配套产业，围绕核心产业链中的重点环节，吸收引进外省市及境外优质项目在京津冀地区合理布局，补齐行业"短板"，优化产业生态环境，推进规模化产业集群突破。

三是集聚全球创新资源与高端要素。推动国内外合作，通过开展一系列重大合作项目，引进国外先进技术，实现优势互补、互利共赢。鼓励制造业企业"走出去"，可以通过多种方式，如合资、并购、成立分支机构等，积极开拓国际市场，深化国际创新合作，参与国际标准研究和制定，加快海外知识产权布局，构建国际化的资源配置体系。鼓励外资投向北京高精尖产业，积极引入全球创新成果，促进全球科技创新成果在京转化落地。围绕关键技术和重点发展领域，加快引进海外高层次产业领军人才和创新团队。加强研究开发、技术转移、检验检测认证、知识产权和科技咨询等公共服务平台建设，打造首都高端创新创业平台，为首都制造业创新发展提供重要支撑。

四是加快建设一批新型产业创新中心。实施新一代产业创新载体建设行动，以增强产业技术创新能力为目标，以产业共性技术需求为突破口，以企业为主体，整合行业优势资源和多元化创新资源，全力打造一批市级产业创新中心，择优选取模式先进、辐射面广、影响力大的成为国家制造业创新中心。积极参与国家关键共性技术研究开发工作，参与国家重大科研基础设施建设，集中优势资源和力量开展战略合作、联合技术攻关，打通技术研发供给、转移扩散和首次商业化的链条，贯通创新链、产业链和服务链，进一步提升北京的科技创新引领能力。支持互联网、电子通信技术与传统制造业的跨界融合，鼓励高端制造龙头企业提供在线咨询、技术支持、研发设计等增值服务，加强创新资源的传播扩散。

五是鼓励企业加大创新投入。科研经费投入是企业创新发展的物质基础，缺乏长期的、持续的高强度研发投入，很难在市场竞争中保持竞争优势。为鼓励制造企业加大创新研发投入，应进一步强化财政税收政策的导向作用，通过税收优惠、研发费用加计扣除等方式，引导制造企业逐渐提高研发强度。进一步激发国有企业创新活力，健全完善国有企业考核机制，改变重利润、营收增长等短期目标、忽视创新发展投入现状，把企业研发投入、创新人才培养、创新能力建设、科技成果转化绩效等也列入考核内容，进一步强化企业创新投入主体地位，激励国有企业加大创新投入力度，不断提升技术创新能力和市场竞争力，实现可持续发展。

六是强化制造业高端化发展政策保障。全面梳理北京现有工业用地现状，摸清底数，建立专项数据信息库，盘活闲置、低效资源，实行土地供给精细化管理，提高土地利用水平。加强市域工业用地资源统筹，耕地占补平衡市级协调，提高各区产业用地灵活性。鼓励一般制造业疏解腾退的厂房、车间用于制造业相关产业发展，开展小试、调试组装、系统集成等非生产加工活动。在金融支持方面，加大对制造业的普惠性支持力度，灵活运用贴息贷款、达标奖励等方式，引导企业绿色化、智能化发展。统筹市级产业发展基金资源，优化运行机制，加大对重点制造业项目的扶持力度，为产业落地提供资金保障。

三 有效提高北京市科技服务业的整体效能

产学研深度融合是深化科技体制改革的一项重要任务，关键是要强化和突出企业的技术创新主体地位，加快建立以企业为主体、市场为导向、产学研用紧密结合的技术创新体系。从根本上解决好产学研合作问题，需要从科技创新管理组织方式和优化完善科技成果转化机制两个方面着手。

（一）改革科技创新管理组织方式

一是深化科研机构管理体制改革，释放创新活力。强化政府相关职能部门科技成果转化职能，建立健全科技成果转移转化议事协调机制，加强部门之间的创新协同与政策衔接，探索与促进科技成果转化相匹配的考核机制。明确国有科技服务企业社会化、专业化、市场化、规范化、网络化发展方向，推行政事分开、管办分离，引导社会资本参与国有科技服务企业改造，实现股权多元化，完善治理结构。贯彻落实《中华人民共和国促进科技成果转化法》（以下简称《促进科技成果转化法》），加快推进科研单位体制机制改革，赋予科研事业单位充分成果转化自主权，打破各种掣肘，推进国家设立的研究开发机构、高等院校科技成果的自主转化、收益分配政策落地，提升科研机构的创新能动性。健全完善高校院所的内部管理机制，遵循"开放、流动、竞争、协作"原则，以体现能力和贡献为导向，深化收入分配制度改革，激励科研人员创新积极性，增加高质量科技创新供给。健全国有技术类无形资产管理制度，优化完善科技成果转移转化备案制度，减少科技成果转化中的无效经营活动。

二是实现科研项目由政府主导向市场主导转变。事实证明，科研院所主导科研项目，容易导致科学研究与现实应用脱节。为改变这一状况，应确立科研项目由科研院所主导向企业主导转变，尤其是在应用研究层面、市场导向明确的科研项目，应当尊重市场规律，发挥企业技术创新主体作用，坚持需求导向，由企业牵头，联合高校院所共同实施。因此，要出台相关的政策或管理办法，强化企业技术创新主体地位，支持鼓励企业牵头组建创新联合体，发挥企业能够整合技术、资金、人才的优势，加大关键核心技术攻关；建立常态化的企业—科研机构技术创新对话、咨询制度，积极构建技术创新决策企业积极参与的机制，以提高科研项目的指向性，实现应用研究、试验发展与产业链的有机融合；优化科技成果转化市场环境，规范研发服务平台、孵化机构、交易市场的研发试制、创业孵化、技术应用推广等服务，降低交易成本，提高转化效率。

三是深化科研管理组织方式改革，推行"揭榜挂帅"机制。过去课题研究，问题导向、应用导向不明显，而且课题申请更多注重头衔、名头，很多年轻人鲜有中标机会，往往造成"名家"领题、青年科学家打工局面，造成事实上的不公平，阻碍了年青一代科研人员的发展。鉴于此，要改革科研项目管理组织方式，紧密围绕国家战略需求、应用导向鲜明的攻关任务，推行"揭榜挂帅""赛马制"，采取"英雄不问出处，谁有本事谁来揭榜"方式，不设门槛、不问出身，不拘一格用人才，让有真才实学的青年科技人员能够施展才华、有用武之地，避免重头衔、重帽子，扼杀新人崭露头角情况发生。此外，还要进一步优化完善科研人员科研评价考核机制，建立符合科研规律、高效规范的管理制度，树立正确的科研评价导向，将科技成果转化绩效,例如创造的价值、利润、增加就业、节约资源能源等,作为职级评审、表彰奖励的重要依据,强化对科研人员的激励,有效激发其创新活力,更好地推动产学研深度融合。

四是建立职务科技成果信息披露制度,加强成果信息共享。针对科技成果信息大量滞留在科研端,高校院所成果转化部门对成果认知存在严重信息不对称,有哪些成果适合转让、有多大价值,并不是十分清楚。因此,要建立职务科技成果信息披露与管理制度,向技术转移转化链条及时提供相关信息,由专业技术转移服务人员进行判断是否具有商业价值、能不能进行转化。此外,在高校院所层面,也应形成定期梳理科技成果资源,向社会发布科技成果目录的工作流程,建立完善技术成果向企业转移扩散的机制,畅通成果转化与市场对接渠道,解决因信息不对称导致的科技成果转化延迟,甚至无法转化问题。加快技术经纪人队伍建设,重点破解科技成果供需双方信息不对称,科技成果价值评估效能低,成果转化链条各方权责不明、归属不清等难题,提升高校院所服务科技成果转化的专业化能力和水平。

五是建立健全支持中小微企业创新发展的体制机制。支持中小微企业发展,是发达国家保持繁荣发展的成功经验。一般来说,中小微企业受自身规模、财力限制,开展大规模研发活动,不具可行性。然而,它们由于规模较小,体制机制灵活,在成果的应用推广、新技术试用、风险承受力等方面,具有较强优势。因此,成果转化适度向中小微企业倾斜,为"大众创业、万众创新"提供技术供给,既符合国际通行做法,也有利于实现大中小企业协同发展。支持方式要因地制宜,灵活多样,比如鼓励科研人员离岗创业、成果转移同等条件中小企业优先、为中小微企业提供科技服务的机构进行税收优惠;构建公共研发服务平台,为科技成果转化提供工程化开发、技术集成、小规模试验、中间试验等服务,加大向中小微企业开放力度等。

六是建立财政资金对社会资本的引导机制。一方面,要稳定提升财政资金对科技创新的投入水平,为成果转化提供必要物质基础和保障,保证科技成果转化工作顺利进行;另一方面,要创新财政投入体制机制，统筹财政资金投入方式和手段，灵活运用风险补偿、贴息贷款等政策，发挥财政资金投入"四两拨千斤"的效应，撬动银行、保险以及担保公司等社会资本，为科技创新提供多元化的资金保障，促进共性技术研发、工程化开发、中试试验、技术推广、创业孵化等工作有序推进，在整个社会层面形成同心协力、聚力创新、多元投入、功能互补的良好局面。构建政府引导、企业为主、社会参与的多元化科技投入体系，有助于改变过去项目实施单位"花着别人的钱、办别人的事"，在一定程度上缺乏责任心和压力，导致财政资金的科研投入产出效益不高的情形，努力实现财政投入的社会效益和经济效益的有机统一。

（二）优化完善科技成果转化机制

国际竞争更多表现为科学技术的竞争，表现为科技成果转化数量、质量和转化速度的竞争。促进科技成果转化、加速科技成果产业化，已经成为世界各国科技政策制定的新趋势。进入"十四五"时期，我国经济社会进入新发展阶段，无论是实现新旧发展动力转换，还是新发展格局构建，都必须打通科技和经济社会发展通道，形成纵向到底、横向贯通的科技成果转化工作体系，发挥科技创新的引擎作用，增强高水平的创新源头供给，强化科技成果转化对高质量发展的支撑。

一是加强科技成果转化工作的统筹谋划。各地高校院所相关主管部门应加快构建科技成果转化议事协调机制，聚焦科技成果转化热点、难点问题，加强横向沟通联系，以更好解决高校院所科技成果转化中的突出难题。针对高校院所和科研人员关心的问题，可重点收录与科技成果相关的法规政策，开展促进科技成果相关政策汇编，便于高校院所和科研人员查阅。应建立科技成果转化政策咨询平台，编制科技成果转化操作指南，明确科技成果转化各事项的办理依据、申报材料、审批流程、审批时限等内容，为高校院所科技成果转化提供实施依据。

二是建立健全创新政策协调审查机制。政策都是问题导向的，针对特定时期、特定问题，出台相应举措，破解难题，促进发展。然而，促进与阻碍是对立统一的关系，随着时间、发展环境的变化，过去一些积极的政策，有可能演变成阻碍创新、阻碍发展的政策。因此，要定期进行政策效应评估，清理过时政策，减少不必要阻碍，实现新旧政策的高效衔接。要明确政策审查程序、审查方法、审查标准，加强对评估结果的运用。政策评估，要构建多元化评价体系，广泛听取相关市场主体意见建议，以提高政策的针对性和有效性。

三是完善科技成果转化主体的激励机制。一方面，要深入开展《促进科技成果转化法》和相应政策法规宣传活动，总结提炼科技成果转化的典型经验、成功做法，引导高校院所结合自身实际，在体制改革、制度创新、政策突破等方面加大推进力度。另一方面，加快建立自上而下容错纠错机制，细化免责制度和政策，激励领导干部在科技成果转化过程中担当作为，为高校院所科技成果转化"松绑"。此外，还要对"做出重要贡献的人员"做出明确界定，合理区分科研人员、转移转化服务人员在科技成果转化收益分配中的比例，凡做出贡献的公职人员，均应纳入奖励范围，充分调动高校院所科技成果转化链条各主体的积极性。

四是推动建立专业化成果转化机构和队伍。鼓励高校院所建立市场化运行的技术转移服务和管理专业机构，优化科技成果转化流程，健全科技成果转化工作体系，全力打造一批熟悉科技政策、掌握行业发展动态、综合服务能力强的专业化技术转移机构，开展科技成果评估、市场预测、专利转化、技术作价入股、设立投资孵化资金等转移转化活动，促进科技、产业、投资融合对接。进一步强化技术转移转化专业化队伍建设，加快建立技术转移人才培养、引进机制，做好技术经纪人职称评定工作，为这类人才提供职务职级晋升通道。同时，鼓励高校院所引入拥有市场化运营经验，熟悉知识产权、专利运营、产业孵化等业务的专业化人才队伍，围绕其优势学科开展技术经纪服务。

五是健全完善高校院所的科研评价考核机制。坚持质量、绩效、贡献为核心的评价导向，细化完善对高校院所的考核评价制度，合理确定科技成果转化的考核比重，将科技成果转化取得的经济效益、社会效益等情况,作为对相关单位进行科研评价、财政支持的重要内容和依据。推动高校院所建立科技成果分类综合评价体系,包括创新平台、创新群体、科研项目等,适时将技术成熟度纳入科技计划立项、验收评审标准,营造推动科技成果转化的氛围。对于从事科技成果转化的工作人员,应将不同领域、不同岗位人员实行差别化评价,注重评价其创造的经济价值,强化智力劳动价值的分配导向,引导科研人员根据兴趣和特长选择职业发展路径。对科技成果转化,要秉承实事求是、遵循客观规律原则,不能一味追求转化率,因为并非所有科技成果都具备转化要件,要做好基础研究、应用研究、人才培养和成果转化之间的平衡,实现科技创新工作均衡发展、可持续发展。

六是引导高校院所加快转化政策实施细则出台。督促各高校院所尽快出台《促进科技成果转化法》配套实施细则,做好针对勤勉尽责、转化激励、职称评定、兼职离岗、国有无形资产管理、考核评价等方面配套政策出台工作。在国有资产管理上,要明确国有资产不转化价值为0,转化后增加了社会就业、提高了生产效率,促进了社会整体利益的增进,不存在国有资产流失问题,只存在增量权益在不同市场主体间的分配是否合理问题,纠正将科技成果视为国有资产进行管理做法。建立健全科技成果投资转化报备制度,明确免责条款,在政策层面对管理人员、科研人员的权益予以保障落实。在高校院所离岗创业政策、横向科研职称认定原则、职务知识产权评估指导、技术作价入股确权方法及税收、国有企业科技成果转化工资总额管理政策等方面,要督促各高校院所对先行相关政策进行自查、全面清理、修订补充,推动形成适合科技成果转化特点和规律的制度体系。此外,还要强化财政资助的科技成果的转化义务,项目承担者在约定期内无正当理由,不得擅自终止科技成果转化进程,否则政府有权介入,依照约定允许他人进行转化实施。

四 优化科技服务业区域发展布局,加快融合发展进程

制造业创新发展是京津冀协同发展的重要内容。未来,区域制造业的高质量发展,要以覆盖科技创新全链条的区域科技服务体系为支撑,实现产业链、创新链有机融合、协同发展。因此,京津冀制造业布局优化，科技服务机构建设要同步进行，加快构建以高校院所知识创造为核心、企业技术创新为主体、中介服务机构为保障的区域创新服务体系，全力打造企业技术需求为导向，产学研协同创新发展格局。要在明确三地科技服务业功能定位、发展重点基础上，加强区域科技创新政策统筹，健全三地协同创新对接机制，完善产业发展的政策环境，强化重点领域和关键环节创新部署，优化配置技术、资本、人才资源，将区域创新资源优势转化为经济发展优势，以协同创新推动区域经济发展、转型升级，为全国其他地区创新发展提供经验借鉴。

（一）优化完善京津冀三地政府间协同创新对接机制

一是建立健全区域协同创新联席会议制度。加强三地之间的横向沟通和联系，分享协同创新发展经验，共同探索促进三地创新协同、合作共赢的新体制、新机制、新方法和新路径。在联席会机构设置上，建议由京津冀三地分管科技的副部级领导担任组长，主管科技创新工作的厅局级领导担任副组长，主责单位包括发改委、财政、经信、人力社保、教委等，会议每半年召开一次，三地轮流举办。会议议题主要围绕京津冀协同发展纲要推进落实过程中，在协同创新、产业融合发展中存在的重点难点问题，如京津冀人力资源自由流动、创新基础设施共享、协同创新网络构建、区域统一市场建设等，通过制度化协商、沟通达成共识，制订出有针对性的解决方案和推进路径，同时还应建立配套的督查、考核、仲裁机制，确保联席会部署的工作能得到有效推进落实，避免出现政策措施空转，摆脱协同发展重形式轻实质的困境。

二是建立区域创新公共资源投入和成本分摊机制。创新平台建设、创新环境优化属于公共资源，一般资金投入较大、回报周期较长、当期收益不显著。作为促进三地协同创新的基础和保障，该项工作的推进具有重大战略价值。建议中央层面牵头，中央出一部分资金、京津冀三地出资一部分方式，设立"京津冀协同创新发展引导基金"，成立专职的基金管理委员会，把创新系统发展落到实处。发展引导基金主要用于区域创新基础设施资源平台建设，用于分摊协同创新成本，比如共性技术开发、关键技术联合攻关、重大科技合作项目建设、新能源开发利用、区域生态环境联防联控等，避免出现创新设施投入不足、制约区域创新能力发展的公地悲剧现象发生，基金资助对象包括龙头企业、高等院校、科研院所等众多服务区域市场的创新主体。

三是健全完善三地利益分享、政策对接机制。利益共享是京津冀协同发展的内在动力，为进一步激发三地协同发展积极性，应加大税收分享、成本共摊协调机制的探索，加强税收征管、税收执法、税费缴纳、税收分成等方面的合作，统筹三地利益分配关系，改变过去不合理的分配机制，实现整体利益与个体利益的有机统一。在推进过程中，应充分利用区域产业协同发展契机，对三地存量产业政策进行审查、清理、优化，消除政策之间的交叉重叠、对立冲突，进一步把协同发展理念落到实处，加强三地产业发展的互动合作、协同发展。尤其是在三地企业资质互认制度、技术规范及管理制度、科技人才居住证制度、区域社会保障制度、养老保险对接、商务规划衔接等方面，要进一步加强政策统筹，以更好促进产融合作，推进区域市场一体化发展。

（二）推进要素市场融合，优化区域内科技服务资源配置

一是拓展中关村先行先试政策适用空间。中关村及北京创新政策成熟度居全国前列，具有很强的示范引导效应。推动京津冀产业融合发展过程中，要充分发挥北京的政策优势，积极争取中关村示范区先行先试政策及北京其他科技服务业创新政策向津冀共建产业园区延伸，构建一批具有区域特色、功能相对完善的科技服务业产业集聚区。加强北京科技服务平台与津冀共建园区企业的合作，鼓励和支持开展大范围、深层次的服务支持对接，对于在津冀业务达到一定比例的服务平台给予相应资金支持、税收优惠。重点加大产业转移承接地的科技服务业发展，增强承接地科技创新、成果转化服务能力，同步推进承接地的产业链、创新链发展。

二是搭建区域创新专业服务平台。针对津冀地区的产业承接园区或基地，采取园区共建、服务输出、品牌资源共享等多种方式，积极

搭建科技研发、创新创业、投融资、技术交易、成果转化、知识产权、上市辅导等专业化公共服务平台。鼓励在京第三方检验检测认证机构、知识产权服务机构等在天津、河北的产业园区或基地设立分支机构和公共技术服务平台，与当地技术转移机构、孵化平台、创业投资中心开展合作。发挥创新型龙头企业的科技辐射、带动引领作用，尤其是对那些研发投入强度较高的制造企业，鼓励支持其参与区域重点实验室、工程研究中心、技术创新中心等建设，开展前沿技术项目挖掘与培育，促进区域公共技术研发水平、技术标准、产品质量标准的改善提升。

三是构建区域创新资源共享平台。强化科技创新资源开放共享理念，创新资源与数据流动的体制机制，建立科研设施、仪器仪表等创新基础设施开放共享评价体系，加快区域创新资源开放共享进程，促进创新资源要素自由流动，打破创新基础设施建设失衡、创新核心支撑要素分布不均、科技资源条块分割、低效闲置现状，提高区域协同创新发展合力。加强三地科技信息资源的采集、汇聚、对接与应用服务，大力推进区域技术交易市场建设，鼓励各类市场主体通过交易市场发布科技成果供求、交易信息以及综合配套服务；推动三地联合申请国家科技计划、共建项目转化成果库、共建高新技术产业化基地，建立统一的区域技术交易综合市场，强化市场的展示、交易、共享、服务、交流等综合职能，加强科技成果转化对接合作，加快成果转化区域落地步伐。

四是推进京津冀协同创新共同体建设。优化区域创新资源配置，加强北京科技创新资源对津冀的辐射带动和源头供给作用，合理引导首都创新资源向津冀转移，如科技成果、人力资本、信息资源等，打造以共同体为核心理念的协同创新发展格局，加快科技成果在津冀的转化进程，提高科技进步对经济增长的贡献率，为区域创新发展注入强大活力，为京津冀协同发展等国家战略实施提供引领支撑。创新体制机制，打破传统区划壁垒，加强科技创新政策互动，推动人才交流、成果转化、项目建设等方面的跨区交流与合作，加强三地科研院所、高等院校、企业的协同创新。围绕首都科技创新成果转化，引导三地合作共建成果转化发展基地，打造京津冀创新发展新高地，推动区域特色优势产业发展，通过科技创新提升区域经济实力，引领区域经济转型升级。

  五是加强基础设施建设统筹，强化法治保障。在中央层面加强统筹协调，进一步优化京津冀跨区域重大基础设施建设布局，加强京津优质公共资源向周边地区辐射，围绕医疗、教育、养老等公共服务领域，加强重点产业集聚区与京津优质资源对接合作，通过定向援助、对口支援、对口帮扶等多种形式，开设名校名院分支机构，打造各类校际联盟、医联体、养老联盟，推动基本公共服务逐步实现均等化，提升区域内整体公共服务能力和水平，为生产要素自由流动提供有力支撑，为京津冀协同发展保驾护航。此外，还应进一步提升区域市场法治化水平，持续营造公平竞争的市场环境，构建统一开放、竞争有序的市场体系，以规范性服务、高质量服务助力区域经济高质量发展。

参考文献

安筱鹏：《现代服务业：概念、特征与分类》，《中国信息界》2008年第8期。

北京市产业经济研究中心：《北京市产业经济发展蓝皮书》，北京工艺美术出版社2019年版。

曹允春：《我国科技服务业与制造业的协同创新评价》，《科技管理研究》2018年第3期。

陈和等：《科技服务业发展与产业升级研究》，《经济研究导刊》2012年第14期。

陈劲等：《知识聚集——科技服务业产学研战略联盟模式》，《高等工程教育研究》2009年第4期。

陈立枢：《科技服务业与战略性新兴产业融合发展研究》，《改革与战略》2014年第10期。

陈亮等：《技术融合研究进展分析》，《情报杂志》2013年第10期。

程青梅：《天津市科技服务业的现状与发展对策》，《中国科技论坛》2003年第6期。

邓丽珠：《新常态下北京科技服务业发展战略研究》，《中国经贸导刊》2016年第35期。

杜宇玮：《培育世界级先进制造业集群的中国方案》，《国家治理》2018年第2期。

杜振华：《科技服务业发展的制度约束与政策建议》，《宏观经济管理》2008年第12期。

冯中越：《北京生产性服务业集聚与京津冀区域协同发展》，《经济与管理研究》2016年第2期。

傅为忠、杨晓娟：《基于改进熵值—耦合协调度模型的装备制造业与科技服务业融合发展研究》，《经济研究导刊》2019年第12期。

顾乃华：《科技服务业发展模式研究》，暨南大学出版社2019年版。

关峻：《北京市科技服务业发展状况研究与前景分析》，科学出版社2013年版。

关峻、韩鲁南：《北京市科技服务业发展环境分析及对策研究》，《科技进步与对策》2013年第6期。

郭广生：《全国科技创新中心指数研究报告（2017—2018）》，经济管理出版社2018年版。

何佳艳：《北京构建高精尖经济结构》，《北京投资》2016年第8期。

胡汉辉、邢华：《产业融合理论以及对我国发展信息产业的启示》，《中国工业经济》2003年第2期。

贾桂华：《中国科技服务业短板何在》，《高科技与产业化》2015年第1期。

姜长云：《服务业大趋势》，浙江大学出版社2015年版。

蒋伏心：《论我国科技服务业的体制改革与机制创新》，《现代经济探讨》2015年第9期。

解静：《京津冀科技资源共享现状、问题及对策》，《化学分析计量》2019年第8期。

科学技术部火炬高技术产业开发中心编：《中国创业孵化发展报告（2019）》，科学技术文献出版社2019年版。

李峰：《"中国制造2025"与京津冀制造业协同发展》，《当代经济管理》2016年第7期。

李钢：《新时期中国服务业开放战略及路径》，经济科学出版社2016年版。

李国平：《京津冀地区产业分工合作机理与模式研究》，《人口与发展》2015年第11期。

李国平：《京津冀协同发展报告（2019）》，科学出版社2019年版。

李国平：《梯度理论的发展及其意义》，《经济学家》2002年第7期。

李浩：《产业融合中的企业战略思考》，《软科学》2003年第4期。

李佳佳：《发达国家科技服务业发展态势》，《学习时报》2015年5月11日第7版。

李家洲：《中关村地区技术转移的实践与思考》，人民出版社2019年版。

李建标：《北京市科技服务业发展研究——基于产业协同和制度谐振的视角》，《科技进步与对策》2011年第4期。

李江帆：《发展科技服务业推进生产服务业发展》，《南方经济》2013年第10期。

李金华：《中国现代制造业体系的构建》，《财经问题研究》2010年第4期。

李廉水：《中国特大都市圈与世界制造业中心研究》，经济科学出版社2009年版。

李美云：《服务业的产业融合与发展》，经济管理出版社2007年版。

李美云：《国外产业融合研究新进展》，《外国经济与管理》2005年第12期。

李霄等：《京津冀生产性服务业关联特征分析》，《地理科学进展》2018年第2期。

李艳：《科研经费使用离真正"松绑"还有多远》，《科技日报》2018年3月29日第8版。

李义平：《马克思的经济发展理论：一个分析现实经济问题的理论框架》，《中国工业经济》2016年第11期。

厉无畏：《产业融合与产业创新》，《上海管理科学》2002年第4期。

梁昊光：《京津冀协同发展关键在于协作机制的转型》，《城市管理与科技》2014年第8期。

林汉川、郭巍：《国内外先进制造业界定研究与评述》，《第六届（2011）中国管理学年会——技术与创新管理分会场论文集》，2011年9月24日。

蔺雷：《科技中介服务论——服务链与创新链融合视角》，清华大学出版社2014年版。

刘开云：《科技服务业研究述评与展望》，《科技进步与对策》2014年第6期。

刘志彪：《经济全球化与中国产业发展》，译林出版社2016年版。

路红艳：《推进服务业供给侧改革的着力点》，《中国国情国力》2017年第3期。

罗建强、赵艳萍：《科技服务业与制造业间关系的灰色关联分析》，《技术经济》2012年第2期。

马健：《产业融合理论研究评述》，《经济学动态》2002年第5期。

马俊炯：《京津冀协同发展产业合作路径研究》，《调研世界》2015年第2期。

马一珂、王明英：《科技服务业和制造业的融合发展研究》，《合作经济与科技》2017年第4期。

满岩：《中美贸易关系新形势下中国先进制造业升级路径研究》，《价格月刊》2020年第2期。

毛维娜：《基于文本数据关联分析的京津冀科技创新政策的研究》，《情报工程》2019年第8期。

孟庆敏：《科技服务业与制造企业互动创新的机理研究及对策研究》，《中国科技论坛》2011年第5期。

宁凌：《美日英科技服务业激励政策的比较分析及启示》，《科技管理研究》2011年第10期。

乔越等：《区域性产业种群之间共生经济增长研究——基于制造业与技术服务业面板数据的实证》，《产业经济评论》2016年第1期。

沈蕾：《我国科技服务业与制造业技术融合对产业结构升级的影响》，《科技进步与对策》2015年第4期。

沈小平等：《适应广东省重点产业需求的科技服务业发展运行路径选择探讨》，《广东科技》2011年第15期。

首都科技发展战略研究院：《2018首都科技创新发展报告》，科学出版社2019年版。

苏立君：《发达国家经济服务业化趋势、发生机制及经济后果》，《政治经济学评论》2016年第7期。

孙明华：《京津冀协同发展：新阶段 新使命 新任务》，《求知》2019年第5期。

唐守廉：《中美科技服务业发展现状比较研究》，《科技进步与对策》2013年第3期。

唐守廉：《中美科技服务业发展现状比较研究》，《科技进步与对策》2015年第5期。

田小平：《高技术服务业与制造业的共生关系研究》，《企业经济》2016年第2期。

汪少琴：《科技服务业和制造业的融合发展研究》，《江苏科技信息》2019年第12期。

王功利：《我国制造企业物流外包模式及其发展路径》，《知识经济》2016年第8期。

王虹茹：《京津冀的新阶段：打造创新驱动经济增长新引擎》，《中国经济周刊》2020年第1期。

王晶：《科技服务业系统功能分析》，《科学学与科学技术管理》2006年第6期。

王婧：《所有制视角下服务资源、动态能力和竞争优势：基于中国科技服务业的实证研究》，《科研管理》2018年第2期。

王丽：《我国产业结构的关联效应研究》，《价值工程》2012年第7期。

王丽平：《科技服务业创新生态系统价值共创模式与协作机制研究》，《科技进步与对策》2016年第12期。

王晓红：《典型国家区域创新体系建设特点及值得借鉴的经验》，《研究与发展管理》2006 年第 12 期。

夏杰长：《生产性服务业集聚与制造业升级》，《中国工业经济》2017 年第 7 期。

夏杰长：《中国服务业发展报告 2015》，经济管理出版社 2015 年版。

向宁：《构建更好的科技成果转化生态环境》，《中国科学报》2019 年 9 月 26 日第 5 版。

肖金成：《京津冀区域合作的战略思维》，《经济研究参考》2015 年第 2 期。

谢臻：《科技服务业集聚、地区创新能力与经济增长——以北京市为例》，《北京社会科学》2018 年第 6 期。

忻红：《互联网＋背景下京津冀科技服务业创新发展研究》，《科技管理研究》2019 年第 8 期。

徐代明：《战略性新兴产业与现代服务业融合发展研究》，《改革与战略》2012 年第 11 期。

徐嘉玮：《科技服务业界定研究综述》，《科技管理研究》2013 年第 12 期。

颜振军：《科技创新有形之手》，红旗出版社 2011 年版。

颜振军：《中国地方政府科技管理的问题与对策》，《中国软科学》2008 年第 12 期。

颜振军：《中国各省份科技企业孵化器运行效率评价》，《中国软科学》2019 年第 3 期。

杨慧力：《科技服务业促进制造业效率提升的路径》，《中国科技管理》2018 年第 6 期。

杨仁发：《生产性服务业、制造业竞争力与产业融合》，博士学位论文，南开大学，2013 年。

原毅军：《服务创新与服务业的升级发展》，科学出版社 2016 年版。

张伯旭：《构建高精尖产业新体系》，工艺美术出版社 2016 年版。

张伯旭：《制造业创新中心建设路径与模式——全球经验与北京实践》，经济管理出版社 2017 年版。

张寒旭：《科技服务业发展趋势及广东省的战略抉择》，电子工业出版社 2018 年版。

张剑波：《上海市科技服务业发展现状与思路对策研究》，《上海经济》2018 年第 9 期。

张前荣：《发达国家科技服务业发展经验及借鉴》，《宏观经济管理》2014 年第 11 期。

张清正、李国平：《中国科技服务业集聚发展及影响因素研究》，《中国软科学》2015 年第 7 期。

张骁：《中国科技服务业政策的量化与演变》，《中国科技论坛》2018 年第 6 期。

张媛媛：《我国科技服务业与制造业的产业关联分析》，《统计与决策》2018 年第 3 期。

张振刚：《科技服务业对区域创新能力提升的影响——基于珠三角地区的实证研究》，《中国科技论坛》2013 年第 12 期。

赵丹：《中国科技服务业的异质性研究》，《科技管理研究》2019 年第 5 期。

赵云峰：《京津冀先进制造业的协同发展路径研究》，《天津大学学报》2017 年第 1 期。

赵云峰：《我国发达地区先进制造业发展现状研究》，《中国商论》2015 年第 11 期。

植草益：《信息通讯产业的产业融合》，《中国工业经济》2001 年第 2 期。

中关村上市公司协会：《2018 中关村上市公司竞争力报告》，经济科学出版社 2018 年版。

中国科技成果管理研究会：《中国科技成果转化年度报告（2018）》，科学技术文献出版社 2019 年版。

钟小平：《科技服务业产业集聚：市场效应与政策效应的实证研究》，《科技管理研究》2014 年第 5 期。

周慧妮:《科技服务业与制造业之协同发展探析——以北京市为例》,《财会月刊》2015年第27期。

周振华:《产业融合:产业发展及经济增长的新动力》,《中国工业经济》2003年第4期。

周振华:《服务经济的内涵、特征及其发展趋势》,《科学发展》2010年第7期。

朱相宇:《北京市科技服务业的发展现状与比较研究》,《科技管理研究》2017年第10期。

祝尔娟:《发挥北京协同创新的引领作用》,《前线》2019年第2期。

祝合良、叶堂林:《京津冀发展报告(2019)》,社会科学文献出版社2019年版。

Brand, S., *The Media Lab: Inventing the Future at MIT*, New York: Viking Press, 1987.

Daniel Bell, *The Coming of Post-industrial Society*, New York: American Educational Book Ltd, 1974.

Daniels, *Service Industries: A Geographical Appraisal*, London: Cambridge Press, 1985.

David, L., *Growth Development and the Service Economy in the Third World*, New York and London: PraeGer Publishers, 1988.

Dllek, C. K., Carlsson, B., "Manufacturing in Decline? A Matter of Definition", *Economics of Innovation & New Technology*, 1999 (3).

Drucker, P. F., Wartzman, R., *The Drucker Lectures: Essential Lessons on Management, Society and Economy*, New York: McGraw-Hill, 2010.

Lind, J., "Ubiquitous Convergence: Market Redefinitions Generated by Technological Change and the Industry Life Cycle", *Proceedings of the DRUID Academy Winter 2005 Conference*, Skorping, Denmark, 2005.

Malhotra, *A Firm Strategy in Coverging Industries: An Investigation of US Commercial Bank Responses to US Commercial Investment Banking Con-*

vergence, Phd Thesis, Maryland University, 2001.

Markusen, J. R., "Trade in Producer Services and in Other Specialized Intermediate Inputs", *The American Economic Review*, 1989, 79 (1).

Miles, I., "Services Innovation: Coming of Age in the Knowledge Based Economy", *International Journal of Innvovation Management*, 2000 (4).

Muller, E. and Doloreux, D., "What We should Know about Knowledge-intensive Business Services", *Technology in Society*, 2009, 31 (1).

Rosenberg, N., "Technological Change in the Machine Tool Industry: 1840–1910", *The Journal of Economic History*, 1963 (23).

W. J. Coffey, "Badly Producer Services and Flexible Production: An Exploratory Analysis", *Growth & Change*, 1991 (1).